Observation and Research of Children's Behavior

아동관찰 및 행동연구

머리말

우리는 모두 아동의 행복을 위해 질적으로 더 좋은 돌봄과 교육 서비스를 제공하고 싶어 한다. 최근 들어 영유아의 보육과 교육의 중심 역할이 가정에서 기관으로 옮겨지면서 교육현장의 질이 더욱 강조되고 있으며, 교사의 전문성은 교육현장과 영유아발달의 질을 좌우하는 중요한 요인으로 작용하고 있다.

이에 한국보육진흥원에서는 보육교사의 질 향상의 하나로 보육교사 양성 및 재교육을 위해 보육 관련 교과목의 내용을 표준화해 표준교과개요를 2014년에 개정해서 발표하였다. 표준교과개요에 제시된 아동관찰 및 행동연구의 내용을 살펴보면, 영유아 관찰과 관련한 기초적 지식습득 및 행동의 여러 측면을 실제 상황에서 관찰하고, 이론적 지식을 응용해 볼 기회를 가져 영유아의 성장과 발달과정을 이해하는 능력을 기르는 데 목적을 두고 있다. 아울러 다양한 관찰기법을 적용한 실례를 제시하고 실제 관찰을 통해 연습해보는 기회를 제공해 객관적이고 과학적인 방법으로 영유아를 탐색하는 데 도움을 주도록 방향을 제시하고 있다. 이 책은 이와 같은 표준교과개요의 내용에 충실하면서도 이에 덧붙여 교사의 전문성을 향상하면서 동시에 교육현장에서 꼭 필요하고 적용 가능한 내용과 실제 사례들을 담으려고 애썼다.

교사의 전문성에는 돌봄에서의 민감성, 긍정적인 상호작용 등 보육 관련 전문성 및 교육 주제나 활동내용을 계획하는 교육 관련 전문성이 필요하다. 그런데 영유아가 기관에서 보내는 시간이 점차 증가함에 따라 영유아의 발달상태나 문제행동으로 이어질 수 있는 잘못된 행동들을 사전에 발견하고 조기 개입을 할 수 있도록 교사가 민감하게 영유아를 관찰하고 평가할 수 있는 전문성이 중요한 능력으로 주목받고 있다. 교사는 가정에서 발견하기 어려운 영유아의 정상발달 여부, 발달의 변화상태, 문제행동으로 형성될 수 있는 잘못된 행동 패턴 등을 관찰하고, 부모에게 정보를 제공하며 상담자료로 활용하고, 영유아에게 적절한 학습활동을 계획하고 필요한 경우 전문가에게 상담을 연계할 수 있는 전문성을 갖출 필요가 있다. 따라서 이 책에서는 향후 어린이집과 유치원에서 근무하게 될 아동학, 유아교육학 전공자들이 교육현장에서 영유아의 발달과 행동을 관찰하고 기록해 발달을 정확하게 이해하고, 개별성에 맞춘 보육과 교육활동을 계획하며 이와 함께 영유아의 향후 문제의 가능성을 조기 발견해 사전 예방할 수 있는 능력과 전문성을 갖추도록 도와주는 내용을 담고자 하였다.

이 책의 주요 내용을 살펴보면, 1장과 2장은 관찰방법을 통한 행동연구의 개론적 내용으로 기존의 관련 서적과 차별화하여 체계적인 틀을 구성하고자 하였고, 3~8장에서는 다양한 관찰기록방법에 대한 설명뿐만 아니라 연습문제와 사례를 다양한 방식으로 제시해 전공자들이 실제 현장에서 관찰을 실행하는 데 어려움이 없이 충분히 연습해볼 수 있도록 하였다. 또한 9장과 10장에서는 교사들이 영유아의 행동을 관찰하고 평가할 때 주관적 판단을 피할 수 있도록 영유아의 신체 · 인지 · 사회 · 정서 · 언어영역에서의 발달규준을 정리하여 제시하였다. 그뿐만 아니라 현장에서 영유아행동을 관찰할 때 실제 활용할 수 있는 발달규준목록을 제공하여 활용할 수 있게 하였고, 연습문제를 통해 3~8장에서 제시한 관찰기록을 사용하여 통합적으로 활용해볼 수 있도록 하였다. 11장에서는 현장에서 많이 활용되고 있는 포트폴리오 방식의 관찰, 평가방법을 제시하였고, 어린이집이나 유치원에서 사용하고 있는 사례들을 포함하여 처음 접하는 전공자들의 이해를 돕도록 하였으며, 마지막 12장에서는 부모상담을 할 때 이전의 장들에서 학습한 관찰기록자료를 활용해 어떠한 방법으로 자료를 제시하는지와 부모상담 시 주의사항과 교사의 상담기술 등에 대한 팁을 제공하였으며 문제상황의 예시를 통해 지도방안을 제시해 교사의 현장 전문성을 높이도록 하였다.

저자들은 예비교사가 체계적이고 과학적인 관찰을 통해 영유아의 발달과 행동을 올바르게 이해하는 능력을 갖추고 전문성을 향상하는 데 도움을 주고자 이 책을 집필하였으나 내용 면에서 여러 가지로 부족한 점이 많은 것이 사실이다. 이 책을 대학 수업 교재로 사용하거나 현장에서 활용하면서 추후 보완할 기회를 얻기를 기대해본다. 그리고 이 책을 통해 예비교사들이 아동의 발달에 적합한 보육 및 교육활동을 준비하고 전문적인 보육 및 교육 서비스를 제공할 수 있는 역량을 갖추어 아동이 행복한 세상을 만드는 데 기여할 수 있기를 희망해본다. 마지막으로 이 책이 출간되기까지 좋은 책을 만들기 위해 전반적인 과정에서 많은 노력을 아끼지 않으신 유제구 사장님과 김재원 전무님을 포함한 파워북의 모든 식구들에게 감사의 말씀을 드리고 싶다.

2019년 8월

저자 일동

차례

1. 아동행동연구의 목적 및 기능

1) 아동행동연구의 목적

아동행동연구는 아동에 대한 과학적 이해의 출발점으로 아동의 발달특성 및 발달 변화 양상을 이해하기 위하여 수행된다. 그리고 아동행동연구를 통해 축적된 연구결과와 지식은 아동의 발달에 대한 기존 이론을 개선하고 발전시키며 새로운 이론으로 발전하게 된다.

여기서 과학적 이해란 주어진 현상을 객관적으로 검토하는 객관성이 주요 특징이 된다. 일반적으로 아동에 대한 상식 또는 자신의 경험에 근거한 느낌과 직관에 의존해서 얻은 아동에 대한 지식은 특수한 개인이나 상황에 국한된 경우가 많다. 그리고 이 같은 지식은 개인적 편견, 가치관, 태도나 감정 등을 포함하고 있어 다른 아동에게 일반화시키기 어렵고 때로는 오류를 포함하고 있기도 하다. 따라서 아동에 대한 정확한 지식을 바탕으로 한 올바른 이해를 이루어 내기 위해서는 '과학적'이라는 준거를 충족시킬 수 있어야 한다. 과학은 사물의 현상에 관한 보편적 원리 및 법칙을 알아내고 해명하는 것을 목적으로 하는 지식체계나 학문을 말하는 것으로 과학적 방법은 경험과 측정에 근거한 증거를 사용해 현상의 원리를 밝히는 과정이다. 따라서 아동행동연구는 과학적 방법으로 아동의 행동 및 발달적 특성을 탐구하는 활동으로 수집한 자료를 체계적으로 조직하고 요약하는 것이다.

아동행동연구의 목적을 구체적으로 살펴보면 다음과 같다. 아동의 행동 및 발달특성을 과학적으로 이해하려는 아동행동연구는 기술description, 예언prediction, 설명explanation 및 응용application의 네 가지 구체적인 목적으로 구분된다(Shanghnessy, Zechmeister, & Zechmeister, 2014).

첫 번째 아동행동연구의 목적인 기술description은 관심 있는 아동의 행동 및 발달특성에 대해 관찰하고 수집한 내용의 속성이나 관계를 정확하게 있는 그대로 자세하게 기술하는 것이다. 기술은 사건과 그것들의 관계를 정의하거나, 분류하거나, 목록화하거나, 범주화하는 과정이다. 아동의 행동과 발달에 관한 현상과 과정을 기술하는 것은 아동행동연구의 기본에 해당하는 것으로 현상에 대한 정확한 내용이 바탕이 되어야 그 다음 단계로 나아갈 수 있다. 예를 들면, 2세 아동의 언어발달이 어떤 특징을 나타내고 어떤 형태로 변화해 가는지' 또는 '아동의 또래와의 놀이 유형은 연령에 따라 어떻게 다르게 나타나는지' 등과 같이 기초적 단계의 자료수집과 분석을 통해 아동의 보편적인 행동 및 발달특성에 대한 정보를 얻게 된다. 이와 달리, 사례연구와 같은 경우는 특정 아동의 행동 및 발달특성에 대해 기술하는 것으로 개별 사례적 접근법을 사용해 개별 아동에 대한 보다 구체적이고 심층적인 정보를 제공해주기도 한다.

두 번째 아동행동연구의 목적으로 예언prediction을 들 수 있다. 아동행동연구에서 관심의 대상이 되는 아동의 행동과 관련 있는 다른 변인들 간의 상관관계를 확인할 때 아동의 행동에 대한 예언이 가능해진다. 예언은 사건이나 그것들 간의 관계를 기술하는 것에 기초해 이루어진다. '아동의 놀이경험과 인지수행능력은 어떤 관련성을 갖는지' 또는 '아동의 정서적 공감능력과 문제행동 간에 어떤 관계가 있는지' 알아보는 것 등은 한 변인으로 다른 변인을 예언하기 위한 연구의 목적에 해당한다. 그러나 연구자는 상관관계에 대한 지식을 통해 아동의 행동을 예언할 수는 있지만 무엇 때문에 이런 관계가 발생하는지 추론할 수는 없다.

세 번째 아동행동연구의 목적인 설명explanation은 아동의 발달과정에서 어떤 행동의 원인을 알아내어 그 행동을 이해하고 설명하는 것이다. 기술과 예언은 현상을 설명하고 이해하는 능력의 첫 단계일 뿐이며, 그 현상의 원인을 알아냈을 때 추론이 가능해진다. 인과적 추론causal inference을 위해서는 사건의 공변covariation, 시간 순 관계, 가능한 대안적 원인의 제거와 같은 세 가지 조건이 충족되어야 한다. 아동행동연구에서 이 같은 조건들을 충족시켜 설명을 목적으로 연구를 실행하는 것은 쉽지 않다. 실제 아동행동은 개인의 특성 및 타인과의 상호작용 그리고 아동을 둘러싼 다양한 환경의 영향을 받아 구체화되는 복잡한 과정의 산물이므로 행동의 원인을 정확하게 알아내기란 매우 힘든 일이다. 연구자들은 통제된 실험을 통해 인과적 추론의 세 가지 조건을 충족시키면서 아동을 대상으로 행동의 원인을 알아내고자 한다. 그러나 이때 각 아동마다 지닌 개별적 특성의 차이로 인해 또 다른 문제에 직면할 수 있다. 일부 아동을 대상으로 실험해 얻은 결과를 실험에 참여하지 않은 다른 아동에게 적용할 수 있는가 하는 문제이다.

아동행동연구의 네 번째 목적은 응용application으로 연구자들은 연구에서 얻은 지식과 연구방법으로 아동의 성장과 발달에 도움을 주고 아동의 삶을 더 좋은 방향으로 변화시키기 위해 연구를 수행한다. 즉, 아동행동연구는 아동을 건강하게 성장하고 발달시키기 위한 방법이 무엇인지 알아내고 환경의 적절한 통제를 통해 바람직한 아동의 성장과 발달을 도모하기 위해 활용하는 데 그 목적이 있다(박성연, 2006). 기초연구가 지식 그 자체를 추구하는 것이라면 응용연구는 실제 아동의 삶에 적용하고 개입하는 것에 주의를 기울인다. 최근 들어 응용은 아동행동연구의 궁극적인 목적이 되어가고 있다. 연구에서 발견한 지식을 아동의 전인적 발달을 돕고 다양한 교육장면에 적용하는 데 많은 관심을 나타내고 있다. 응용의 대표적 예로 미국의 헤드스타트 프로그램은 빈곤계층의 취학 전 아동에게 발달 서비스를 제공하는 6주간의 실험용 프로그램으로 시작되었다. 여기서 얻어진 연구결과는 저소득가정 아동의 사회성, 학습능력, 건강 및 영양수준이 개선되도록 돕는 포괄적 아동발달 프로그램에 적용되었고 국가적 지원사업으로 실시되었다.

2) 아동행동연구의 기능

아동은 여러 가지 면에서 성인과는 다른 아동만의 고유한 발달적 특성을 지니고 있다. 그리고 아동 내에서도 각 연령과 발달단계에 따라 다양한 특징적인 행동을 나타낸다. 따라서 이런 아동의 행동특성에 대한 연구는 성장과 발달에 대한 지식을 제공해주는 것뿐만 아니라 건강한 성장과 발달을 어떻게 도와줄 수 있는지 양육과 교육에 대한 정보를 제공해준다. 이 외에도 아동행동연구는 아동의 문제를 예방하고 중재하며 특별한 어려움을 지닌 아동에게 필요한 치료와 전문적 서비스에 대한 지침을 제공해주기도 한다. 아동행동연구가 실제 아동과 관련된 현장에서 어떤 역할과 작용을 하는지 그 기능을 살펴보면 다음과 같다(이순형 외, 2014).

첫째, 아동행동연구에서 얻어진 아동의 성장과 발달에 대한 정보는 아동에 대한 올바른 이해를 통해 아동의 정상발달 여부를 평가하는 데 기초 지식을 제공한다. 일반적으로 아동행동연구에서 얻어진 표준적인 성장과 발달에 대한 정보에 기초해 아동이 현재 정상적으로 성장하고 발달하고 있는지 평가한다. 마찬가지로 아동이 정상적인 범위를 벗어나서 성장하고 발달하는지 평가할 때도 아동행동연구에서 얻어진 표준적인 성장과 발달에 대한 정보를 규준으로 둔다.

둘째, 아동행동연구에서 얻어진 아동의 성장과 발달에 관한 지식은 개별 아동의 발달 및 학습을 지원하고 아동의 발달에 도움이 되는 환경을 구성하는 데 도움을 준다. 동시에 아동행동연구에서 얻은 정보를 바탕으로 아동을 교육하고 지도하는 데 있어서 효과적인 교육 프로그램을 개발하거나 개선할 수 있고, 보다 적합한 교육 및 지도방법을 모색하는 데 구체적인 자료를 제공하는 기능을 한다. 그리고 더 나아가 아동행동연구에서 얻은 정보는 교육과정을 실행한 후 그 과정과 결과를 평가할 수 있는 근거를 제공하기도 한다.

셋째, 아동행동연구에서 얻어진 정보는 아동의 특정 행동의 원인과 그 행동의 목적 및 동기를 이해하기 위해 적용할 수 있다. 아동이 어떤 행동을 보일 때 왜 그렇게 행동하며 그 행동의 목적이 무엇인지 알게 해주어서 행동의 의미를 쉽게 파악하고 정확하게 이해하는 데 도움을 준다. 특히, 아동의 문제행동의 원인과 동기에 대한 정보 제공은 문제행동을 지도하고 중재하는 데 효과적이며 때로는 문제행동이 발생하지 않도록 사전에 예방하는 효과를 지니기도 한다. 더 나아가 발달상의 지체나 문제가 있는 경우, 아동행동연구에서 발견한 지식은 아동의 문제를 개선하거나 치료하고 특별한 지도방안을 수립하는 데에도 기여한다.

2. 아동행동연구방법의 종류

1) 관찰법

관찰법은 성인에 비해 언어발달에서 제한이 있는 아동을 대상으로 아동의 행동과 발달에 대해 알아보는 가장 직접적인 방법이다. 또한 관찰법은 행동이 나타나는 현장에서 행동을 포착하므로 아동연구에서 비교적 용이한 연구방법이며 역사가 가장 오래된 방법이기도 하다.

아동행동연구에서 관찰법은 아동을 더 잘 이해하기 위해 일상적이거나 또는 특정 상황에서 나타나는 아동의 행동과 발달특성을 자세히 살펴보고 기록하며, 그와 관련된 환경적인 측면을 기술하는 계획된 방법이다. 관찰법을 통해 연구자는 알고 싶은 아동의 행동에 대한 내용을 자연스럽고 객관적으로 볼 수 있고, 아동의 발달적 변화과정에 대해 구체적인 정보를 얻을 수 있으며, 아동의 발달수준 및 능력을 객관적으로 평가할 수 있다. 그리고 관찰법은 아동을 위한 교육현장에서 아동을 지도하고 교육하는 데 필요한 내용을 계획하는 데 있어 기초자료를 제공해주고 평가하는 데도 활용된다. 뿐만 아니라 관찰법은 특정 발달영역에서 지연을 나타내는 아동을 발견하는 데도 도움을 준다.

한편, 관찰법은 대부분 일상생활장면에서 자연스럽게 발생하는 상황에 적용하지만 이와 달리 구조화된 상황에서 적용하기도 한다. 즉, 연구자가 관찰을 원하는 행동이 나타날 수 있는 상황을 미리 세팅해 놓거나 과제를 제공한 다음에 그 상황에서 나타나는 아동의 행동을 관찰하는 것이다. 이 경우, 관찰의 대상이 되는 아동은 일상과는 다른 낯선 상황에서 부자연스러운 행동을 나타낼 수도 있어 이 점에 주의를 기울여야 한다.

관찰법은 연구방법이 비교적 용이하고 여러 측면에서 아동에 관한 지식과 정보를 풍부하게 제공해주는 많은 장점을 지니고 있지만, 동시에 몇 가지 단점을 보이기도 한다. 우선 관찰법은 관찰자의 편견이나 선입견이 개입되기 쉬운 단점을 지니고 있다. 이를 보완하기 위해서는 관찰자가 관찰의 객관성을 확보할 수 있도록 관찰기술에 대해 사전에 충분히 훈련하고 숙지하는 것이 필요하다. 또한 자연적 관찰인 경우 연구자가 관찰하고자 하는 행동이 원하는 때에 나타나지 않을 수 있다. 따라서 그 행동이 나타날 때까지 기다려야 하므로 많은 시간을 필요로 할 수 있다. 그리고 수량화가 힘든 질적 내용을 관찰자료로 수집하는 경우에는 분석에 어려움이 있다. 그리고 동시에 많은 수의 아동을 관찰하기 힘들기 때문에 연구에 많은 시간과 노력이 요구되는 단점이 있다.

관찰법의 종류는 자연적 관찰과 구조화된 관찰 그리고 참여관찰과 비참여관찰로 구분할 수 있다. 자연적 관찰은 관찰할 때 자연스러운 상황에서 관찰이 이루어지는 것이고, 구조화된 관찰은 연구자가 관찰하고자 하는 장면, 상황, 시간 등 조건을 통제한 후 관찰하는 것이다. 참여관찰은 연구자가 관찰 대상 집단에 직접 참여하면서 관찰을 진행하는 것이고, 비참여관찰은 연구자가 관찰현장 밖에서 관찰하거나, 현장에 있더라도 활동에 전혀 참여하지 않고 관찰을 진행하는 것이다. 아동을 대상으로 하는 관찰법의 유형으로는 표본식 기록, 일화기록, 사건표집법, 시간표집법, 행동목록법, 평정척도법이 있다. 이에 대해서는 다음 장들에서 자세히 다룰 것이다.

2) 조사연구법

아동행동연구에서 조사연구법은 연구자가 아동에게 자신의 지각, 감정, 태도, 행동 등 특정 주제에 관하여 질문하고 이에 대한 아동의 응답으로 자료를 수집해 연구하는 방법을 말한다. 이때 연구자가 종이에 인쇄된 질문지 형태로 질문을 제시하고 응답을 기재하게 해 자료를 수집하면 질문지법questionnaires이 된다. 그리고 연구자가 아동에게 일대일의 대화로 질문하고 이에 대해 아동이 응답하는 내용을 기록해 자료를 수집한다면 면접법interview이 된다.

질문지법이나 면접법을 사용할 때 질문의 형태는 주관식의 답변을 요구하는 개방형자유기술형 질문과 객관식 답변을 요구하는 폐쇄형구조적 질문으로 나뉜다.

(1) 질문지법

질문지법은 응답자로 하여금 일련의 질문에 대해 자신의 생각을 스스로 기입하도록 해 자료를 수집하는 방법이다. 질문지법은 한 장소에 있는 집단을 대상으로 다수의 응답자에게 인쇄된 질문지를 나누어 주고 동시에 응답하게 해 자료를 수집하거나 우편이나 메일로 질문지를 보내고 이에 대한 응답을 받을 수도 있다. 최근에는 인터넷과 모바일 같은 전자통신망을 이용해 질문에 대한 응답을 조사하는 질문지법도 빠르게 활용되고 있다.

질문지법은 시간과 노력, 비용이 적게 들어 경제적이고 간편하며, 동시에 많은 응답자로부터 정보를 얻을 수 있고, 폐쇄형 질문의 경우에는 신뢰도가 높은 편이다. 그리고 질문지법은 응답자의 익명성이 보장되므로 민감한 내용에 대해 물어보는 조사연구에서 특히 유용한 방법이다. 그러나 질문지법은 응답자가 글을 읽을 수 있어야 하고, 질문내용을 이해할 수 있어야 답하는 것이 가능하다. 이에 덧붙여 개방형 질문에 응답할 때는 응답자의 표현능력에 따라 응답의 수준이 달라지기 때문에 글을 모르거나 읽고 쓰기 어려운 경우 실시하기 곤란하다. 또한 응답자의 응답상황을 통제하기도 어렵기 때문에 정확한 응답을 얻어내지 못할 수도 있으며, 질문지의 회수율이 낮고 편파적인 표집을 할 가능성도 있다. 질문지를 작성할 때는 질문내용 외에도 조사의 성격과 목적 및 중요성과 함께 연구자의 특성에 대해 간단하게 설명하고 협조를 당부하는 글을 싣는 것이 바람직하다.

(2) 면접법

면접법interview은 연구자가 연구 대상이 되는 아동에게 일대일의 대화로 직접 질문을 제시해 아동에 대한 정보를 수집하는 방법이다. 면접법은 면접자와 응답자가 직접적인 의사소통을 통해 면접이 이루어지므로 친밀감rapport이 잘 형성되면 응답자가 조사에 더 성실하게 참여하게 된다. 따라서 면접자에 따른 영향을 줄이기 위해서 본 면접이 시행되기 전에 면접자와 응답자 간의 친밀감 형성에도 신경을 써야 한다. 아동을 대상으로 면접을 실시할 때, 면접자는 질문에 대한 이해를 높이고 응답을 보다 용이하게 하는 데 도움을 줄 수 있는 그림, 사진, 실물 등 시각적인 매체를 사용할 수도 있다.

면접법의 장점은 면접자와 응답자가 직접 대화를 주고받으면서 특정한 내용에 관해 조사를 실시하게 되므로 다른 조사방법보다 응답률이 높다는 것과 면접자가 응답자의 태도와 상황에 맞추어 적절하게 대처해 나갈 수 있다는 점이다. 그리고 직접 대면해서 면접법을 실시할 경우 면접자가 응답자의 얼굴 표정이나 태도 등을 관찰할 수 있어 질문에 대한 응답 외의 추가 정보도 얻을 수 있다. 반면, 면접법은 면접자 훈련과 함께 일대일로 정보를 수집하므로 연구하는 데 비용과 시간이 많이 들고, 응답자의 익명성을 보장하기 어렵다는 단점을 지니기도 한다.

면접법의 종류는 구조화된 면접법structured interview과 비구조화된 면접법unstructured interview으로 구분된다.

구조화된 면접법은 질문의 내용이 미리 정해져 있고 이에 따라 면접이 실시된다. 이 경우 면접을 실시하기 전에 질문의 내용과 순서 그리고 어법이 미리 일관성 있게 정해져 있어 면접을 실시하는 과정에 융통성이 거의 없다. 이런 이유로 구조화된 면접법은 면접자 훈련이 비교적 쉬운 편이고, 수집된 자료의 객관성과 신뢰도가 높은 편이다. 하지만 이 면접법에서는 면접과정에서 융통성을 부여하지 않으므로 추가적인 사실이나 정보를 얻어내기 어렵다.

비구조화된 면접법은 면접자가 연구목적에서 크게 벗어나지 않는 범위 내에서 질문의 내용과 순서, 그리고 어법 등에서 재량을 발휘해 면접을 실시할 수 있다. 하지만 응답자의 응답이 적절하지 못할 때 추가로 질문해 적절한 응답을 얻어낼 수 있어야 하므로 면접자가 고도의 면접기술을 갖추도록 사전 훈련이 이루어져야 한다. 비구조화된 면접법에서 면접자가 갖는 면접과정의 융통성은 수집된 자료의 타당도를 높게 해주고, 새로운 사실을 발견할 가능성이 크다. 하지만 면접자의 자질과 훈련 정도에 따라 면접과정이 달라질 수 있으므로, 수집된 자료를 분석하기 힘들고 자료의 신뢰도에 문제가 있을 수 있다.

BOX 1-1

면접법 실시 유의사항

- 조사목적, 응답자 선정 이유, 응답자료 분석 및 사용되는 방식 등 응답자 안내사항에 대해 사전에 미리 준비한다.
- 일반적인 질문을 먼저 하고 구체적인 질문은 나중에 한다.
- 응답한 내용에 대해 추가 질문을 실시하여 깊이 있는 응답을 얻도록 한다.
- 응답자가 응답할 수 있는 시간을 충분히 준다.
- 질문할 때 말의 속도를 적절하게 하고 정확한 발음으로 명확하게 말한다.
- 집중하고 경청하는 자세로 응답자의 말을 듣는다.
- 면접과 관련된 자료는 응답자의 눈에 띄지 않도록 한다.
- 응답자의 응답을 녹음할 때라도 만약의 경우에 대비해 기록을 병행하도록 한다.
- 면접자의 개인 의견을 말하지 않고 응답자와 의견 충돌을 일으키지 않는다.

출처 : 이순형 외(2014). p. 85.

한편, 직접 대면해서 면접을 실시하지 않고 전화를 이용해 면접을 실시하는 전화면접도 있다. 전화면접법은 면대면 면접에 비해 비용이 적게 들고, 응답된 내용이 바로 컴퓨터로 입력되어 자료 처리와 분석이 용이하며 비용을 절감하는 장점이 있다. 하지만 이 방법은 응답자가 면접상황을 쉽게 통제할 수 있어 응답하는 도중 전화를 끊어버릴 수도 있으므로 자료 수집에 지장을 일으킬 수 있다.

3) 실험연구법

아동행동연구에서 아동의 특정 행동이 왜 나타나는지 그 원인을 밝히기 위해서는 실험연구법을 사용한다. 실험연구experimental research는 두 변인 간의 원인-결과 관계cause-and-effect relationships를 알아내기 위한 연구방법으로, 영향을 주는 변인은 독립변인independent variable, 영향을 받는 변인은 종속변인dependent variable으로 불린다. 여기에 덧붙여 통제변인control variable은 독립변인 또는 종속변인과 다르게 연구자가 일정하게 유지하고자 하는 변인을 말한다. 실험연구에서는 의도적으로 연구 대상에게 조건**예 : 연령, 성별, 지능 등**을 통제control하고 처치, 자극과 같은 조작manipulation을 통해 연구 대상이 어떤 변화를 나타내는지 분석해 인과관계를 밝히고자 한다. 따라서 실험연구에서는 독립변인의 조작과 함께 종속변인에 영향을 미칠 수도 있는 독립변인 외의 다른 변인들을 얼마나 엄격하게 잘 통제하는가에 따라 연구의 질이 좌우된다(성태제, 시기자, 2006).

일반적으로 실험연구에서 독립변인인 처치treatment의 효과를 검증하기 위해 처치를 받는 실험집단experimental group과 처치를 받지 않는 통제집단control group으로 구분해 실험을 실시하고 그 결과를 비교한다. 연구자가 예측한 바대로 실험결과를

BOX 1-2

실험연구 사전-사후검사 설계

아동을 포함한 인간행동연구에서 일반적으로 활용되고 있는 실험연구 설계이다. 이 설계는 집단을 실험집단과 통제집단으로 구성하고 실험 처치 전과 후에 검사를 각각 실시하여 처치효과를 검증하는 방법이다.

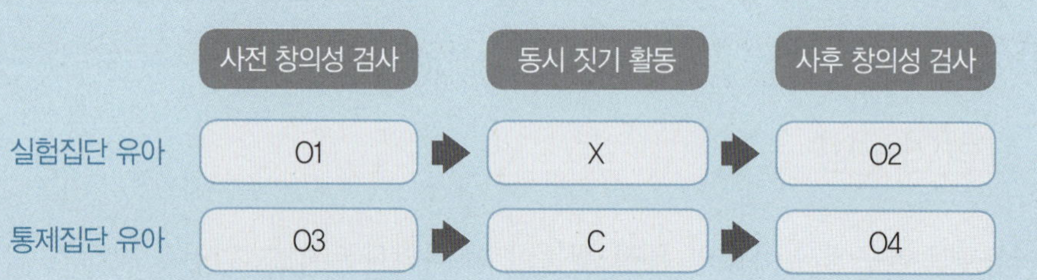

O1, O3 : 사전 검사 X : 처치에 노출 C : 통제(처치에 노출 안함) O2, O4 : 사후 검사

실험연구의 대표적 예

얻으면 가설로 수립했던 인과관계를 추론할 수 있게 된다. 하지만 이 같은 인과관계를 일반화하기 위해서는 연구 대상 외의 다른 아동들에게도 비슷한 연구를 실시해 같은 결과를 얻는 반복연구가 실시되어야 한다.

아동을 대상으로 하는 연구에서는 변인의 조작과 통제를 가하는 실험과정이 아동에게 미치는 영향에서 윤리적 문제를 내포하고 있을 수 있으므로 사전에 면밀하게 검토해야 한다. 동시에 아동의 행동은 양적으로 측정하기 어렵고 다양한 조건들이 아동의 행동에 영향을 미치고 있어 이들 조건을 완벽하게 통제하기란 쉽지 않다.

실험연구의 종류는 세부적으로 실험실 실험연구, 현장 실험연구 및 자연적 실험으로 구분할 수 있고 이를 구체적으로 살펴보면 다음과 같다(이순형 외, 2014).

(1) 실험실 실험연구

실험실 실험연구는 인위적으로 만들어진 실험실상황에서 이루어진다. 이 경우 연구상황을 연구자의 의도대로 자유롭게 조작할 수 있고, 독립변인을 구체적으로 조작하여 이에 따른 종속변인의 결과를 정확하게 측정하는 것이 가능하다. 그리고 실험실 실험은 독립변인 외의 다른 변인들이 종속변인에 미치는 영향을 연구자의 의도에 맞추어 통제하는 것이 가능하다는 장점을 지닌다. 그러나 통제를 더 엄격하게 하면 할수록 실험상황은 실제 살아가는 자연상황과 더 많은 차이를 나타낼 수 있으므로, 연구결과를 현실에 적용하는 데 제한적일 수 있다. 동시에 실험실 실험연구는 많은 수를 연구 대상으로 참여시키기 어려워 대체로 적은 수의 아동을 대상으로 연구가 수행되므로 전체 아동을 대표하는 것으로 보기 어렵다. 그리고 연구자가 예상되는 연구결과에 대한 기대를 가질 수 있어 연구자의 편견이 개입될 수 있다는 단점을 지니기도 한다. 특히, 아동을 대상으로 실험실에서 연구할 때 인위적인 실험실 장면이 아동에게 심리적으로 해를 입힐 수도 있어 윤리적으로도 문제가 될 수 있다. 예를 들어, 애착연구로 유명한 '낯선 상황' 실험에서 영아가 낯선 실험실에 홀로 남겨지는 장면이 있다. 비록 2~3분의 짧은 시간이지만 어떤 영아는 이로 인해 심한 불안감을 경험할 수 있으며, 이러한 불안은 영아가 경험할 필요가 없는 부정적 경험에 해당한다.

실험실 실험연구에서 실험 설계는 다양한 방법으로 계획할 수 있다. 연구 대상도 단일 대상 또는 집단을 대상으로 할 수 있다. 대부분 전통적인 실험연구는 연구결과가 다른 집단에게도 일반화되기를 의도하므로 집단 설계group designs를 사용한다(이순형 외, 2014). 집단을 대상으로 하는 경우에도 단일집단 또는 다중집단으로 실험을 설계할 수 있다. 많은 경우 실험실 실험연구에서는 처지를 한 실험집단과 처지를 하지 않은 통제집단을 비교하여 연구결과에서의 차이를 비교하고, 이를 통해 독립변인이 갖는 효과의 유무와 효과의 정도를 파악하게 된다. 이때 연구자는 조작을 가하는 독립변인 이외에 다른 변인들이 종속변인에 미칠 수 있는 영향을 가능한 통제해야 독립변인과 종속변인의 인과관계를 정확하게 추론해낼 수 있다. 그리고 연구의 타당성을 위협하는 요인들을 제거하기 위해서는 연구 대상을 무선할당random assignment으로 실험집단과 통제집단에 배정해야 한다.

(2) 현장 실험연구

인위적인 실험실 실험연구의 단점을 보완하기 위해 현장 실험연구field experiment를 적용하기도 한다. 이는 아동이 생활하는 가정이나 학교에서 연구자가 독립변인을 조작해 조건을 변화시키는 연구방법이다. 실험실이 아닌 친숙하고 현실적인 환경에서 연구가 수행되므로 실험실 실험연구보다 자연스럽고, 실제적인 장면과 동일한 상황에서 연구가 수행되므로 이론검증 및 현실문제 해결에 유용하고 일반화의 가능성이 더 높다.

현장 실험연구의 구체적 예는 다음과 같다. 교사의 긍정적 행동 지원이 유아의 친사회성과 인과관계가 있는지 알아보기 위해, 한 어린이집에서 5세 아동으로 구성된 두 교실을 선정해 실험집단과 통제집단으로 구분한 다음 친사회성 사전검사를 실시한다. 이후 실험집단 전체 아동들에게는 교사가 긍정적 행동 지원을 실시하고, 통제집단의 아동들에게는 특별한 프로그램을 실시하지 않고 평소와 같은 활동을 진행한다. 일정 기간의 긍정적 행동 지원 처치 후 실험집단과 통제집단에게 사후 검사로 다시 친사회성 검사를 실시한다. 그런 다음 사전과 사후 검사에서 얻어진 친사회성 검사의 점수를 비교하고 분석함으로써, 긍정적 행동 지원이 친사회성 증가에 영향을 미쳤는지 확인해보는 형태로 현장 실험연구를 수행할 수 있다.

현장 실험연구는 앞에서 제시한 바와 같이 연구 대상 아동의 일상생활 장면에서 실험이 이루어지므로 인위적인 요소의 영향은 줄일 수 있다. 그러나 독립변인 외의 다른 요인의 영향을 통제하는 것이 쉽지 않고 집단을 무선으로 할당하기도 어려워 제한점이 뒤따른다.

(3) 자연적 실험

자연적 실험natural experiment은 아동의 행동에 영향을 미치는 중요한 사건이 자연적으로 발생했을 때 수행 가능하다(이순형 외, 2014). 이때 연구 대상은 특별히 모집하지 않고 아동이 실제 생활하는 장면으로 찾아가 연구하는 방식을 취한다.

예를 들어, 지진과 같은 자연재해경험과 아동의 병리적인 불안감의 인과관계를 알아보고자 할 때 인위적으로 자연재해를 발생시키는 것은 불가능하며 비윤리적이다. 따라서 이를 연구하기 위해서는 지진 발생 지역의 아동을 대상으로 자연적 실험을 실시할 수 있다. 하지만 여기서 나오는 결과는 지진 발생 여부만이 아니라 여러 가지 다른 조건들이 영향을 미쳐 나타난 결과일 수도 있기 때문에 연구결과를 해석하거나 적용하는 데 많은 주의를 요한다.

4) 사례연구법

사례연구case study는 특정 개인, 가족, 집단 또는 기관을 하나의 사례로 보고 그 사례의 특성이나 문제를 심층적으로 조사하고 분석하는 연구이다. 즉, 그 사례가 지닌 개별적인 특성에 관한 구체적인 사실들을 모든 측면에서 수집하고 분석하여 그 사례에 관해 집중적으로 기술하고 분석하는 것이다. 사례연구는 대개 자연적인 상황에서 이루어지는데, 면접, 관찰, 검사 등 여러 가지 방법을 이용해 양적인 자료를 수집하기도 하고, 어떤 경우는 질적 자료와 양적 자료를 함께 수집해 사용하기도 한다. 사례연구를 임상 분야에서 많이 활용해 임상적 방법이라고도 하는데, 사례연구가 실험연구와 다른 점은 실험연구에서처럼 높은 수준의 통제control가 사용되지 않는다는 점이다. 따라서 사례연구를 통해서 한 개인의 행동에 영향을 미치는 원인을 추론하는 것은 어렵다. 실험연구는 특정 가설을 검증하는 데 사용되는 반면, 사례연구는 탐색적이며 아동행동에 대한 가설과 아이디어의 원천을 제공해주고 관심 있는 사례에서 얻은 결과를 다른 사례를 이해하는 데 사용된다(이순형 외, 2014 ; Shanghnessy, Zechmeister, & Zechmeister, 2014).

아동을 대상으로 한 사례연구의 목적은 아동의 행동 및 발달특성에 대한 심층적이며 구체적인 지식과 정보를 다양한 측면에서 알아내어 개별 아동이 지닌 독특성과 개인차를 이해하고자 하는 것이다. 특히, 사례연구는 발달적 문제를 나타내는 특정 아동을 보다 심층적으로 이해하고 이들을 돕기 위한 지식과 정보를 얻기 위해 자주 사용된다. 특별한 문제를 야기한 아동의 심리적 기능과 경험을 가능한 한

완전하게 알아내어, 이들을 심층적으로 이해하고 문제를 진단하고 적절한 처치나 치료계획을 세우는 데 활용한다.

사례연구의 장점은 첫째, 아동의 발달과정에 대해 다양한 방법으로 정보를 수집한 뒤 이를 조직적이고 구체적으로 기록하기 때문에 연구 대상의 독특한 특성을 구체적이고 심층적으로 연구하는 데 유용하다. 둘째, 사례연구는 적은 수의 아동을 대상으로 시간의 흐름에 따른 변화를 조사해 발달의 과정을 파악하는 데 도움을 줄 수 있다. 마지막으로 사례연구는 새로운 분야에 대한 탐색적 연구에 유용하게 사용될 수 있으며, 특정 사회문화적 배경에서 아동의 생활양식, 사회적 욕구, 집합적 행동 등을 연구할 때도 적절하게 사용될 수 있다는 장점을 지닌다.

사례연구의 단점으로는 첫째, 특정 사례를 선택해 적은 수의 아동이 경험하는 것에 의존해 연구를 진행하므로 연구결과를 일반화하기 어렵다는 것이다. 둘째, 사례연구는 대상의 수가 적기는 하지만 광범위하게 자료를 수집하고 분석해야 하므로 시간과 노력이 많이 든다는 단점을 지닌다. 셋째, 사례연구에서 수집하는 자료의 특성상 연구방법이 엄격하지 않기 때문에 신뢰도나 타당도 검증에 어려움이 있고, 연구자의 입장에서 주관이나 가치가 개입되기도 해 객관성이 결여될 수 있다. 마지막으로 사례연구는 개별 사례에서 일반적 보편성을 발견하기 어렵고, 연구절차가 표준화되어 있지 않아 반복연구를 시도하기 어렵다는 제한점을 지니기도 한다.

5) 심리검사법

아동행동연구에서 심리검사법은 아동의 성격, 능력 및 다양한 심리적 특성의 내용과 그 정도를 밝히기 위해 일정한 조건하에 이미 마련된 심리검사를 시행해 개별 아동의 심리적 특성에 대해 알아보는 연구방법을 말한다. 지능, 흥미, 성격, 정서, 사회성, 태도 등과 같은 아동의 심리적 특성을 측정하는 다양한 심리검사들이 개발되어 있다.

심리검사는 행동표본을 표준절차에 따라 측정하고 그 결과를 수량화하여 점수로 기술하는 측정도구이다. 여기서 행동표본은 전체 행동을 대표하는 조건을 충족시키는 행동들로 표집된 행동을 의미한다. 예를 들어, 유아의 공격행동을 검사할 때 공격적인 모든 행동을 측정할 수 없으므로, 공격행동을 대표할 수 있도록 표집된 행동만을 대상으로 측정하게 된다. 대부분의 심리검사는 규준이 마련되어 있으며 한 개인이 검사에서 얻은 점수를 개인이 속해 있는 모집단의 규준점수와 비교해 획득한 점수의 의미를 알 수 있고, 이를 바탕으로 개인의 행동을 이해하고 예측할 수 있도록 해준다. 규준은 심리검사가 대상으로 삼는 집단을 대표하도록 선정된 규준집단의 검사결과로 구성된다(박영숙 외, 2010).

아동행동연구에서 심리검사의 대표적 기능은 크게 세 가지로 요약해볼 수 있다. 첫째, 심리검사는 개별 아동에 대한 객관적인 정보를 제공해준다. 특히, 표준화된 검사도구를 사용해 표준화된 방식에 따라 얻은 결과는 객관적이므로 아동에 관해 합리적 의사결정을 내릴 수 있도록 도와준다. 둘째, 심리검사는 개별 아동들 간 비교를 가능하게 해준다. 아동의 다양한 행동 및 발달적 특성에 대한 심리검사 점수는 다른 아동과 비교해 어떤 수준에 있는지 알 수 있게 해준다. 마지막으로 심리검사는 쉽게 알 수 없는 아동의 심리상태에 대한 정보를 제공해준다는 것이다(박영숙 외, 2010).

한편, 표준화된 검사standardized test는 검사를 시행하고 채점하는 절차와 과정이 일정한 방식에 따라 진행되고 검사결과의 해석이 동일하도록 만들어 놓은 검사를 의미한다. 검사의 목적에 적합한 표준화 검사를 제작하기 위해 예비조사과정을 거치면서 검사문항을 엄격하게 표집하고 구성하며, 검사 실시조건과 채점방법을 일정하게 정한다. 검사를 실시하고 채점할 때 표준방식을 따르지 않을 경우 검사 시행 때마다 검사반응의 차이가 나타날 수 있으므로 개별 심리검사의 표준화방식을 반드시 따라야 한다(박영숙 외, 2010 ; 송인섭 외, 2001). 하지만 표준화검사는 다양하지 않으며 대개의 경우 표준화검사의 내용이 길어 아동에게 쉽게 실시하기 어렵다는 단점이 있다. 그리고 대부분의 표준화검사도구는 비용을 지불해야 하므로 경제적 부담이 뒤따르고, 검사 실시에 따른 오류를 줄이기 위해서는 훈련받은 전문가가 검사를 실시해야 하는 제한점도 있다. 이에 덧붙여 아동의 경우는 심리검사 상황이 아동에게 불안이나 심리적 상처를 유발시킬 수도 있어 심리적으로 부담을 느끼지 않는 범위에서 검사를 실시해야 한다.

BOX 1-3

심리검사 관련 용어

- **측정**(measurement) : 어떤 사물이나 사물의 속성에 대해 일정한 규칙에 따라 수치를 부여하는 것이다(예 : 몸무게, 신장, 지능, 흥미 등).
- **평가**(evaluation) : 사물과 그 속성에 대해 가치판단을 부여하는 것으로 가치판단에는 준거나 표준이 있어야 한다(예 : 경도비만, 비만, 고도비만).
- **사정**(assessment) : 양적 · 질적 자료를 이용해 개인의 특성을 여러 측면에서 추정하고(estimating), 감식하고(appraising), 평가하는(evaluating) 것으로 사정을 위해 관찰법, 면접법, 조사법, 심리검사법 등 다양한 방법으로 정보를 수집한다.
- **진단**(diagnosis) : 개인의 심리특성을 알아내고 일정 수준을 기준으로 발달 이상이나 정신질환 등을 판단하는 것이다.

출처 : 이순형 외(2014). pp. 102-103.

3. 아동행동연구 절차

아동행동연구의 일반적 절차는 아동과 생활하거나 관찰하는 과정에서 발견하는 문제에서 시작된다. 문제의 발견은 보다 구체적인 연구문제의 선정으로 이어진다. 그런 다음 문제 해결을 위해 기존의 연구에서 정보를 얻기 위한 문헌고찰이 이어지고, 이러한 문헌고찰을 토대로 가설을 설정한다. 가설을 설정하고 나면 다음 단계는 가설 검증을 위한 연구를 본격적으로 수행하기 위해 어떤 방법으로 접근할 것인지 연구를 설계하는 과정을 거친다. 이후 연구 설계에 따라 자료를 수집하고 분석하는 절차를 통해 연구결과를 도출하게 되고 결과를 보고하는 것으로 연구는 마무리된다. 다음에서는 송인섭 등(2001)을 참고해 이 같은 연구 절차에 대해 보다 자세히 살펴보도록 하겠다.

1) 문제의 발견

생활 중 경험하는 수많은 아동의 행동에서 특별히 의문이나 호기심이 느껴지는 행동을 맞닥뜨릴 때가 있다. 연구자는 이 같은 행동에 대해 단순한 의문이나 호기심을 갖는 것에 머무르지 않고 깊이 있게 접근하며 의문이나 지적 호기심을 불러일으키는 문제를 과학적으로 해결하고자 한다. 이때부터 아동행동에 대한 연구가 시작되는 것이다. 연구자는 평소 연구문제를 발견하기 위해 아동의 행동을 유심히 관찰하거나 조사해볼 수도 있지만, 관련 문헌을 접하면서 기존의 지식과 정보들 속에서 문제를 발견할 수 있다. 따라서 연구자는 비판적 사고를 가지고 문헌을 고찰하며 이전 연구에서 해결하지 못한 점이나 이전 연구를 바탕으로 한 단계 더 나아가서 해결해야 할 점들을 발견해내야 한다.

아동에 대해 연구할 때 아동의 행동이 다양하므로 문제 발견이 쉬울 거라고 생각할 수 있다. 하지만 실제 좋은 문제를 발견하기 위해서는 기존 연구나 관련 문헌을 많이 접하면서 깊이 있는 지식과 정보를 갖추고 있어야 한다. 이런 이유에서 문제를 발견하는 과정이 문제의 해결과정보다 더 중요하고 더 높은 창의력을 요구한다고 말하기도 한다. 처음 문제 발견단계에서의 문제의 범위가 포괄적인 것은 그다지 문제가 되지 않는다. 문제를 보다 구체화시키는 작업이 다음 단계인 문제의 선정에서 이루어지기 때문이다.

2) 문제의 선정

문제의 선정은 제기된 문제 중에서 실제 연구를 진행할 대상을 선정하는 것이므로 매우 신중하게 이루어져야 한다. 문제를 선정할 때 그 기준을 단정적으로 제시하기는 어렵지만 몇 가지 실제적인 측면을 고려해야 한다.

우선 연구문제는 어떤 주제에 대해 연구자가 관심을 갖는 정도에 따라 선정될 수 있다. 연구의 과정은 긴 시간과 많은 노력을 필요로 하고 결과를 도출하기까지 많은 인내를 요구한다. 따라서 제기된 문제가 현재 주요 이슈가 되고 있는 주제이고 지금 당장 해결해야 하는 것일지라도 연구자가 흥미를 느낄 수 없고 열정을 지닐 수 없다면 실제 연구를 수행하기 어려울 수 있다.

다음으로 문제를 선정할 때 연구자가 연구를 완성할 수 있는 문제를 선정해야 한다. 연구자가 관심을 많이 가지고 있고 흥미를 느끼는 문제일지라도 실제 그 연구를 수행하기에 현실적 제약이 있고 또 연구자의 역량을 벗어나는 범위의 문제라면 연구문제로 선정하기 어렵다.

연구문제를 선정하는 과정은 충분한 시간을 가지고 이루어져야 한다. 관련 문헌을 충분히 찾아보고 최신의 관련 자료들을 가능한 한 많이 검토해야 한다. 이 과정에서 처음에는 연구문제가 광범위한 영역에 머무르지만 점차 구체적인 문제로 좁혀가게 될 것이다.

3) 문헌 고찰

문헌 고찰은 연구자가 관심을 갖는 주제에 대한 정보를 제공해주는 가장 핵심적인 근원이 된다. 이런 점에서 문헌 고찰은 처음부터 마지막까지 연구의 전 단계에 걸쳐 지속적으로 이루어진다.

먼저 연구자가 아동의 행동에서 문제를 발견하게 되면 그 다음으로 문헌고찰을 토대로 연구 주제들을 명료화시켜나가면서 구체적인 연구문제를 선정하게 된다. 앞서 설명한 문제의 선정을 위한 문헌 고찰이 이루어지는 것이다. 이 단계의 문헌 고찰은 비교적 방대한 범위에서 이루어지게 된다.

또한 문헌 고찰은 이후 연구의 가설 및 방향 설정과 연구를 어떤 방법으로 수행할 것이며 분석은 어떻게 이루어지는지를 결정하는 과정에서도 중요한 정보와 함께 판단의 근거를 제공한다. 이때 문헌 고찰은 앞서와 달리 연구자가 연구하려는 문제에 초점을 맞추고 보다 깊이 있고 세분화된 문헌 고찰이 이루어져야 한다.

뿐만 아니라 연구결과에 대해 설명하고 논의하는 과정에서도 문헌 고찰이 필요하다. 연구자는 자신의 연구결과를 지지하는 내용을 담고 있는 선행연구나 이론들을 제시함으로 인해 자신의 연구결과를 타당화시킬 수 있다. 그러나 이때 주의해야 할 점은 자신의 연구결과와 일치하지 않는 선행연구라고 해서 배제해서는 안된다. 문헌 고찰과정에서 연구자가 지니고 있던 생각과 다른 선행연구결과들에 대해서도 연구자는 개방적이고 유연한 자세를 지녀야 한다. 이런 과정이 연구의 질을 향상시키며 보다 발전적인 상태로 이끌어 준다.

4) 가설 설정

연구문제를 선정하고 문헌 고찰의 단계를 거치면서 연구자는 연구를 통해 알아내고자 하는 목표를 수립하는데, 이때 연구목표는 가설의 형태로 만들어진다. 가설은 두 개 이상의 변인들 간의 관계에 대한 결과를 추정하거나 가정해서 진술문으로 만들어 놓은 것이다. 보다 쉽게 말하면, 연구자가 연구를 통해 밝혀내려는 것을 미리 예측해 문장의 형태로 적어놓은 것을 말한다. 가설을 설정할 때 반드시 검증 가능한 형태로 진술해야 한다는 점에 주의해야 한다.

5) 연구방법 설계 및 자료 수집

연구방법 설계는 연구를 수행하기 위해 실제적인 계획을 수립하는 단계로 여러 절차들이 포함된다.

우선 연구를 위한 자료 수집을 위해 관찰법, 조사연구법, 실험연구법, 사례연구법 또는 심리검사법 등 어떤 방법을 사용할 것인지 먼저 정해야 한다. 그리고 측정도구를 사용해서 자료를 수집하고자 한다면 타당도와 신뢰도를 갖춘 적합한 측정도구들을 찾거나 개발하는 과정이 뒤따르게 된다. 여기서 타당도는 측정도구가 측정하고자 하는 아동의 행동이나 심리적 속성을 얼마나 정확하게 또는 적합하게 측정하는지를 의미하며, 신뢰도는 측정하는 것을 일관성 있게 측정하고 반복 사용하더라도 거의 동일한 결과를 나타내는 것을 말한다. 질적으로 우수한 연구자료의 수집을 위해서는 측정도구가 두 가지 선행조건을 갖추는 것이 필수적이다.

다음으로는 연구의 대상을 표집하는 절차이다. 5세 아동의 친사회성을 연구하기 위해 시간, 노력, 비용 면에서 5세 아동 전체를 대상으로 연구를 수행하는 것은 불가능하다. 이를 해결하기 위해 전체(모집단) 중 일정한 크기의 집단을 표본으로 선정하고 이들을 통해서 모집단의 특성을 추정하게 된다. 따라서 표본은 대표성을 지니고 있어야 하며 대표성을 확보하기 위해서는 표본을 선정하는 과정이 과학적이고 논리적이며 통계적으로도 정확해야 한다.

연구 대상 표집이 정해지면 본격적으로 자료를 수집하는 절차에 들어간다. 연구 일정을 계획하고 거기에 맞추어 앞서 표집한 연구 대상에게 미리 선정한 측정도구를 활용해 정해둔 관찰, 조사 또는 실험 등의 방법으로 자료를 수집하고 수집한 자료를 정리하는 과정을 거치게 된다.

6) 연구자료의 분석

연구문제에 대한 답을 얻기 위한 연구자료의 분석은 자료를 분석, 요약 및 기술하는 행위를 의미한다. 양적 자료는 주로 통계적 방법을 이용해 분석하며, 질적 자료는 체계적으로 분류, 정리, 서술하는 과정을 거쳐 분석이 이루어진다.

7) 연구결과 보고

연구자료를 분석하는 절차를 마치고 나면 연구자는 연구결과 보고서를 작성해야 한다. 연구결과 보고에는 연구의 실시 배경과 목적 및 연구문제를 진술해야 하고, 연구 대상, 측정도구 및 연구절차에 대한 내용과 분석방법에 대한 정보를 기술해야 한다. 또한 자료 분석으로 얻은 연구결과에 대한 기술 및 설명과 함께 논의도 제시해야 한다. 논의에서는 연구결과가 설정한 연구가설을 지지하는지 혹은 부정하는지, 또한 그 이유는 무엇인지 등을 선행연구들과 비교해 설명하며, 연구결과에 대한 실제적 · 이론적 함의와 연구의 제한점 등을 제시한다.

4. 아동행동연구 윤리

연구 윤리란 연구자가 정직하고 정확하며, 성실한 태도로 바람직하고 책임 있는 연구를 수행하기 위해 지켜야 할 윤리적 원칙 또는 행동양식이라고 말할 수 있다. 성인을 대상으로 한 연구에서도 연구 윤리는 중요하지만 아동을 대상으로 한 연구에서는 더욱 중요하게 여겨져야 한다. 아동은 인지발달적으로 자율적이고 성숙한 판단능력이 덜 갖추어져 있으며 작은 좌절이나 긴장에 의해서도 쉽게 손상을 입을 수 있고 자신의 인권을 스스로 지켜내는 데 제한점을 지니고 있으므로 성인이 먼저 나서서 아동을 보호해주어야 한다(이순형 외, 2014).

일반적으로 연구 윤리 위반은 개인적 차원에서 연구자 개인에게 오명과 위신 추락을 안겨주며, 학문공동체에도 커다란 손실과 부작용를 초래한다. 아동을 대상으로 하는 연구에서는 연구 윤리 위반이 이 같은 문제점을 일으킬 뿐만 아니라 아동에게 심리적 · 육체적 · 사회적 피해를 직접 또는 간접적으로 입힐 수 있기 때문에 더욱더 신중하게 연구가 이루어져야 한다. 연구결과를 통해 궁극적으로는 아동에게 이익이 기대된다고 할지라도 연구에 참여한 아동의 권리가 침해된다면 그 연구는 정당화될 수 없다(배상률, 최현정, 2014).

미국에서는 1975년 IRBInstitutional Review Board가 만들어졌고, 인간을 대상으로 하는 모든 연구에 엄격한 윤리규정을 적용하고 있다. 특히, 임산부, 태아, 아동 대상

BOX 1-4

ERIC 국제 헌장 7대 조항

1. 아동을 대상으로 하는 연구의 윤리는 모두의 책임이다.
2. 아동의 존엄성 존중은 윤리적 연구의 핵심이다.
3. 아동을 대상으로 하는 연구는 정당하고 공평해야 한다.
4. 윤리적 연구는 아동에게 득이 되어야 한다.
5. 연구에 참여하는 아동은 결코 위해상황에 처하지 않아야 한다.
6. 연구는 반드시 아동의 사전 동의와 지속적인 동의를 구해야 한다.
7. 윤리적 연구는 지속적인 성찰을 요한다.

출처 : Graham et al.(2013). p. 33.

연구에 대해서는 연구과정 중 발생할 수 있는 인권침해와 폐해 예방을 위해 보다 엄격한 윤리규정을 제시하고 있다. IRB는 아동 및 청소년 대상 연구에서 연구자와 연구 대상 아동 · 청소년과의 관계, 연구에 참여하는 아동 · 청소년으로부터 참여 동의서를 얻는 구체적인 절차 및 계획, 부모 또는 보호자의 동의서를 받는 구체적인 절차, 연구수행에서 적용되는 설문문항, 인터뷰, 질문 등 모든 개입과정 등을 실제 조사에 착수하기 전에 밝히도록 하고 있으며, 연구자는 IRB로부터 승인을 얻어야 연구를 진행할 수 있다(배상률, 최현정, 2014).

2013년 유엔 산하 유니세프UNCEF에서는 아동을 대상으로 하는 연구에서 연구자들이 지켜야 할 윤리지침서인 ERICEthical Research Involving Children을 발간하고 연구 윤리의 7대 조항을 BOX 1-4와 같이 제시하였다.

한편, 미국의 아동학 분야 대표 학술단체인 SRCDSociety for Research in Child Development 관리위원회에서는 BOX 1-5와 같은 연구 윤리기준Ethical Standards in Research을 제시하고 있다.

BOX 1–5

연구 윤리기준

- **원칙 1(무해한 절차)** : 연구자는 아동에게 육체적 또는 심리적으로 해를 끼칠 수 있는 연구 절차를 사용해서는 안 된다. 연구자는 아동에게 가능한 가장 스트레스를 적게 주는 연구 절차를 사용해야 한다. 아동에게 해를 끼치는 것을 피할 수 없다면 연구자는 다른 방법으로 자료를 얻거나 연구를 포기해야 한다.
- **원칙 2(동의서)** : 연구자는 아동의 동의를 얻기 전에 아동의 연구참여에 영향을 미칠 수 있는 연구의 모든 정보를 알려주어야 하며 아동의 질문에 아동이 이해할 수 있게 답해야 한다. 영아를 대상으로 연구할 때는 연구절차에 대해 부모에게 설명하고 영아의 불편한 반응을 민감하게 알아차리는 데 더 특별한 노력을 기울여야 한다.
- **원칙 3(학부모의 동의)** : 부모, 법적 보호자 또는 부모 대리인(예 : 교사, 학교장)의 동의를 받아야 하며, 가능한 서면으로 동의를 받아야 한다.
- **원칙 4(추가 동의)** : 연구자는 부모 외에 교사와 같이 연구와 관련해 아동과 상호관계를 맺고 있는 다른 사람들에게도 연구에 대한 정보를 제공해주어야 하고 모든 질문에 대해서도 답해주어야 한다. 그리고 그들이 자유롭게 연구참여를 결정하고 또 언제라도 그만둘 수 있어야 한다.
- **원칙 5(인센티브)** : 연구참여에 대한 인센티브는 공정해야 하며, 아동이 일반적으로 경험하는 인센티브의 범위를 초과해서는 안 된다.
- **원칙 6(속임수)** : 연구자가 동의를 얻는 과정에서 정보를 완전하게 공개하는 것이 윤리적이지만, 특정 연구에서는 정보 제공을 유보하거나 연구내용의 일부를 속이는 것이 불가피할 수 있다. 이때 연구자는 연구 동료들과 함께 이런 판단이 옳은지 반드시 검토해야 하고 참여자를 속이고 연구를 진행할 때는 속임수로 인해 아동 또는 아동의 가족에 부정적인 영향을 미치지 않도록 최선의 방법을 찾도록 노력해야 한다.
- **원칙 7(익명성)** : 연구자가 학교나 기관의 기록을 얻기 위해서는 반드시 그 기록에 대한 책임 있는 담당자의 허락을 얻어야 한다. 정보의 익명성은 유지되어야 하며 허가를 얻은 정보 이외의 정보는 사용할 수 없다. 책임 있는 담당자 여부를 확인하는 것은 연구자의 책임이다.
- **원칙 8(상호 책임)** : 연구의 시작부터 연구자와 부모, 보호자 또는 부모대리인 간에(어떤 경우는 아동도 포함될 수 있다) 각자의 책임 정의에 대해 명확한 합의가 있어야 한다. 연구자는 모든 약속과 동의 이행을 반드시 지켜야 한다.

- **원칙 9(위험성)** : 연구과정에서 연구자는 아동의 안녕을 위협하는 것에 대한 정보에 주의를 기울여야 한다. 그리고 연구자는 아동을 도와주기 위해 부모 또는 보호자 및 현장의 전문가와 그러한 정보에 대해 논의해야 한다.
- **원칙 10(예기치 않은 결과)** : 연구를 진행하면서 연구절차로 인해 미리 예상하지 못했던 바람직하지 않은 결과가 아동에게 나타날 때 연구자는 이를 바로 잡기 위한 적절한 조치를 즉시 취해야 하며 후속연구에서는 이러한 절차를 새로 설계해야 한다.
- **원칙 11(비밀 유지)** : 연구자는 연구 참가자에 관한 모든 정보에 대한 비밀을 보장해주어야 한다.
- **원칙 12(참가자에 정보 공지)** : 연구자는 연구자료 수집 후 발생했을 수 있는 실수에 대해 연구 참여자에게 명확하게 해명해야 한다. 또한 연구자는 연구 참가자들에게 그들이 이해할 수 있는 용어로 일반적인 결과에 대해 보고할 의무가 있다.
- **원칙 13(결과 보고)** : 부모와 아동에게 결과에 대해 알려줄 때는 평가적 진술이나 제언을 하는 데 있어서 신중을 기해야 한다.
- **원칙 14(결과의 함의)** : 연구자는 연구가 지니는 사회적 · 정치적 · 인간적 함의에 대해 깊이 생각해야 하며, 특히 연구결과를 제시할 때 이 점을 주의해야 한다.
- **원칙 15(연구부정행위)** : 연구부정행위는 데이터 조작이나 위조, 표절, 허위진술 또는 연구를 제안, 실시, 분석 또는 보고하는 데 있어 학문공동체 내에서 일반적으로 받아들여지는 행위에서 심각하게 벗어난 다른 행위를 한 것으로 정의한다. 여기에는 의도하지 않은 오류 또는 정직한 데이터 해석의 차이는 포함하지 않는다.
- **원칙 16(개인 부정행위)** : 중죄에 해당하는 형사상 유죄판결을 받은 개인의 부정행위는 학회 구성원에서 탈퇴 당할 사유에 해당한다.

출처 : SRCD Governing Council(2007).

우리나라의 경우 아동을 대상으로 하는 연구를 수행할 때, 어린이집이나 유치원 등의 동의만 구하고 아동의 부모 또는 보호자와 연구 대상 아동의 동의를 구하는 과정을 생략하는 경우가 있는데, 이런 부분은 개선되어야 한다. 아동의 연령이 어려 아동의 동의를 직접 받지 못할 경우 적어도 부모나 보호자의 동의를 구한 후 연구를 진행해야 한다. 아동에 대한 연구에서 아동들이 어떻게 연구 대상자로 선정되었는지 또는 연구에서 사용된 연구방법이나 측정도구가 아동에게 심리적으로 부담을 주지 않았는지에 대해서도 보고해야 한다. 이 외에도 연구자는 아동의 성별에 따른 편향된 시각 또는 성별 차이에 대한 확대 해석을 경계해야 한다. 뿐만 아니라 사회경제적으로 결핍된 가정의 아동, 다문화가정, 한부모가정, 조손가정 및 장애가정 등 현대사회에서 나타날 수 있는 다양한 가족 형태에 대해 편견이나 부정적 고정관념을 지니고 아동에 대한 연구를 진행하는 것 역시 주의해야 한다(김상희 외, 2014).

연구수행은 학문 분야에 따라, 추구하는 목적에 따라 그리고 방법에 따라 다양하고 특수하지만, 연구 윤리는 모든 학문 분야에서 연구자들이 올바르게 이해하고 실천해야 하는 공통적인 것으로 매우 중요하다. 이상에서 살펴본 아동행동연구에서 특별히 주의해야 할 연구 윤리 외에 연구자로서 책임 있는 연구수행을 위한 연구자의 태도도 중요하다. 책임 있는 연구수행이란 연구과정에서 연구자가 지켜야 할 연구의 핵심가치들을 준수함으로써 연구 진실성research integrity 및 연구 윤리를 확보하고, 전문가로서 과학적 · 사회적 책임을 지키는 것으로 ① 정직성정직한 정보 전달, ② 정확성연구결과의 정확한 보고 및 오류 방지, ③ 효율성현명하고 낭비 없는 자원 이용 및 ④ 객관성사실 전달 및 편견의 기피을 지켜야 한다(연구윤리정보센터, 2019).

1. 아동관찰의 개념

관찰법은 관찰자가 아동의 겉으로 나타나는 행동과 말 등을 직접 보고 정보를 구하는 방법으로 아동을 대상으로 하는 연구에서 자주 쓰이는 오래된 연구방법이다. 최근에는 아동을 관찰할 때 아동의 행동만 관찰하는 것뿐만 아니라 아동과 끊임없이 상호작용하는 주변의 환경 맥락**예 : 함께 놀이하는 또래 아동의 반응 등** 및 아동이 처한 상황 등도 관찰의 대상으로 확장되고 있다. 이런 관찰방식은 아동과 환경 간의 관계성을 분석할 수 있고, 이를 통해 아동의 행동, 성격 및 심리적 특성 등의 내면 상태를 추리할 수 있어 아동을 더 잘 이해하게 해준다.

관찰법이 아동에 대한 정보를 수집하는 데 자주 사용되는 이유는 다음과 같다 (송연숙, 정혜영, 유수경, 2019).

첫째, 관찰은 아동의 언어능력 제한으로 인해 알아내기 어려운 아동의 여러 가지 행동을 측정할 수 있다. 아동은 언어를 이해하고 자신의 생각이나 감정을 말로 표현하는 데는 미숙한 점이 있어 의사소통능력만으로는 자신에 대해 보고하기에는 어려움이 뒤따른다. 특히, 아동의 나이가 어릴수록 자신의 감정이나 상태를 언어로 표현하기 어려우므로 관찰방법이 적합하다. 아동의 눈빛, 목소리, 몸짓, 웃음, 행동방식 등과 같은 비언어적 행동에 대한 관찰 정보 수집은 있는 그대로의 아동을 제대로 알고 이해하게 해준다.

둘째, 관찰은 주의집중시간이 짧은 어린 아동이 자연스럽게 생활하는 장면에서 아동에 관한 정보를 구할 수 있다. 아동은 연령에 따라 차이가 있지만 대체로 어린 아동의 경우 주의집중시간이 짧다. 특히, 아동의 자발적 관심이나 흥미에 따른 선택이 아니라 검사나 면접과 같이 외부에서 주어진 상황에 장시간 주의를 집중하는 것은 아동에게 힘든 일이며 연령이 어릴수록 더 힘들다. 이에 반해 관찰법은 아동이 생활하는 장면에서 이루어지는 경우가 많아 아동의 행동특성을 알아내고자 할 때 자주 사용된다.

셋째, 관찰법은 아동에게 특별한 스트레스를 주지 않고 일상적인 장면에서 관찰한 내용을 통해 아동의 특성을 알게 해준다. 아동은 형식적인 검사 또는 면접상황에서 스트레스를 경험할 수 있고 이로 인해 자신의 능력을 최대한 발휘하지 못하기도 한다. 검사법을 적용할 경우, 낯선 상황에 대한 두려움과 검사자와 라포르 rapport 형성 부족 등의 이유로 아동의 발달수준을 정확하게 알아내지 못할 수 있고, 이로 인해 부적절한 결과를 도출해낼 수 있다. 이에 반해 일상적 장면의 관찰을 통한 평가나 자료 수집은 아동의 특성에 대해 실제적이고 정확한 정보를 알려준다.

이 외에도 관찰법은 아동의 일상적인 활동시간대에 관찰이 지속적으로 이루어지기 때문에 전체적인 맥락 안에서 아동의 모습에 대한 정확한 정보를 제공해준다. 특히, 교육현장에서 이루어지는 관찰은 교사로 하여금 아동에 대한 편견을 줄이고 아동을 객관적으로 보게 하는 기회를 제공할 수 있다. 또한 교육 프로그램이 아동의 발달에 적합한지, 혹은 아동의 다양한 발달영역에서 아동의 성장과 발달을 잘 돕고 있는지 평가하는 기회를 제공해 준다.

2. 아동관찰의 목적

아동관찰의 목적은 연구자가 아동의 흥미와 요구를 포함한 전반적인 발달적 특성을 알아내어 아동을 이해하는 데 도움을 주는 것뿐만 아니라 가정과 교육현장에서 아동을 교육하고 지도하는 현장에 필요한 정보를 얻는 데 있다. 이 외에도 아동관찰은 교육기관과 부모와의 면담자료로도 활용된다.

첫째, 아동관찰은 전인적 관점에서 아동의 성장 및 발달에 대한 이해를 돕는 데 목적이 있다. 아동에 대한 직접적인 관찰은 아동의 발달에 대한 특성을 파악하게 해준다. 관찰을 통해 수집한 정보는 아동이 각 발달영역에서 나타내는 발달수준이 어느 정도인지 알 수 있게 해준다. 그리고 관찰은 아동의 개인차를 파악하게 해주는데, 각 아동의 발달수준이 같은 연령대의 보편적 발달규준에 비추어 보통인지 아니면 우수하거나 뒤처지는지에 대한 정보를 제공해준다. 이는 개별 아동이 지닌 강점을 발견해 이를 강화하거나 더 잘 발휘되도록 교육하고 지도하는 데 도움을 준다. 혹은 아동이 발달상 지체나 어려움으로 도움이 필요한 경우 이에 대한 구체적인 정보를 제공해주어 부모나 교사로 하여금 아동에게 맞춘 개별 교육 프로그램을 제공하거나 지원하는 데 도움을 준다.

둘째, 아동관찰은 교육현장에서 교육과정계획 등에 필요한 정보를 제공하는 데 목적이 있다. 아동의 흥미와 요구를 파악하게 해주고 이에 기초해 교육적 경험들을 계획하고 실행하는 데 도움을 준다. 그리고 아동의 발달수준에 맞추어 개별화된 교수방법을 계획하고 운영하게 해준다. 그뿐만 아니라 아동의 특정 행동의 원인과 그 행동의 목적, 동기 등을 이해하기 위한 정보를 제공해주며, 아동의 문제행동의 원인을 파악하게 해주어 아동지도 및 상담에 활용하기도 한다. 특정 발달영역에서 지연을 보이는 아동의 경우, 관찰을 통해 조기발견이 가능하고 이는 조기중재로 이어지며 치료효과를 극대화하는 결과를 가져올 수 있다. 그리고 아동관찰은 교육현장에서 교육과정을 실행한 후 그 과정과 결과를 평가할 수 있는 정보와 근거를 제공해주며, 영역구성이나 배치 등 물리적 환경의 문제점을 분석하는 데 도움을 주기도 한다(송연숙, 정혜영, 유수경, 2019 ; 이순형 외, 2014).

셋째, 아동관찰은 교사의 전문성 및 역량을 향상시키기 위해 필요한 정보를 제공하기 위한 목적을 지니기도 한다. 교사는 자신의 교수행동과 이에 대한 아동의 반응을 관찰하는 것을 통해 효과적인 상호작용과 교수행동방식을 개발하는 데 도움을 얻을 수 있다. 아동과 상호작용하는 장면이나 수업하는 장면을 녹화해 이를 검토하는 작업은 교사로서 자신의 교수 실제를 평가하게 하며 교사로서 전문적인 역량을 향상하는 데 도움이 되는 정보를 제공해준다.

넷째, 아동관찰의 또 다른 목적은 교사가 부모와의 면담에서 긍정적 의사소통을 촉진하는 데 도움을 주는 자료를 수집하는 데 있다. 아동의 나이가 어릴수록 교육기관에서의 생활에 대해 아동이 스스로 보고하는 것이 제한적이므로 부모는 교사로부터 아동의 일상생활에 대한 내용을 듣고 싶어 한다. 이때 실제적이며 구체적인 관찰 사례와 자료를 바탕으로 한 교사의 객관적인 보고는 부모에게 개별 아동의 발달에 대한 정보와 아동의 특정 문제에 대한 정보를 제공해주며, 교사의 말을 신뢰하도록 돕는다.

다섯째, 교육기관이 교육목표를 제대로 달성했는지 확인할 근거를 제공하기 위한 목적으로도 아동관찰을 활용할 수 있다. 각 교육기관이 제시하고 있는 교육목표는 다양한 방법을 통해 장기적으로 아동을 관찰한 사례와 자료에 의해 달성 여부를 확인할 수 있다. 그리고 이는 교육 프로그램의 효과를 확인하게 해주어 추후 더 바람직한 교육목표 설정 및 교육 프로그램 계획으로 이어질 수 있다(송연숙, 정혜영, 유수경, 2019).

3. 아동관찰의 유형

관찰의 유형은 관찰하려는 행동을 자연스럽게 관찰하는가 아니면 인위적으로 통제하는가에 따라 자연적 관찰과 구조화된 관찰로 나눌 수 있고, 관찰자가 관찰하려는 행동이 발생하는 현장에 참여하는지 아닌지에 따라 참여관찰과 비참여관찰로 나눌 수 있다.

1) 통제 정도에 따른 분류

자연적 관찰naturalistic observation은 관찰하려는 행동이나 장면을 조작하거나 인위적으로 통제하지 않고, 아동의 일상생활 안에서 자연적으로 발생한 그대로 관찰하는 방법이다. 이는 특별한 조작이나 자극을 주어서 나타나는 행동을 관찰하고자 하는 것이 아니라 일상적 상황에서 자연스럽게 일어나는 행동을 관찰 의도 없이 관찰하는 것이다. 교육현장에서 교사가 수시로 하는 관찰이 여기에 해당한다.

구조화된 관찰controlled observation은 관찰하려는 행동이 나타날 수 있는 상황을 미리 설정해놓거나 과제를 제공해 준 다음에 그 상황조건에 따른 아동의 행동을 관찰하는 방식이다. 구조화된 관찰은 구체적인 아동의 행동이나 반응을 관찰할 때 적합하며, 일상적 상황에서 자주 나타나지 않는 행동을 연구할 때 많이 사용된다.

2) 관찰참여에 따른 분류

참여관찰participant observation은 관찰자가 관찰 대상 아동이나 아동을 둘러싼 상황에 직접 참여하면서 대상 아동과 함께 활동하고 상호작용하면서 자연스러운 아동의 행동을 관찰하는 방법이다. 일반적으로 가장 많이 이루어지는 참여관찰의 예는 교사가 자신이 맡은 교실에서 일과시간 동안 아동의 행동을 관찰하는 것이다. 비참여관찰nonparticipant observation은 아동이 활동하는 현장에 참여하지 않고 관찰자가 일방경one-way mirror, 비디오 녹화, CCTV 등을 통해 아동의 행동을 관찰하거나,

현장에서 직접 관찰할 수밖에 없는 상황이라면 어떤 활동에도 참여하지 않고 단지 관찰만 하는 경우를 말한다.

표 2-1 관찰법의 종류

구분		내용
통제 유무	자연관찰	자연스러운 상황에서 아동의 행동을 관찰
	구조화된 관찰	관찰하고자 하는 장면이나 상황, 시간 및 관찰하고자 하는 행동을 발생시키는 조건 등을 통제한 후 이루어지는 관찰
참여 유무	참여관찰	관찰자가 관찰현장에 직접 참여하여 대상 아동의 행동특성을 관찰
	비참여관찰	관찰자가 일방경(one-way mirror), 비디오 등을 통해 관찰하거나, 현장에서 직접 관찰할 수밖에 없는 상황에서는 어떤 활동에도 참여하지 않고 관찰하는 방법

3) 관찰기록방법에 따른 분류

관찰내용을 기록할 때는 일정한 형식에 따라 일관성 있게 기록해야 한다. 관찰기록방법에 따른 관찰법의 종류는 표본식 기록, 일화기록법, 사건표집법, 행동목록법, 시간표집법, 평정척도법이 있다.

(1) 표본식 기록

표본식 기록은 관찰기록법 중 가장 기본이 되는 기록방법이다. 이는 관찰자가 관찰 대상, 관찰장면, 관찰시간 등을 미리 정해놓고 관찰 대상 아동의 말, 행동 그리고 전체적인 상황 등을 일어난 순서에 맞추어 가능한 구체적으로 자세하게 객관적으로 기록하는 방법이다. 이런 점에서 표본식 기록은 교사가 학기 초에 아동을 이해하는 데 도움을 줄 수 있고 또한 문제행동을 지도할 때도 유용하게 사용될 수 있다. 표본식 기록은 특별한 관찰도구 없이 필기도구와 관찰기록지만 있으면 되지만, 정확한 관찰을 위해 비디오 녹화나 오디오 녹음자료를 함께 사용할 수도 있다.

표본식 기록의 주의점은 보고 들은 것을 있는 그대로 모두 다 기술해야 하나 관찰자의 주관적 해석이나 추론은 기록하지 않도록 한다. 그리고 관찰한 모든 것을 기록하는 일은 쉽지 않으므로 관찰을 계획하는 단계에서 관찰목적을 잘 숙지하고 관찰에 임해야 한다. 표본식 기록은 관찰 대상 행동이 일어나고 있는 현장에서 기록하는 것이므로 현재형으로 기술한다.

한편, 표본식 기록의 단점은 아동의 모든 행동을 기록해야 하므로 한 번에 한 명의 아동만 관찰기록할 수 있어 시간과 노력을 많이 필요로 한다는 점이다. 그리고 관찰기록으로 수집한 양이 많아 이 자료를 적절히 분류하고 해석하는 데 어려움이 뒤따를 수 있다.

(2) 일화기록법

일화기록법은 특별한 준비 없이 교사가 가장 쉽고 간단하게 사용하는 기록방법으로 현장에서 자주 사용된다. 이 방법은 아동의 일상생활에서 기록할 의미가 있다고 판단되는 아동의 행동이나 상황을 보았을 때 하나의 짧은 일화를 중심으로 관찰한 내용을 간단하게 기록하게 된다. 이 같은 일화기록은 개별 아동에 대한 이해를 돕고 특정한 발달영역에서 아동의 특성을 파악하는 데 필요한 정보를 제공하며 아동의 문제행동지도에 도움이 되는 정보를 제공한다.

일화를 기록할 때 아동의 행동이나 상황을 관찰한 즉시 기록으로 옮길 수 있으면 좋지만 항상 가능한 것은 아니다. 이럴 때는 간단하게 주요 단어들을 육하원칙 **누가, 언제, 어디서, 무엇을, 어떻게, 왜**에 근거해 핵심 키워드로 메모해두고, 나중에 시간이 허락할 때 자세하게 기록할 수 있다. 일화기록은 관찰자가 기록할만하다고 생각하는 것을 선택적으로 기록한다는 점에서 모든 것을 다 기록하는 표본식 기록과 차이가 있다.

일화기록은 필기도구와 메모지만 있으면 바로 기록이 가능하고 간단하게 기록하므로 시간이 적게 걸린다는 장점이 있다. 하지만 관찰자가 아동의 전체 행동을 기록하는 것이 아니라 일부만 기록하므로 때로는 아동의 특성에 대해 오해할 수 있으며, 관찰자가 기록할만하다고 판단하는 것만을 기록하므로 관찰자의 주관적 견해가 개입될 수 있다. 그리고 표본식 기록과 마찬가지로 동시에 여러 명의 아동을 관찰하기 어렵다.

(3) 사건표집법

사건표집법은 관찰자가 관심이 있거나 관찰하고 싶은 아동의 특정 행동이나 사건을 미리 정해놓고 이런 행동이나 사건이 일어나면 미리 정해둔 양식에 따라 행동의 순서를 자세히 기록하는 방법이다. 사건표집법에는 관찰하려는 행동의 전후 상황도 함께 기록해 행동의 원인과 결과를 아는 데 도움을 주는 ABC 서술식 사건표집법과 관찰하려는 행동이 얼마나 자주 일어나는지 기록하는 빈도 사건표집법이 있다.

서술식 사건표집법은 서술식으로 관찰한 내용을 기록하므로 표본식 기록이나 일화기록법과 마찬가지로 관찰자의 해석과 추론을 가능한 배제하고 객관적으로 기록하는 것이 중요하다. 이 경우 관찰양식을 미리 준비해두는데, 관찰자가 사용하기 쉽고 편리하게 만들어야 한다. 이 방법은 앞에서도 말한 바와 같이 행동의 전후 맥락을 기록하므로 행동의 발생 원인과 행동의 결과에 대한 질적인 정보를 알 수 있고, 관찰행동 범위에 제한이 없어 어떤 행동도 관찰 가능하며 자주 발생하지 않는 행동도 관찰할 수 있다.

이에 반해, 빈도 사건표집법은 관찰하고자 하는 행동이나 사건이 발생할 때마다 그 빈도를 기록하는 방법이다. 서술식 사건표집법이 아동의 행동에 대한 질적 정보를 제공해주는 것에 반해 빈도 사건표집법은 행동이나 사건이 얼마나 일어났는지에 대한 양적 정보를 제공한다. 빈도 사건표집법을 사용하기 위해서는 관찰하려는 행동이나 사건에 대한 조작적 정의를 사전에 명확하게 내린다. 그리고 관찰하려는 행동이나 사건의 범주양식을 미리 준비하는데, 관찰양식지는 가능한 기록하기 쉽게 만들어야 한다. 빈도 사건표집법은 미리 정해둔 행동이나 사건이 나타나기를 기다렸다가 발생했을 때 빈도를 부호화하거나 세기표로 기록한다.

(4) 행동목록법

행동목록법은 교육현장에서 쉽게 사용할 수 있는 관찰기록방법으로, 관찰 대상 아동의 특정 행동목록을 미리 선정해두고 관찰하는 동안 목록에 있는 특정 행동의 출현 유무를 기록하는 방법이다. 행동목록법은 행동의 발생 여부를 단순하게 '예' 또는 '아니오'에 체크표시로 기록하는 경우가 많아 체크리스트checklist방법이라고도 한다. 행동목록은 관찰자가 관찰목적에 맞게 직접 만들 수도 있고 이미 만들어진 것을 사용할 수도 있다.

행동목록법은 특정 행동의 발생 여부를 관찰해 관찰 대상의 현재 발달상태에 대한 평가도 가능하지만, 시간의 흐름에 따른 아동의 발달 변화와 발달 정도를 알아낼 수 있어 자주 사용된다. 이 방법은 미리 만들어진 목록에 따라 아동의 행동 출현 유무만을 기록하므로 쉬우면서도 명확하고 객관적으로 아동의 특정 행동에 대해 알 수 있다는 장점이 있다. 반면, 행동목록법은 행동의 출현 유무에 대한 정보에 기초한 양적 특성만을 기록하므로 행동의 질적 특성에 대한 내용을 알 수 없다는 단점이 있다. 이를 보완하기 위해 행동의 출현 유무 표시와 함께 행동의 내용을 추가로 기록하기도 한다.

(5) 시간표집법

시간표집법은 관찰 대상의 특정 행동을 짧은 시간 동안 일정한 시간 간격으로 반복 관찰하여 행동의 발생 빈도에 대한 자료를 수집하고 기록하는 방법이다. 시간표집법을 사용하기 위해서 우선 관찰 대상 행동이나 사건을 구체적으로 정하고 필요할 때는 행동의 하위범주를 만들기도 한다. 또한 관찰 대상 행동이나 하위범주에 대해서는 조작적 정의가 이루어져야 한다. 그리고 시간표집법은 관찰하는 시간예 : 1분 관찰과 관찰한 내용을 기록하는 시간예 : 30초 기록으로 이루어진 일정한 관찰 시간단위와 관찰 횟수예 : 10회 등을 따로 정해두어야 한다. 관찰은 비교적 짧은 시간예 : 15분 내에서 간격에 맞추어 반복적으로 실시한다. 이 방법은 짧은 시간 안에 자주 발생하는 아동의 행동을 양적으로 측정할 때 적절한 관찰방법이다.

시간표집법은 관찰시간의 한계가 분명하고 관찰 대상 행동에 대한 정의가 분명해 신뢰도와 객관성이 높은 방법이며 짧은 시간에 여러 명을 관찰하는 것이 가능해 시간과 노력을 절약할 수 있다. 그러나 시간표집법을 적용하려면 관찰하고자 하는 행동이 비교적 자주 발생해야 하므로 모든 행동에 적용하기 어렵고 행동의 출현 여부에 대한 양적 자료 외에 행동의 인과관계 등에 대한 정보를 얻기는 어렵다.

(6) 평정척도법

평정척도법rating scale은 관찰된 행동의 특성이나 능력을 미리 정해진 범주에 따라 연속성 있는 단계로 수량화된 점수나 가치를 부여하는 방법이다. 평정척도법은 행동의 출현 유무만 기록하는 행동목록법의 한계를 보완한 것으로, 관찰하고자 하는 행동특성의 질적 수준에 대한 정보를 알 수 있다. 오랜 기간을 두고 평정척도법을 사용해 아동의 행동을 관찰할 경우 아동의 발달적 변화를 추적하는 것이 가능하다.

평정척도법을 적용할 때 관찰과 동시에 평정하기 어렵고, 관찰을 충분히 한 후 관찰한 행동에 대한 종합적인 판단을 거쳐 평정이 이루어지는 것이 바람직하다. 이런 점에서 평정척도법은 관찰자의 개인적 편견이나 오류가 포함될 수 있으므로 최대한 주관성을 배제하고 객관적인 입장에서 평정이 이루어질 수 있도록 주의를 기울여야 한다. 이 방법은 짧은 시간 안에 여러 행동이나 다수의 아동을 관찰하는 것이 가능하고 관찰자료를 점수화할 수 있어 양적 분석이 가능하나, 행동 발생 전과 후의 상황에 대한 내용을 알 수 없어 행동의 원인에 대한 정보를 제공해주지 못한다.

4. 아동관찰의 절차

관찰의 절차는 관찰을 계획하는 것을 시작으로 관찰수행, 관찰결과의 분석 및 관찰결과의 활용으로 구분된다.

1) 관찰의 계획

아동의 성장과 발달을 지원하기 위한 목적으로 관찰을 활용하기 위해서는 체계적인 관찰계획을 수립해야 한다. 무엇을 언제, 어디서, 어떻게 관찰할 것인지 구체적으로 상세하게 계획을 세워야 한다. 관찰계획은 관찰목적, 관찰행동, 대상, 방법, 평가 및 활용 등을 포함한 내용을 어떻게 실행으로 옮길 것인지 구체적이며 상세한 종합적인 설계도를 작성하는 것이다(송연숙, 정혜영, 유수경, 2019). 이상의 요소들은 순서대로 나열해 계획할 수 있는 것은 아니며, 경우에 따라 관찰 대상을 결정한 다음 관찰행동을 정할 수도 있고 혹은 관찰방법을 먼저 결정한 다음 이에 적절한 대상을 찾을 수도 있다. 관찰계획을 세부적이며 구체적으로 면밀하게 수립하지 않으면 관찰에서 얻은 자료를 과학적 자료로 활용하지 못하고 단지 아동의 행동을 지켜본 것으로 그칠 수 있다.

(1) 관찰목적 설정

관찰계획 수립에서 핵심적인 요소는 관찰목적을 설정하는 것이다. 관찰목적은 아동의 발달수준에 관한 정보 수집, 아동의 또래관계 및 적응수준에 대한 정보 수집, 그리고 문제행동의 원인 파악 등 다양하다. 관찰목적에 따라 관찰계획 수립이 달라지므로, 관찰을 시작하기 전 어떤 목적으로 관찰하고자 하는지 관찰목적을 분명하게 설정해야 한다. 무슨 목적으로 관찰을 실시하려는지에 따라 관찰 대상 행동이 달라질 것이며, 관찰 대상 행동에 대한 정보를 수집할 수 있는 관찰장면이나 상황이 달라질 것이고, 방법 및 기간 등이 달라진다. 예를 들어, 아동의 인지발달수준을 파악하고자 하는 경우와 아동의 친사회성발달 정도를 파악하고자 하는 경우는 관찰목적이 다르므로 관찰 대상 행동, 방법 및 장면 등이 각기 달라질 것이다.

(2) 관찰행동 표집

체계적 관찰계획 수립에 포함되는 또 다른 요소는 관찰행동의 표집으로, 관찰목적을 달성할 수 있도록 관찰하고자 하는 행동을 가장 잘 대표할 수 있는 표본을 결정하는 것이다. 최적의 표본을 얻기 위해서는 관찰시간과 관찰행동의 범위를 고려해야 한다(황해익 외, 2019).

첫째, 관찰시간은 관찰하고자 하는 행동을 언제, 몇 번 그리고 얼마 동안 관찰할 것인지 정하는 것이다. 어느 시간대에 관찰하는 것이 관찰목적에 맞는지, 그리고 관찰목적을 달성하려면 얼마나 오랫동안 관찰해야 하는지 미리 결정해야 한다. 예를 들어, 아동의 친사회성을 관찰하려면 자유놀이시간이 적합할지, 이야기 나누기 시간이 적합할지 정해야 한다. 자유놀이시간에 관찰하기로 정했다면 자유놀이시간 전체에 걸쳐 관찰할 것인지 아니면 자유놀이시간 시작 후 첫 5분간 몇 회에 걸쳐 관찰할 것인지 정해야 한다.

둘째, 관찰행동의 범위를 정할 때, 관찰 대상 아동의 어떤 행동을 관찰할 것인지와 관찰의 행동단위를 얼마나 세분화할 것인지를 결정해야 한다. 관찰행동의 범주는 분명하게 정해야 하며 관찰행동에 대한 명확한 정의도 내려져야 한다. 아동의 또래관계를 알아보기 위해 친사회성에 대해 관찰하기로 결정했다면, 친사회성에 대한 조작적 정의와 친사회성의 하위행동 범주를 설정해야 한다.

(3) 관찰장면의 선정

관찰 대상 행동을 적절하게 관찰하기 위해서는 관찰하고자 하는 행동이 가장 빈번하게 발생하는 장소와 상황을 잘 선정해야 한다. 예를 들어, 관찰장면 선정에서 아동의 대근육운동의 발달 정도를 관찰하기 위해서는 바깥놀이터나 실내놀이공간을 택하는 것이 쌓기영역이나 역할영역으로 이루어진 교실을 선택하는 것보다 더 바람직할 것이다. 그리고 같은 장소라고 하더라도 어느 지점에서 관찰을 진행하는가에 따라 관찰 가능한 아동의 행동이나 상황이 달라질 수 있으므로 관찰장면 선정 시 이 점도 고려해야 한다. 아동의 활동이나 동선을 방해하지 않는 범위 내에서 전체 상황을 가장 잘 관찰할 수 있는 위치를 선정하는 것이 좋다.

(4) 관찰기록방법의 선정

관찰계획 수립에서의 또 다른 요소는 관찰한 내용을 어떻게 기록할 것인가를 결정하는 관찰기록방법의 선정이다. 관찰내용은 일정한 양식에 따라 일관성 있게 기록해야 하는데, 서술형, 약호형, 기계에 의한 기록과 같은 방법이 있다.

표 2-2 관찰기록방법의 유형

구분	내용	예
서술형	정해진 양식 없이 아동의 행동과 주변 상황을 있는 그대로 이야기하듯이 기록하는 방법이다. 특별한 준비물이 필요 없고, 사건의 전후 관계 및 사건 발생 주변 상황에 대한 정보 수집이 가능하다.	표본식 기록, 일화기록법, 서술식 사건표집법
약호형	관찰하려는 행동을 조작적 정의내리고 미리 준비한 특정 양식에 따라 관찰행동을 목록이나 척도 등을 사용해 기호로 표기하는 방법이다.	빈도 사건표집법, 행동목록법, 시간표집법, 평정척도법
기계에 의한 기록	다양한 기기를 사용해 정확하고 신속하게 관찰할 수 있으며, 아동의 행동을 빠짐없이 기록하는 것이 가능하고 반복관찰을 통해 재분석이 가능하다.	녹음기, 카메라, 비디오, 관찰연구용 자동기록 및 분석기계 등

(5) 관찰매체의 선정

관찰을 진행할 때 관찰한 내용을 종이에 기록하는 방법이 가장 손쉽고 많이 사용하는 방법이지만, 모든 행동과 상황을 빠뜨리지 않고 관찰하기 어려우며 기록의 과정에서 시간 부족으로 놓치는 경우도 있다. 이런 점을 보완해 보다 정확하게 그리고 장기적으로 기록을 보관할 수 있도록 녹음기, 카메라, 비디오 등 여러 가지 다른 매체를 활용할 수 있다. 관찰매체의 장점은 필요할 때마다 기록된 내용을 반복해서 듣거나 볼 수 있어 정확한 기록에 도움을 주고, 또 관찰자 외에 다른 사람과 함께 관찰된 내용을 검토하고 분석할 수 있다는 점이다. 모든 관찰에서 관찰매체를 반드시 사용해야 하는 것은 아니지만 사정이 허락하는 범위에서 관찰목적에 적절한 관찰매체를 활용하면 도움을 얻을 수 있다.

2) 관찰의 수행

관찰계획을 수립하고 나면 실제 관찰을 수행하는 단계로 넘어간다. 관찰을 수행하는 과정에서는 다음과 같이 몇 가지 사항을 고려해야 한다.

첫째, 관찰자는 실제 관찰에 임하기 전에 관찰계획단계에서 정한 관찰내용과 관찰방법 등을 충분히 숙지해야 한다. 그리고 관찰 시작 전 관찰 대상의 이름과 연령 등의 정보를 확인하고 관찰일시와 장소 등도 미리 기록해두는 것이 바람직하다.

둘째, 관찰을 수행할 때 관찰자는 관찰목적에 초점을 맞추고 모든 감각기관을 활용해 관찰 대상 아동의 행동과 상황을 자세하게 관찰해야 한다. 보고 듣는 것뿐만 아니라 후각, 촉각, 미각까지 포함해 오감을 잘 활용해야 한다.

셋째, 관찰자는 관찰장면에서 예상치 못한 상황이 발생할 가능성을 미리 염두에 두고 대비책을 마련해두어야 한다. 비참여관찰에서 아동이 관찰자를 놀이에 초대하거나 도움을 요청하는 경우 당황하지 않도록 미리 이런 상황에 관한 정보를 수집해 적절한 대응전략을 생각해두어야 한다.

넷째, 실제 관찰한 내용을 기록할 때는 가능한 한 정확하며 구체적으로 상세하게 기록해야 한다. 그리고 관찰자의 개인적인 생각이나 느낌을 배제하고 사실을 있는 그대로 기록해 객관적인 관찰기록이 되도록 노력해야 한다. 정확하면서 객관적으로 관찰내용을 기록하기 위해 육하원칙을 적용해 누가, 언제, 어디서, 무엇을, 왜, 어떻게 하였는지의 형태로 기록하는 것도 도움이 된다. 또한 객관적 관찰기록을 위해 관찰을 진행하면서 동시에 관찰기록을 실시하거나 관찰 직후 바로 기록으로 옮기는 것이 좋다. 기억에 의존해 관찰한 내용을 기록할 경우 기억 오류나 누락이 발생할 수 있다. 이를 방지하기 위해 관찰을 진행하면서 관찰내용을 모두 기록하지 못하더라도 관찰장면에 대한 핵심적인 단어를 중심으로 육하원칙에 따라 간단하게 메모를 기록해두는 것이 도움이 된다.

BOX 2-1

부적절한 관찰기록과 올바른 관찰기록

관찰내용은 정확하고 구체적이며 객관적으로 기록해야 한다. 다음은 같은 장면을 간략하고 추상적으로 기록한 부적절한 관찰기록의 예와 구체적이며 정확하게 기록한 올바른 관찰기록의 예를 비교한 것이다.

간략하고 추상적인 기록 vs 구체적 기록

부적절한 관찰기록(간략하고 추상적인 기록)	올바른 관찰기록(구체적 기록)
친구와 같이 놀고 있다.	윤희와 같이 소꿉장난을 한다.
TV를 본다.	애니메이션 '센과 치히로'를 본다.
군것질을 한다.	빼빼로 과자 봉지를 손에 들고 하나씩 빼서 먹는다.
의사소통을 잘 한다.	선생님의 지시사항을 이해하고 반응한다. 자신의 생각과 감정을 말로 표현한다.
장난감을 창의적으로 가지고 논다.	뽀빠이 인형을 등에 업고서 "난 슈퍼맨이야"라고 말하며 양팔을 뻗고 날갯짓을 한다.
기분이 좋지 않다.	침울한 표정을 하고 입술을 삐죽인다.
기분이 좋다.	밝은 표정으로 미소를 짓는다.
민영이는 시끄럽게 떠든다.	주변을 둘러보면서 큰소리로 "이거 뭐야?"라고 묻는다.

부적절한 관찰기록(간략하고 추상적인 기록)	올바른 관찰기록(구체적 기록)
지호는 항상 친구들을 괴롭힌다.	지호는 주먹으로 수민이 등을 두 번 친다.
승호는 매우 활동적이다.	승호는 신발을 꺼내 신고, 곧바로 밖으로 뛰어갔다.
재우는 배가 아프다고 말한다.	재우는 "선생님, 배가 아파요"라고 말한다.

주관적 기록 vs 객관적 기록

부적절한 관찰기록(주관적 기록)	올바른 관찰기록(객관적 기록)
매우 잘 달린다.	1분 안에 20m를 달린다.
무척 행복해한다.	웃으면서 "행복해요"라고 말한다.
그림 그리는 것을 무척 좋아한다.	"그림 그리기가 재미있어요"라고 말한다.
자신이 만든 조립인형을 자랑스러워한다.	웃으면서 "제가 만든 거예요"라고 큰소리로 말한다.
줄넘기를 대단히 잘한다.	줄넘기를 1분 동안 ○○회 한다.
부끄러워한다.	고개를 숙이고 눈을 마주치지 못한다.
또래에 비해 키가 엄청 크다.	또래와 비교해 키가 10cm 더 크다.
슬퍼한다.	눈물을 흘리며 운다.
짜증을 낸다.	인상을 찌푸린다.
재미있게 잘 논다.	밝은 표정으로 즐거워한다.
종이가 책상 넓이만큼 크다.	종이크기는 가로 약 60cm, 세로 약 50cm이다.
숫자를 잘 센다.	1~20까지 숫자를 셀 수 있다.
언제나 노래 부르기를 좋아한다.	웃으면서 "나는 노래 부르는 것을 좋아해요"라고 말한다.

> **관찰기록 시 유의사항**
>
> - '너무', '엄청', '매우', '대단히', '꽤' 등의 부사를 사용할 때, 그리고 사물의 크기, 상황 묘사, 힘의 세기, 감정 묘사 등에서 형용사 사용 시 주의한다. 부사와 형용사의 과도하고 적절치 못한 사용은 관찰기록의 객관성을 떨어뜨린다.
> - 관찰 대상의 말과 행동을 기술할 때는 가급적 부정적 표현보다는 긍정적 표현을 사용한다.
>
> "~를 할 수 없다"→ "~를 하지 않는다"
>
> "~를 싫어한다"→ "~를 좋아하지 않는다"

다섯째, 관찰기록에서 관찰하려는 행동만 기록하는 것이 아니라 관찰 대상 행동이 어떤 상황과 어떤 환경에서 일어났는지 함께 기록해 두는 것은 매우 중요하다. 동일한 행동이라도 환경과 상황조건에 따라 해석이 달라질 수 있기 때문이다.

3) 관찰결과의 분석 및 활용

관찰목적을 달성하기 위해서는 관찰계획을 세우고, 실제 관찰을 통해 기록한 다음 수집한 관찰기록내용을 분석하는 절차가 남아 있다. 관찰결과의 분석은 크게 추론과 평가 두 가지 방법으로 구분되는데, 이를 구체적으로 살펴보면 다음과 같다.

(1) 추론

추론은 관찰된 행동의 이면에 숨어 있는 관찰행동의 원인 또는 관찰 대상의 감정 등과 같이 실제 보지 못한 내용을 객관적인 관찰기록을 바탕으로 추측해 행동이나 사건의 원인, 행동의 목적, 개인적 동기를 밝혀보려는 것이다. 관찰내용을 추론할 때 관찰자가 사전에 알고 있는 관찰 대상에 대한 정보, 관찰자의 발달이론에 대한 지식, 그리고 관찰자의 이전 경험 등이 추론에 개입될 가능성이 있다. 관찰자의 편견이나 주관적 해석이 개입되는 위험을 방지하기 위해서 추론은 객관적이며 충분한 관찰자료를 토대로 이루어져야 한다. 아울러 관찰자가 관찰에 임하기 전에 관찰 훈련을 통해 객관성을 확보하는 것이 필요하다.

(2) 평가

평가는 관찰자가 참여 대상에 대한 사전 정보나 발달이론에 대한 지식을 바탕으로 관찰기록한 내용에 가치를 부여하는 것이다. 행동에 가치를 부여한다는 것은 관찰한 아동의 행동이 긍정적인지 부정적인지, 발달이 정상적인지 아니면 뒤처지는지, 또는 발달이 앞서가는지 등을 판단하는 것이다. 평가는 아동의 행동이 특정 연령의 보편적 발달규준에 비추어 어느 정도의 수준인지 등을 판단하는 것으로 평가자의 전문성과 경험이 요구된다.

(3) 관찰결과의 활용

관찰에서 얻어진 자료는 추후 발달영역별 교육활동 개선에 반영할 수 있고, 교육활동 준비, 교수법 개선에 활용할 수 있다. 또한 관찰 분석결과는 교사가 아동과 상호작용의 질을 향상하는 데 실제적이며 구체적인 정보를 제공해준다. 이 외에도 관찰결과는 부모와의 면담이나 의사소통자료로 활용 가능하고, 추후 아동을 다른 기관에 의뢰할 때 기초자료를 제공하는 방식으로 활용할 수 있다(양명희, 임유경, 2014 ; 황해익, 최혜진, 권유선, 2019).

5. 아동관찰의 문제점 및 유의사항

관찰은 관찰자가 지각한 내용을 관찰자료로 기록하고 분석하는 과정이므로 관찰자의 객관성 확보가 매우 중요하다. 다음에서는 아동을 관찰하는 과정에서 발생할 수 있는 문제점을 살펴보고 관찰에서 유의할 점들에 대해 살펴보고자 한다(안선희 외, 2015).

1) 관찰 시 발생 가능한 문제점

관찰 시 발생 가능한 대표적인 문제점으로는 관찰과정에서 발생하는 관찰자 오류, 관찰 대상 오류, 관찰체계 오류가 있다.

(1) 관찰자 오류

관찰에서 관찰자 자신에 의해 발생하는 오류가 있다.

첫째, 관찰자 개인의 특성이 관찰에 영향을 미칠 수 있다. 관찰자가 지나치게 관대하거나 엄격할 경우 실제 관찰한 내용을 과장되게 기록하거나 일부를 관찰기록에서 빠뜨릴 수 있다. 또한 관찰자의 신체적 · 심리적 건강상태가 관찰에 영향을 미칠 수 있으므로 이 또한 유의해야 한다. 관찰자의 민감성은 개인의 성향과 같은 기본적 특성에 따라 달라질 수 있으므로 사전 훈련을 통해 관찰역량을 갖추어야 한다.

둘째, 관찰자가 지닌 아동발달에 대한 지식과 경험의 정도가 관찰에 영향을 미칠 수 있다. 같은 행동을 관찰하더라도 관찰자가 이미 가지고 있는 발달지식에 따라 그 행동을 다르게 받아들일 수 있어 관찰결과가 달라질 수 있다. 따라서 관찰자

표 2-3 기록의 오류 유형

유형	내용
생략 오류	• 아동의 행동 이해에 필요하거나 도움이 되는 정보를 빠뜨릴 때 발생한다. • 생략 오류는 관찰 시 관찰자가 제대로 관찰상황에 집중하지 못하거나 관찰 후 즉시 기록하지 않고 시간이 흐른 후 기억에 의존해 관찰내용을 기록할 경우 발생한다.
첨가 오류	• 실제 본 것 이상의 정보를 기록할 때 발생한다. • 실제 발생하지 않은 행동이나 상호작용을 기록하는 오류는 관찰자의 불충분한 주의집중, 가상의 기억에 의존하는 것이 원인이 될 수 있다.
전환 오류	• 일어난 행동의 순서를 부적절한 순서로 뒤바꾸는 것을 말한다. • 전환 오류를 감소시키기 위해서는 발생한 행동의 시작시간과 마침시간을 기록하는 것과 행동 전환이 발생하는 시점마다 시간을 기록해두는 것이 좋다.

출처 : Bentzen(2000) ; 안선희 외(2015). p. 27에서 재인용.

는 이 같은 관찰오류가 발생하지 않도록 관찰하려는 행동에 대한 사전지식을 충분히 습득하는 것이 중요하다.

셋째, 관찰자의 관찰 대상에 대한 사전 경험이나 정보 또는 관찰자의 기대와 편견 등이 관찰에 영향을 줄 수 있다. 관찰자의 개인적 선호예 : 좋아하는 성격이나 외모 등나 관찰 대상에게서 느낀 좋은 인상 등은 후광효과halo effect로 작용해 객관적 관찰을 방해하고 실제보다 과장된 긍정적 내용의 관찰결과를 낳을 수 있다. 반대로 관찰자가 갖는 부정적 편견은 아동의 행동을 부정적 관점에서 바라보게 해 관찰결과를 실제보다 부정적인 방향으로 이끌 수 있다.

관찰자를 사전에 체계적으로 훈련시키고 관찰과정에 다른 관찰자를 같이 참여하게 하는 것은 관찰자의 개인적 편견을 감소시키고 관찰의 객관성을 증가시킬 수 있다. 또한 관찰자는 반성적 사고reflective thinking를 통해 자신의 기대나 편견이 개입되지 않도록 스스로를 자주 점검해야 한다.

(2) 관찰 대상 오류

관찰 대상 아동이 자신이 관찰당하고 있다는 사실을 인식하고 관찰자를 의식해 자신의 행동을 변화시킬 수 있다. 때로는 관찰자의 마음에 드는 행동을 더 하기도 하고 때로는 평상시보다 더 위축되고 불안한 행동을 나타내기도 한다. 따라서 관찰자는 가능한 관찰 대상이 자신이 관찰상황에 노출되고 있다는 사실을 의식하지 못하는 관찰환경을 만들도록 최선을 다해야 한다.

관찰 대상의 오류를 감소시키기 위해 관찰자는 실제 관찰이 이루어지기 전 관찰 현장을 여러 번 방문해 관찰 대상이 관찰자의 존재에 익숙해지고 관찰자와 라포르를 형성할 기회를 충분히 갖게 할 필요가 있다. 그리고 관찰자는 가능한 관찰 대상의 눈에 띄지 않으면서 관찰을 실시하기 위해 일방경이 설치된 관찰실에서 관찰을 수행하는 방법 등을 채택할 수 있다.

(3) 관찰체계 오류

관찰에 사용하는 관찰도구예 : 관찰기록지, 측정도구 등는 사용의 편의성뿐만 아니라 관찰목적에 부합되도록 준비해 관찰 오류의 발생을 방지해야 한다. 그리고 관찰기록 방법이 기억하기 어렵거나 관찰 절차가 너무 복잡해 관찰과정에서 관찰자 개인의 판단을 요구하는 상황이 자주 발생하면 관찰 오류 가능성이 더 높아진다. 이러한 오류를 줄이기 위해서는 분명하고 상세한 관찰계획과 단순하고 중복이 없는 기록 방법을 준비하는 것이 필수적이다.

2) 관찰 시 유의사항

이상에서 살펴본 관찰의 오류를 줄이고 관찰과정에서 발생 가능한 문제점들을 사전에 예방하기 위해서는 관찰자 훈련을 통해 관찰에서의 신뢰도를 높이고 타당도를 확보하는 것이 중요하다.

(1) 신뢰도

관찰의 신뢰도는 관찰결과가 얼마나 일관적이며 안정적인가를 말해주는 것으로, 같은 행동을 여러 번 관찰했을 때 일관된 결과가 나오는 정도를 말한다. 관찰의 신뢰도가 높다는 것은 관찰이 객관적이고 안정적이라고 평가할 수 있다. 관찰의 신뢰도를 검증하는 방법은 관찰자 내 신뢰도와 관찰자 간 신뢰도가 있다(김지은, 김진숙, 2004).

① 관찰자 내 신뢰도

관찰자 내 신뢰도intra-observer reliability는 한 관찰자가 같은 상황을 두 번 이상 관찰해 자신의 관찰기록 간의 일관성을 알아보는 방법이다. 관찰내용을 비디오로 녹화해 이것을 반복 관찰하는 방법으로 관찰자 내 신뢰도를 알아볼 수 있다. 녹화 내용을 반복해서 관찰했을 때 관찰결과가 동일하거나 유사하면 관찰자 내 신뢰도는 높아진다.

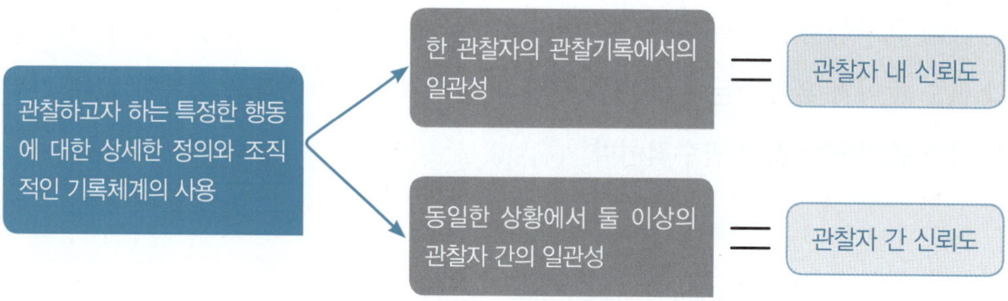

그림 2-1 관찰자 신뢰도

출처 : 김지은, 김진숙(2004). p. 75.

② 관찰자 간 신뢰도

관찰자 간 신뢰도inter-observer reliability는 하나의 관찰장면에 대해 두 명 또는 그 이상의 관찰자가 각기 관찰 및 기록을 진행했을 때 관찰자들 간에 일치의 정도를 말한다. 관찰자 간 일치도가 높아질수록 신뢰도는 증가한다. 신뢰도가 높다는 것은 관찰횟수나 관찰자에 따라 관찰결과가 달라지지 않는 것을 뜻하며 관찰결과를 믿을 수 있다는 것이다. 관찰자 간 신뢰도를 산출하는 방법은 다음과 같다.

$$\text{관찰자 간 신뢰도} = \frac{\text{관찰자 간 상호 일치한 빈도}}{\text{관찰자들의 총 관찰빈도}} \times \text{관찰자 수}$$

관찰행동에 대한 기준이 명확할수록 관찰자가 갖는 주관성이 감소하므로 관찰자 간 신뢰도를 증가시키기 위해서는 관찰 시작 전 관찰하려는 행동을 명확하고 상세하게 정의하는 것이 중요하다. 관찰자 간 신뢰도는 .80 이상 나오는 것이 바람직하므로, 관찰을 시작하기 전 충분한 훈련을 통해 관찰자 간 신뢰도가 .80 이상 나오도록 일치비율을 확인한 다음 실제 관찰을 실시해야 한다.

BOX 2-2

관찰의 신뢰도를 높이기 위한 목록표

관찰의 신뢰도를 높이기 위해서는 관찰 시작 전과 관찰을 진행하는 과정에서 다음 사항들이 충족되는지 확인해야 한다.

관찰의 신뢰도를 높이기 위한 목록표

목록	고려할 점
1. 객관성	• 구체적인 행동을 사전에 정의한다. • 개인적 신념이나 기대로 인한 편견을 줄인다. • 연구가설을 알리지 않는다.
2. 명확하고 편리한 기록양식	• 관찰범주가 중복되지 않도록 한다. • 복잡한 부호체계를 피한다.
3. 관찰자 간 일치비율	• 관찰자 간 일치비율을 90% 이상을 목표로 한다. • 적절한 훈련을 실시한다.
4. 관찰자 표류 방지	• 체계적인 점검을 한다. • 두 관찰자가 관찰한 전체 기록의 10~20%를 점검한다.

출처 : 김지은, 김진숙(2001). p. 80

(2) 타당도

관찰에서 타당도validity는 원래 관찰하려는 것을 얼마나 정확하게 관찰하고 있느냐의 문제이다. 관찰의 타당도는 실제 행동을 잘 반영하고 대표할 수 있는 행동을 관찰자가 얼마나 잘 표집하여 관찰했는가에 달려 있다. 만약 관찰자가 관찰하기 쉬운 행동만 관찰한다면 의도했던 관찰목적에 적합한 관찰이 이루어지기 어렵다. 따라서 관찰 대상 행동의 대표적인 표본이 관찰될 수 있도록 관찰할 수 있는 시간, 장면, 상황 등을 선택해 관찰계획을 수립하고 관찰이 이루어질 수 있도록 해야 한

표 2-4 타당도의 유형

유형	내용
공인타당도	관찰한 내용이 외적인 준거(검사결과, 학업성적, 부모의 보고서)와 상관이 있는지 살펴본다. 상관관계가 높으면 공인타당도가 높다.
내용타당도	실제 관찰하고자 하는 내용이 얼마나 잘 반영되었는가를 나타내는 것으로 관찰에서 가장 기본적으로 쓰이는 타당도 유형이다.
예언타당도	관찰결과가 미래의 발달이나 성취와 연관되어 예측이 가능한지를 살펴보는 타당도이다. 현재의 관찰결과와 미래의 발달이나 행동 사이에 상관이 높을수록 예언타당도는 높아진다.
구인타당도	관찰도구를 개발하는 사람이 생각해야 하는 가장 중요한 항목으로 실제로 관찰하려는 목표 행동이 관찰자가 특별히 관심을 갖는 심리학적 개념이나 이론적 구성요인을 얼마나 잘 나타내는가 하는 것이다.

출처 : 안선희 외(2015). p. 32.

다(송연숙, 정혜영, 유수경, 2019 ; 황해익, 최혜진, 권유선, 2019).

타당도의 유형은 공인타당도concurrent validity, 내용타당도content validity, 예언타당도predictive validity, 구인타당도construct validity가 있다. 관찰내용을 추론하고 해석하며 관찰자료를 근거로 일반화할 때에는 이러한 타당도 유형 중 하나를 고려해야 한다.

1. 개념과 특성

표본식 기록specimen description 또는 표본기록법specimen record은 관찰 대상의 행동을 구체적으로 자세하게 기록하는 것으로, 관찰자가 관찰 대상, 관찰장면, 시간을 미리 선정해 놓고 그 시간에 나타나는 관찰 대상의 말과 행동, 상황을 모두 기록하는 방법이다. 특정 순간이나 특정 장면만을 기록하는 것이 아니라 일정 시간 동안 그 안에서 나타나는 모든 행동과 상황을 지속적으로 관찰하여 기록한다. 따라서 관찰 대상과 상황을 직접 보지 못한 제3자가 관찰기록만 보더라도 그 상황을 충분히 이해하고 재현하는 것이 가능하다.

표본식 기록은 관찰 대상이 놓여 있는 상황의 일부가 아닌 전체상황을 자세하게 기록하기 때문에, 관찰 대상의 행동과 상황에 대한 원자료raw data를 수집하는 데 유용하다. 아동에 대한 충분한 표본식 기록의 자료는 교사가 아동의 발달상황과 성격, 특성, 상호작용양식, 선호도 등을 파악하고 이해하는 데 도움이 된다. 이렇게 얻어지는 원자료에 대한 정확한 추론과 해석, 평가를 가지고 교사는 아동에게 필요한 적절한 교수방식, 생활지도, 놀이지도, 문제행동지도 등을 계획할 수 있다. 이런 점에서 표본식 기록은 학기 초에 아동에 대한 정보를 얻고 분석하는 데 유용하다.

표본식 기록은 서술 형식의 기록이라는 점에서 뒤에 나오게 될 일화기록과 유사하지만, 행동의 일화를 구체적으로 자세하게 기록한다는 점에서는 다르다. 일정 시간 내에 발생하는 아동의 행동을 모두 다 기록하기 때문에, 관찰자가 아동의 특별한 일화나 행동, 의미 있게 보이는 하나의 행동을 선택하여 기록하는 일화기록과는 차이가 있다.

아동의 행동을 표본식 기록으로 정리해놓을 경우 시간이 지나면서 관찰아동에 관한 정보가 많이 축적되어, 아동의 행동과 발달을 이해하고 교육하는 데 있어 교사에게 유용한 자료와 교육방안을 제공한다. 교사는 이렇게 수집된 자료와 정보를 토대로 아동의 생활지도를 위한 적절한 교수계획을 세우고, 문제행동의 수정과 훈육방안을 수립할 수 있다.

2. 관찰지침

표본식 기록을 사용할 때 몇 가지 주의해야 할 사항은 다음과 같다. 기록과 관련해 대다수 주의사항은 표본식 기록 뒤에 나오게 될 다른 기록방식들에도 해당된다.

- 미리 준비한 관찰기록지에 관찰 대상 아동의 이름, 성별, 생년월일, 관찰날짜와 시간, 관찰자 이름을 적는다. 특히, 영아의 경우 개월 수에 따른 발달 차이가 크기 때문에 생년월일과 함께 관찰 당시 연령을 개월 수까지 기록해놓으면 좋다가령, 3년 2개월.
- 관찰아동의 행동이 관찰된 장소와 관찰장면을 적는다가령, 쌓기놀이영역에서 블록으로 집짓기, 자유선택놀이시간에 그림책 보기 등.
- 대개 1회 관찰은 10~30분 정도가 적당하다.
- 아동의 모든 행동은 전체적으로 기록하되, 사건이 일어난 순서대로, 행동이 나타난 순서대로 기록한다.
- 관찰기록지 왼쪽에는 시간의 경과를 적어놓는 것이 좋다. 또는 아동의 행동이나 관찰장면이 바뀔 때마다 왼쪽에 시간표시를 하도록 한다. 이러한 시간기록

은 아동이 어떤 활동에 관심을 보이는지, 주의집중과 몰입시간은 어느 정도 되는지, 관심 전환이 얼마나 자주 일어나는지를 알기에 좋다. 또한 시간의 경과에 따른 관찰상황의 흐름과 빠르게 일어나는 행동 변화를 파악하기에 좋다. 이처럼 시간의 경과를 적절히 구분하는 것이 좋으나 아동의 행동전환이 빠르거나 반대로 행동이 오래 지속될 경우 시간의 세분화가 어려울 수도 있다.

- 관찰아동 이외 아동과 상호작용하는 다른 사람들교사, 학부모, 다른 아동 등의 말과 행동도 그대로 기록한다.
- 관찰장면에 등장하는 모든 사람들의 말은 관찰자가 임의로 덧붙이거나 각색하지 않는다. 또한 아동이 실제 사용한 비속어, 문법적 오류, 의성어 등을 있는 그대로 기록한다.
- 관찰자가 관찰현장에서 직접 보고 관찰하는 것이므로 기록은 현재형으로 서술한다. 관찰아동이 한 말과 상호작용하는 사람의 말은 " "를 활용해 직접 화법으로 기록한다.
- 관찰내용은 가능한 구체적으로 자세하게 기록한다. 필요하다면 관찰상황을 녹화하거나 녹음하여 다시 이를 풀어 쓸 수 있다.
- 아동의 성격특성이나 속성을 기록하지 않고, 그러한 속성이 구체적으로 드러난 행동의 모습을 기록한다.

  예 지우는 착하다(×) → 지우는 보영이의 가방을 같이 들어준다(○)
  연서는 공격적이다(×) → 연서는 발로 현관문을 세게 걷어찬다(○)
- 관찰기록을 상세히 검토한 후 아동의 행동이 갖는 여러 가지 함의, 발달적 특성 등을 추론하고 분석한다.
- 관찰 대상의 행동이나 상황에 대한 있는 그대로의 원자료를 수집하는 것이 중요하므로, 관찰자의 주관적 추론, 평가, 해석을 자제한다. 필요하다면 기록지

의 오른편에 '비고'란을 만들어 필요한 설명을 보완하거나 관찰자의 이해가 담긴 해석을 제시하도록 한다.

- 관찰 대상의 행동묘사에서 관찰자의 감정과 주관, 가치판단이 들어 있는 형용사나 부사의 사용을 조심해야 하며, 언제나 객관적으로 기술하도록 한다.
- 기록지 하단에는 신체운동, 언어인지, 사회정서 등 발달영역별로 요약을 제시하도록 한다. 유아라면 누리과정영역별 요약을 제시해도 괜찮다신체운동 · 건강, 의사소통, 사회관계, 예술경험, 자연탐구. 이러한 요약을 근거로 해석 및 추론, 평가를 내릴 수 있으며 이때 지나친 주관적 생각과 판단이 개입되지 않도록 한다.
- 기록지 하단에 관찰내용과 발달적 요약, 추론 및 평가를 바탕으로 앞으로의 적절한 교수-학습방안, 개별화교육, 생활지도 등에 관해 기록한다.

3. 장점과 단점

1) 장점

- 특별한 관찰기록방식과 기술이 요구되지 않으므로, 기본 필기도구만 준비되어 있으면 누구나 쉽게 접근할 수 있다.
- 관찰장면을 집중적으로 자세하게 기록하기 때문에 아동과 상황에 대한 풍부한 정보를 얻을 수 있다. 학기 초 아동에 대한 이해 및 문제행동 파악과 관련하여 유용하다.
- 관찰 대상과 상황을 자세히 기록하기 때문에 현장에 없었던 다른 사람들이 그 상황을 이해하기 쉽다. 같은 맥락에서 시간이 많이 지나도 관찰 당시 상황과

사건을 비교적 선명하게 떠올릴 수 있다.

- 시간 순서대로 상세하게 기록하기 때문에 어떤 사건이나 상황의 전후사항과 인과관계를 파악하기 쉽다.

2) 단점

- 원칙적으로 관찰 대상의 말과 행동뿐 아니라 상호작용하는 인물의 말과 행동까지 모두 기록해야 하는데, 관찰자가 이를 하나도 놓치지 않고 빠짐없이 기록하는 것이 쉽지 않다.
- 특별한 관찰기록방식은 없으나, 꼼꼼히 관찰하고 기록하는 데는 집중력과 몰입이 필요하다.
- 일정 시간 안에 벌어지는 모든 상황을 기록해야 하므로 자칫 중요한 말과 행동을 놓칠 수도 있다.
- 관찰의 전후사항을 보여 주는 장점이 있으나, 관찰자가 중요 포인트를 잡지 못하면 수집된 자료를 적절히 분류하고 해석하는 데 어려움이 있다. 즉, 관찰기록방식이 구조화되어 있지 않으므로 기록하는 것은 쉬울 수 있으나, 처음부터 전체 상황을 종합적으로 관찰하기 때문에 이렇게 얻어진 원자료를 조직적으로 분류하고 해석하지 않으면 오히려 관찰의 효율성과 가치가 떨어지고 이에 관찰이 어렵게 느껴질 수 있다.
- 집중하고 몰입해서 관찰해야 하므로 대개 한 번에 한 명의 아동만을 관찰하게 된다.

BOX 3-1

해석 및 추론, 평가와 교육과정 반영

- 추론은 어느 정도 관찰자의 생각이 반영되지만 반드시 관찰기록에 근거해야 한다.
- 단편적 사실에 따른 과잉추론과 지나치게 자의적인 추론은 하지 않는다.
- 관찰 대상의 성격과 속성에 대해 추론과 평가를 할 때는 조심하도록 한다. 가능한 아동의 강점에 초점을 두고 긍정적 관점에서 서술한다.
  - 예 정우는 친구가 없다(×) → 정우는 혼자 있는 것을 싫어하지 않는다(○) 또는 정우는 혼자 노는 것을 좋아한다(○)로 서술하는 것이 바람직하다.
  - 예 지우는 착하다(×) → 아동의 속성에 대한 가치판단은 가급적 자제한다.
- 평가는 객관적 관찰기록과 이에 따른 타당한 추론에 근거해서 이루어져야 한다. 평가는 ~ 어떠어떠하다' 식으로 관찰 대상의 특성 혹은 속성에 대해 판단하고 단정짓기 쉬우므로, 한두 개의 일화나 관찰기록에 근거해서 섣불리 평가하지 않도록 한다. 다수의 관찰기록이 충분히 누적된 이후에 평가를 한다.
- 관찰결과는 교육과정에 반영되어야 한다. 관찰결과를 바탕으로 개별 아동에게 필요한 교수활동계획과 교육적 활동을 구성하도록 한다.

4. 표본식 기록양식

표본식 기록은 대개 다음과 같은 양식을 사용하지만, 사용 시 적절히 변형할 수 있다.

아동명		생년월일(현재 연령)		성별	
관찰일		관찰시간		관찰자	
관찰장면					
시간의 기록	기록				비고
예) 11 : 00 11 : 03 11 : 10 ⋮					
발달요약					
해석 및 평가					
교수계획					

5. 관찰의 적용

다음 사례들은 표본식 기록을 사용한 관찰의 예시들이다. 각 사례마다 기록양식은 조금씩 다르며, 마찬가지로 나중에 실제 사용할 때도 적절히 변형하여 사용할 수 있다. 관찰내용을 근거로 발달상황을 요약해서 기록한다. 만일 발달내용과 관련해 해석을 쓴다면 그에 준하는 추론 근거를 관찰기록에서 찾아 제시해도 좋다.

사례 1 표본식 기록 1

관찰아동	이연우	생년월일 (현재 연령, 성별)	2018년 1월 1일(만 11개월, 여)
관찰자	김주영	관찰일(시간)	2019년 4월 11일
관찰장면	연우네 집 거실, 엄마와 연우가 텔레비전을 보며 상호작용함		

시간(분 : 초)	기록	비고
06 : 50‘	거실에서 연우와 언니, 그리고 엄마가 TV를 보고 있다. 연우가 왼쪽 검지 손가락을 펴고 허공에 손가락질을 한다. 엄마가 “어, 언니 보는 TV에서 찌르릉 찌르릉 자전거가 나오죠?”라고 말한다. 연우가 손에 장난감을 쥐고 텔레비전을 바라본다. 엄마가 “연우야”하면서 갑자기 연우를 부른다. 연우는 텔레비전을 바라본다. 엄마가 연우에게 “TV 보면 안 되지요”하며 “쑝”하고 손으로 연우의 눈을 가린다. 연우의 눈을 가렸던 손을 치웠다가 다시 “그만 먹어요.”하면서 눈을 가린다. 연우는 입에 장난감을 물고 계속하여 텔레비전을 본다. 엄마가 “아야아야 해요. 아야아야”하면서 연우의 입에 있던 장난감을 당긴다. 연우가 양손을 입으로 가져간다. 엄마가 연우에게 작은 목소리로 “먹진 말고”라고 이야기한다. 연우가 엄마가 있는 곳을 보며 “와앙”소리를 내며 양 팔을 하늘로 든다. 엄마가 “우와아”하고 소리를 낸다. 연우가 왼손에 장난감을 쥐고 위아래로 흔든다. 엄마도 연우를 보며 손을 위아래로 흔든다. 엄마가 연우의 손에 있던 장난감 쪽으로 ‘슉’하는 소리와 손을 뻗는다. 연우가 장난감을 오른손에 쥐고 빼어낸다. 연우가 엄마가 있는 쪽으로 장난감을 흔든다. 엄마가 다시 ‘슉’하는 소리를 내며 연우의 손을 잡는다. 연우가 기뻐하는 소리를 내며 웃는다. 앉은 다리를 한 연우는 상체를 바닥으로 숙이고 웃는 소리를 낸다. 엄마가 연우를 보고 “흐흐흐흐” 웃는다. 연우가 “꺄아”하며 웃는 소리를 내며 상체를 들어 올린다. 엄마가 입을 크게 벌리고 “아”하는 소리를 낸다.	

06 : 50'	엄마가 팔을 크게 벌리고 연우를 안는 것처럼 다가간다. 연우가 기분 좋은 소리를 내며 크게 웃는다. 연우가 큰 웃음소리를 내며 오른쪽으로 쓰러져 누워 계속 웃는다. 연우가 누운 채 왼쪽 다리를 들고 '에'하는 소리를 낸다. 연우의 언니가 엄마에게 "장난치는거야. 엄마?"라고 말한다. 엄마가 "우리 지우(언니 이름)"라고 말하며 언니의 몸을 안고 간지럼을 태운다. 연우가 엄마와 언니 쪽을 본다. 연우가 오른쪽으로 몸을 굴려 바닥을 딛고 앉는다. 엄마가 "연우꺼 잡아볼까?"라고 연우를 보며 말한다. 연우의 입에 있던 장난감이 바닥으로 떨어진다. 엄마와 언니가 장난감이 있는 쪽을 향해 몸을 움직인다. 연우가 "꺄아"하고 기분 좋은 소리를 내며 크게 웃는다. 엄마가 바닥에 떨어진 연우의 장난감을 잡는다. 연우가 바닥으로 고개를 숙인다.
	다시 고개를 들고 등을 엄마의 무릎에 기댄 채 몸을 돌려 엄마를 본다. 연우가 비명소리를 내며 바닥으로 쓰러진다. 몸을 일으켜 엄마를 보다가 다시 웃으며 바닥으로 쓰러진다.
07 : 50'	언니가 연우의 장난감을 소파로 가지고 올라가 연우를 보며 웃는다. 엄마가 "연우꺼 언니가 가져갔어. 언니 주세요 하자"하며 박수를 친다. 연우가 양손과 몸을 바닥에 붙이고 고개를 들어 언니를 본다. 오른손으로 소파를 잡고 왼손을 들어 소파를 짚고 일어선다. 언니가 연우에게 "안 돼!", "너 반지"하며 연우의 손 앞에 반지를 둔다. 연우가 오른팔로 소파를 지탱하고 왼쪽으로 몸을 돌려 텔레비전을 한 번 본 후 다시 몸을 소파로 돌린다. 엄마가 "연우는 팔찌가 좋대. 딸랑딸랑 팔찌"라고 말한다. 언니가 연우의 손에 장난감을 올리며 "자, 반지하고 줄게"라고 연우에게 말한다. 연우가 상체를 소파에 기댄 채 서서 오른손으로 장난감을 들고 엄마에게 뻗는다. 엄마가 크게 입을 벌리고 연우를 본다. 연우가 다시 소파로 몸을 돌리고 '아아'하며 언니에게 손을 뻗는다. 언니가 연우에게 "이 반지 너 해. 언니 이 반지 있어"라고 말한다. 연우가 소파를 잡고 오른쪽으로 두 걸음 걷는다. 연우가 오른손에 장난감을 쥐어 엄마가 있는 쪽을 향해 흔든다. 연우가 소파에 왼손을 올리고 오른손에 있는 장난감을 입에 가져간 채 몸을 돌려 텔레비전을 본다. 엄마가 연우를 보며 "또 드실거예요?"라고 말하고 연우의 엉덩이를 여러 번 두들긴다. 연우가 장난감을 입에 넣고 텔레비전을 본다.
	엄마가 연우의 몸을 안아 소파에서 떼어낸다. 연우는 계속해서 텔레비전을 응시하고 있다. 엄마가 연우를 안아 무릎에 앉히고 장난감을 흔든다. 연우가 장난감을 한번 보고 다시 텔레비전을 본다.
08 : 50'	연우가 엄마의 무릎에서 기어내려와 소파 쪽으로 몸을 돌리고 손을 뻗어 소파를 잡는다. 오른손으로 소파를 짚고 왼쪽 다리를 먼저 세워 몸을 일으켜 일어선다. 엄마가 "연우야 키티 하나 줄까요?"라고 말한다. 연우가 소파에 몸을 기댄 채로 왼손을 뻗어 소파에 있던 장난감 통에 손을 뻗어 장난감 통을 잡아당긴다. 연우가 장

난감 통에 있던 장난감을 손에 쥐었다가 다시 통에 넣는다. 다시 장난감 통에서 장난감을 집어든다. 엄마가 “우린 키티 할껀데 연우는 귀걸이?”라고 이야기하며 연우를 본다. 연우가 장난감을 쥐고 있다가 엄마가 있는 곳을 한번 본다. 다시 고개를 돌려 장난감 통을 본다. 언니가 일어나서 연우의 손에 있는 귀걸이를 잡고 “귀걸이 내 거야”라고 이야기한다. 연우가 텔레비전을 한번 보고 엄마가 있는 곳으로
08 : 50‘ 기어간다.

엄마가 무릎에 있는 인형을 들고 “키티”라고 말한다. 연우가 왼손으로 엄마의 무릎을 잡고 오른손으로 인형을 만진다. 연우가 오른손으로 인형을 잡고 자신의 몸쪽으로 당긴다. 연우가 양손으로 인형을 잡고 입으로 가져간다. 엄마가 “안 돼. 내 거야.”라고 이야기한다. 연우가 인형을 한 손으로 들고 앉은 채 몸을 위아래로 움직이다 오른쪽으로 쓰러진다.

연우가 몸을 일으키며 웅얼거리는 소리를 낸다. 엄마가 “아에에”하는 소리를 낸다. 연우가 손을 입으로 가져가 대고 “바”하는 소리를 내며 엄마를 본다. 엄마가 연우를 보며 “아아”하는 소리를 낸다. 연우가 오른손을 펴고 입으로 가져가 여러 차례 두들긴다. 엄마가 연우의 눈앞에 장난감을 흔들다 내려놓고 입을 두들기며 “아아아”하는 소리를 낸다. 연우가 떨어진 장난감을 줍는다. 엄마가 “아아아” 소리를 내자 엄마를 보고 연우가 자신의 손을 입으로 가져가 두들긴다.

연우가 입에 손을 넣고 오른쪽으로 몸을 돌려 텔레비전을 본다. 엄마가 연우의
09 : 50‘ 오른발을 만진다. 연우가 발을 뒤로 빼고 고개를 숙여 바닥을 본다. 엄마가 “으흐흐, 뭔가 느낌이 이상했죠”라고 말하며 연우를 본다. 연우가 왼팔로 바닥을 지탱하고 오른손에 장난감을 쥐고 흔든다. 연우가 양손에 장난감을 잡고 고개를 숙여 장난감을 본다. 연우가 양손으로 장난감을 늘린다. 연우가 장난감의 구멍에 손가락을 넣는다.

연우가 텔레비전을 한번 보고 다시 고개를 숙인다. 연우가 양손에 장난감을 잡고 고개를 숙여 장난감을 본다. 연우가 양손으로 장난감을 늘린다. 연우가 장난감의 구멍에 손가락을 넣는다.

엄마가 장난감의 태엽을 돌리며 연우를 바라본다. 연우가 고개를 돌려 엄마가 들고 있는 장난감 쪽을 바라본다. 연우가 텔레비전으로 고개를 돌려 텔레비전을 본다. 엄마가 감고 있던 태엽을 놓자 장난감에서 ‘다다다다다’하는 연속적인 소리가 난다. 연우가 고개를 내려 소리가 난 장난감 쪽을 본다. 엄마가 장난감을 잡자
10 : 50‘ 장난감의 소리가 멈춘다. 연우가 다시 고개를 들어 텔레비전을 본다. 엄마가 연우를 바라보며 ‘으음’하는 소리를 내고 태엽을 한 번 감는다. 연우가 장난감을 보고 장난감을 향해 손을 뻗는다. 연우가 태엽 장난감을 양손에 쥐고 텔레비전을 응시한다. 연우가 텔레비전에 시선을 고정한 채 태엽을 만진다. 연우가 손에 쥐고 있던

10 : 50'	태엽 장난감을 놓는다. 연우가 바닥의 장난감을 본다. 연우가 장난감을 들고 몸을 엄마 쪽으로 돌려 엄마가 있는 곳에 장난감을 놓는다. 엄마가 장난감을 손에 쥐고 연우가 있는 쪽으로 "엉금엉금 기어서 가자"하며 장난감을 연우 배 위에서 목으로 움직이고 코에 콩 찍는다. 엄마가 장난감을 들고 '두두두' 소리를 내자 연우가 "히, 하"하는 웃는 소리를 내며 몸을 돌린다. 연우가 장난감을 오른손으로 잡고 흔든다. 언니가 엄마에게 "스폰지밥 재밌어요"라고 말한다. 연우가 몸을 돌려 텔레비전을 본다. 연우가 엄마에게로 기어가 양팔을 엄마의 무릎에 지탱하고 텔레비전 쪽으로 몸을 돌린다. 엄마가 연우의 엉덩이를 세 번 두들기고 "어어"하는 소리를 작게 낸다.
11 : 50'	연우는 텔레비전 쪽을 바라본다. 엄마가 양손으로 연우의 눈을 가렸다가 치운다. 연우가 상체를 앞으로 숙여 엄마의 다리에 얼굴을 댄다. 언니가 장난감을 뺏으며 "연우 반지해"라고 말한다. 연우가 자신의 양쪽 팔로 엄마의 다리를 누르며 오른쪽 무릎을 먼저 세우고 일어선다. 엄마가 연우를 보며 "영차"라고 말한다. 연우가 왼손으로 엄마 목을 짚고 오른손으론 엄마의 어깨를 잡고 선다. 연우가 "아"소리를 내며 오른 검지 손가락을 펴고 텔레비전 쪽으로 몸을 돌려 손가락질을 한다. 연우의 다리가 두 차례 앞뒤로 흔들거린다. 연우가 고개를 텔레비전 쪽을 향하고 엄마의 품에 쓰러진다. 엄마가 연우의 다리를 잡으며 "아이코"라고 말한다. 엄마가 연우의 다리를 들어 안아 자신의 무릎에 앉힌다. 연우가 엄마의 무릎에 앉아 오른손은 입에 넣고 왼손의 엄지와 검지를 펴 손가락질을 한다. 연우가 텔레비전이 있는 방향으로 손가락질을 한다.

발달요약

- 주변의 사물을 잡고 혼자 일어설 수 있다(신체발달).
- 손가락을 사용하여 물건을 잡거나 들 수 있다(신체발달).
- 주변의 소리와 말소리를 듣고 상황에 관심을 갖는 행동을 보인다(언어발달, 인지발달).
- 연우는 엄마와 언니와 놀이하는 것을 즐거워하며 자신의 긍정적인 감정을 표현할 줄 안다(사회성발달, 정서발달).
- 엄마의 행동을 모방할 수 있으며, 반복되는 행동을 즐긴다(사회성발달, 인지발달).

해석 및 추론 근거

- 주변의 사물을 잡고 혼자 일어설 수 있다.
  → 오른손으로 소파를 잡고 왼손을 들어 소파를 짚고 일어선다.
  → 엄마의 무릎에서 기어 내려와 소파 쪽으로 몸을 돌리고 손을 뻗어 소파를 잡는다. 오른손으로 소파를 짚고 왼쪽 다리를 먼저 세워 몸을 일으켜 일어선다.

• 주변의 소리와 말소리를 듣고 상황에 관심을 갖는 행동을 보인다.
  → 텔레비전이 켜지거나 소리가 나면 손가락을 들어 텔레비전을 가리키거나 고개를 돌려 텔레비전 쪽을 바라보는 것, 장난감으로 놀이를 하다가 다시 텔레비전을 응시하는 것 등으로 보아 주변 소리를 인식하고 경험하는 것에 관심을 갖는 것으로 보인다.
  → 엄마의 말소리나 언니의 말소리에 반응하며 엄마가 연우에게 "연우꺼 언니가 가져갔어요. 언니 주세요 하자"라고 말하자 언니가 있는 곳으로 몸을 돌려 바라보는 행동을 보아 말소리를 듣고 특정 대상이나 사물을 인식할 수 있는 것으로 보인다.
  → 엄마가 태엽 장난감을 돌리자 태엽이 풀리는 소리가 나고, 연우가 그것을 보다가 장난감을 집어 들어 태엽을 만지는 행동을 하는 것을 보아 연우는 청각적 자극에 대한 관심이 많고, 장난감이 어떠한 원리로 작동하는지 이해하고 있는 것으로 보인다.
• 연우와 엄마, 언니 간의 관계가 원만하다. 엄마와의 안정적 애착 형성이 된 것으로 보인다.
  → '엄마가 팔을 크게 벌리고 연우를 안는 것처럼 다가간다. 연우가 기분 좋은 소리를 내며 크게 웃는다', '엄마가 "연우꺼 잡아볼까?"라고 연우를 보며 (생략) 연우가 "꺄아"하며 기분 좋은 소리를 내며 크게 웃는다' 등을 보아 연우는 엄마와 놀이하는 것을 즐거워하며, 엄마와 언니의 행동을 보고 함께 놀이하기를 원하는 것 같다.
• 엄마의 행동을 모방할 수 있으며, 반복되는 행동을 즐긴다.
  → '엄마가 연우를 보며 "아아"하는 소리를 낸다. (생략) 엄마를 보고 연우가 자신의 손을 입으로 가져가 두들긴다' 반복적인 행동을 보고 파악하고 모방할 수 있으며, 행동을 모방하면서 긍정적인 정서를 경험할 줄 안다.

교수계획

• 연우가 스스로 쥐어보고, 놀이해볼 수 있도록 다양한 교구들을 제공할 수 있는 환경을 조성하여 신체발달 및 인지발달 등이 원활히 이루어질 수 있도록 한다.
• 연우가 경험한 혹은 경험할 수 있는 다양한 소리를 들려줄 수 있는 환경을 구성하거나, 청각적 자극이 있는 교구를 제공하여 주변 세계와 환경에 대한 호기심과 관심을 지속적으로 이어갈 수 있도록 한다. 또 연우의 호기심과 관심이 능동적인 탐색의 형태로 나타날 수 있도록 다양한 소리와 관련된 구체물(교구)을 제공하여 다른 영역과 연계하여 발달이 이루어질 수 있도록 한다.
• 엄마와의 관계에서 연우는 긍정적인 감정을 느끼고, 자신이 능동적으로 놀이에 참여를 한다. 하지만 주변의 다른 매체의 자극 때문에 놀이가 이어지지 못하고 관심이 다른 매체로 향하는 것을 볼 수 있다. 따라서 연우와의 지속적인 놀이를 위해서는 다른 매체가 없거나 작동되지 않은 상황에서 놀이를 하는 것이 바람직할 것이다.

사례 2 표본식 기록 2

관찰아동	장준우	생년월일 (현재 연령, 성별)	2016년 10월 25일(만 2세, 남)
관찰자	윤영주	관찰일(관찰시간)	2019년 4월 29일 10 : 15~10 : 30(15분)
관찰장면	오전 실내자유놀이시간에 퍼즐 맞추기 하는 장면		

시간(분 : 초)	기록	비고
10 : 15‘	선생님이 실외놀이기구[시소, 미끄럼틀, 그네, 흔들 놀이기구(말)] 사진으로 만든 퍼즐이 들어 있는 바구니를 책상 위에 올려놓고 “오늘은 선생님이 새로운 교구를 가져왔는데 해보고 싶은 친구들은 와서 해보세요”라고 아이들에게 말하자, 준우가 책상 위에 놓인 교구를 보고 “나도, 나도 할래”라고 말하며 뛰어온다.	
10 : 18‘ 10 : 24‘	준우가 책상 앞에 앉아 교구가 든 바구니에서 네 가지의 퍼즐을 꺼낸다. 퍼즐조각을 분리해 섞어 놓은 뒤, “어~ 안 돼, 안 돼”라고 말한다. 그리고는 한쪽 그림을 보고 퍼즐조각을 찾아 맞춘 뒤, “이제 됐다”라고 말한다. 다 맞춘 퍼즐을 선생님에게 보여 주며 “이거 봐, 다 했다!”라고 말한다. 선생님이 “우와~ 준우 퍼즐 맞추기 정말 잘한다”라고 말하자, 준우가 “내가 뭘”이라고 말하며 입꼬리가 올라가게 웃는다. 선생님이 “준우 퍼즐 맞추는 거 재미있어?”라고 묻자, 준우가 “응, 재밌어.”라고 대답한다.	
10 : 26‘	준우가 퍼즐을 바구니에 정리하자 언어영역에 있던 영서가 준우 옆으로 와서 퍼즐을 다시 꺼낸다. “영서도”라고 말하며 퍼즐 조각을 분리시킨다. 그 모습을 보고 준우가 책상 위에 놓인 퍼즐 조각을 손으로 두 번 휘휘 섞은 다음 “다 됐다, 이제 해”라고 말한다.	
	영서가 퍼즐을 맞추다가 미끄럼틀 조각을 손에 들고 “이거 어디야?”라고 말하자, 준우가 “내가, 내가 도와줄게”라고 말한다. 준우가 “이거는 미끄럼틀, 여기야”라고 말하며 퍼즐을 어디에 붙여야 할지 손으로 짚어준다. 영서가 “고마워”라고 말하자 준우가 한 손으로 머리를 긁으며 “내가 뭘”이라고 말한다.	

발달요약
• 눈과 손을 협응하여 퍼즐 맞추기 활동을 할 수 있다(신체 : 소근육발달). • 퍼즐 맞추기 활동에 흥미를 느낀다(인지발달). • 친사회적 행동을 보인다(사회성발달).

해석 및 추론 근거
• 눈과 손을 협응하여 퍼즐 맞추기 활동을 할 수 있다. → 퍼즐조각을 분리해 섞어 놓은 뒤 → 한쪽 그림을 보고 퍼즐조각을 찾아 맞춘 뒤, "이제 됐다" • 퍼즐 맞추기 활동에 흥미를 느낀다. → "나도, 나도 할래"라고 말하며 뛰어온다. → 선생님이 "준우 퍼즐 맞추는 거 재미있어?"라고 묻자, 준우가 "응, 재밌어"라고 대답한다. • 친사회적 행동을 보인다. → 책상 위에 놓인 퍼즐 조각을 손으로 두 번 휘휘 섞은 다음 "다 됐다, 이제 해" → "내가, 내가 도와줄게" → "이거는 미끄럼틀, 여기야"라고 말하며 퍼즐을 어디에 붙여야 할지 손으로 짚어준다.
교수계획
• 퍼즐조각을 3~4개로 늘리고, 다양한 사진의 퍼즐을 제공해준다. • 준우의 사회성발달을 고려하여 또래와 함께할 수 있는 활동을 계획한다.

사례 3 표본식 기록 3

관찰아동	김재준	생년월일 (현재 연령, 성별)	2015년 4월 6일(만 3세, 남)
관찰자	이영준	관찰일(관찰시간)	2019년 4월 26일 9 : 5～9 : 20(15분)
관찰장면	등원과 아침 공부, 자유선택활동시간(조형영역에서의 놀이)		

시간(분 : 초)	기록	비고
9 : 05'	재준이는 등원을 하여 웃으며 들어와 사물함 앞에 서서 오른손을 사용하여 지퍼를 잡고 내린 뒤, 겉옷과 가방을 함께 벗어서 바닥에 놓는다. 그리곤 다시 겉옷과 가방을 양손으로 잡아 사물함에 넣는다. 재준이의 뒤에서 정리하던 모습을 지켜보던 실습 선생님을 보고 눈을 크게 뜨며 오른손 검지 손가락으로 실습 선생님을 가리키며 "선생님은 누구세요"라고 말한다. 옆에 있던 △△가 "어제 선생님이 이야기했잖아. 우리 도와주는 선생님이래"라고 이야기하자 고개를 위아래로 끄덕이며 사물함 옆의 교사 자리로 간다. 실습 선생님이 "아침 공부 먼저 하는거예요?"라고 묻자 다시 한 번 고개를 위아래로 끄덕이며 양손을 사용하여 아침 공부장 중	

에 재준이의 아침 공부장을 꺼내어 재준이의 자리에 앉는다. 재준이가 아침 공부
장을 오른손을 사용하여 넘겨서 공부할 페이지를 찾은 뒤, 연필의 중간 부분을 오
른손을 사용하여 바르게 쥐어 한글 자음 ㅇ, ㅈ, ㅊ, ㅌ을 순서대로 연필에 힘을 주
어 쓴 뒤, 한글 모음 ㅗ, ㅛ, ㅜ, ㅠ를 "오, 요, 우, 유"라고 말하며 쓴다. 재준이가
아침 공부를 끝낸 뒤, 양손을 사용하여 공부장을 덮고 다시 교사의 책상 자리로
가져다 놓는 사이에 ☆☆이가 등원하였으며 ☆☆이의 모습을 본 재준이는 "오 마
이 갓"이라고 소리를 치며 아침 공부장을 교사의 책상 위에 빠르게 내려놓으며 ☆
9 : 08' ☆이를 맞이하였으며 재준이가 ☆☆이에게 "아침 공부하고 여기서 놀자"라고 이
야기하자 ☆☆이는 웃으며 "나 진짜 빨리 할거야"라고 말한다. ☆☆이가 교사의
책상 자리로 가는 모습을 지켜보던 재준이는 조형영역으로 빠른 걸음으로 걸어가
서 교구장 안에 배치되어 있는 색연필 바구니를 오른손으로 들고, 이면지를 왼손
으로 꺼내며 조형영역의 책상 위에 놓는다. 그리곤 의자를 양손으로 빼고 오른쪽
다리를 책상 안으로 넣으며 의자에 앉아서 이면지를 왼손으로 누르고, 검은색 색
연필의 중간 부분을 오른손으로 잡고 이면지의 왼쪽 윗 부분에 세로 줄을 그린다.

그리곤 색연필 바구니 안에 검은색 색연필을 내려놓고, 오른손 검지와 중지, 약
지, 소지를 사용하여 색연필 바구니 안에서 하늘색 색연필을 찾아 오른손으로 집
는다. 하늘색 색연필의 중간 부분을 잡고 왼쪽 윗부분에 그렸던 세로 줄 옆에 가
로로 줄을 그린다. 재준이의 앞 자리에 앉은 실습 선생님이 재준이에게 "선생님이
종이 잡아 줄게요. 편하게 그려도 돼요"라고 말하며 검은색 색연필로 세로 줄을
그린 부분을 잡아주자 재준이가 실습 선생님을 한 번 쳐다보더니 다시 하늘색 색
연필로 가로 줄을 그린다. 그때 아침 공부를 끝낸 ☆☆이가 조형영역의 교구장 안
에서 양손을 사용하여 이면지를 꺼내어 재준이의 왼쪽 책상 위에 올려 두고 의자
를 빼고 의자 위에 무릎을 꿇어 앉는다. 재준이가 ☆☆이에게 "의자에 그렇게 앉
으면 넘어지는데?"라고 말하자 ☆☆이가 왼쪽 다리를 먼저 내리고 오른쪽 다리도
9 : 11' 내린 뒤 의자에 바르게 앉는다. ☆☆이가 왼손으로 이면지를 잡고 오른손으로 빨
간색 색연필의 중간 부분을 잡아 종이의 중앙에 동그라미를 그린다. 그때 재준이
는 하늘색 색연필을 색연필 바구니에 넣고, 초록색 색연필의 중간 부분을 오른손
을 사용하여 잡고 가로 줄을 그리며 실습 선생님을 한 번 쳐다보고, ☆☆이가 그리
는 모습을 한 번 쳐다보고, "끝!"이라고 말한다. 실습 선생님이 재준이를 쳐다보자
재준이가 실습 선생님에게 "저 이거 그림, 그린 그림이 뭐게요?"하며 양손으로 실
습 선생님 앞으로 종이를 밀며 질문을 하였고 선생님은 "음… 재준이가 이야기해
줄래?"라고 말했다. 그러자 재준이는 오른손 검지 손가락을 펴서 검은색 세로 줄
을 가리키며 "이거는 돌", 하늘색 가로, 세로 줄을 가리키며 "이건 파도, 이렇게 파
도예요. 바다이고", 초록색 가로줄을 가리키며 "이건 그 바다 안에 풀"이라고 말
한다. 실습 선생님이 "바다 안에 풀은 혹시 미역일까요?"라고 물어보자 눈을 크게

뜨고 "오! 미역! 네. 이거 미역이에요"라고 말한다. 그림 설명을 끝마친 재준이가 ☆☆이에게 "너는 뭐 그려?"라고 묻자 ☆☆이는 "아니, 나 잠깐만 다 했어"라고
9 : 11' 말한다. 재준이가 그린 그림을 양손으로 잡고 실습 선생님의 손 위에 올리며 "선생님, 이거 선물이에요"라고 말한다.

그러자 ☆☆이가 "야, 너 그거 나 줘라"라고 말하자 재준이가 "아니 나 새로운 선생님한테 선물 줄 거야. 너 너꺼 그려"라고 말하며 실습 선생님을 쳐다본다. 이때 ☆☆이는 빨간색 색연필을 색연필 바구니에 넣고, 주황색 색연필의 중간 부분을 오른손으로 잡고 그림을 그리기 시작했다. 실습 선생님이 "재준이가 그림 선물로 정말 줄거예요?"라고 묻자 재준이는 이가 다 보이게 웃으며 고개를 위아래로 끄덕이며 실습 선생님의 손 위에 올린다. 그러자 ☆☆이가 "잠깐만요"라고 말하며 주황색 색연필을 색연필 바구니에 넣고, 파란색 색연필의 중간 부분을 잡아 그림을 그린다. 그리곤 ☆☆이가 파란색 색연필을 색연필 바구니에 넣고 실습 선생님을 바라보며 "선생님 저는 풍선 그렸는데요"라고 말한다. 이때 재준이는 왼손을 색연필 바구니 안에 넣어 다섯 손가락을 다 사용하여 색연필을 만지며 ☆☆이가 그린 그림을 본다. 실습 선생님이 ☆☆이에게 "풍선이 두 개네요?"라고 말하자 ☆☆이가 왼쪽의 주황색, 파란색 색연필로 색칠한 풍선을 오른손 검지, 중지를 사용하여 집으며 "이건 엄마 풍선인데 엄마는 커서 엄마 풍선 크게 그렸고요" 오른쪽의 색칠하지 않은 풍선을 오른손 검지, 중지를 사용하여 집으며 "이거는 애기 풍선. 애기는 작으니까 이렇게 작게"라고 이야기한다. 그러자 재준이가 "맞아 애기
9 : 14' 는 작아. 내 동생 진짜 엄청 작아"라고 말하자 ☆☆이가 재준이를 쳐다본다. 다시 재준이가 "너 동생 너 애기도 작아?"라고 말하자 ☆☆이가 "응응 원래 애기 작아"라고 말한다. 실습 선생님이 "재준이랑 ☆☆이 동생은 작구나"라고 이야기하자 ☆☆이가 실습 선생님을 쳐다본다. 그리곤 양손으로 그린 그림을 실습 선생님 쪽으로 밀며 "엄마 풍선, 애기 풍선 그림 선물해요"라고 말한다. 그러자 재준이가 색연필 바구니에서 왼손을 빼고, 양손으로 ☆☆이의 어깨를 잡고 "너 왜 나 따라해!"라고 말하며 어깨를 흔든다. 그러자 ☆☆이는 "하지 마"라고 이야기하며 어깨에 올려진 재준이의 오른손을 ☆☆이의 왼손으로 재준이의 왼손은 ☆☆이의 오른손으로 팔로 X자를 만들며 손을 잡는다. 실습 선생님이 웃으며 "아니야. ☆☆이도 재준이처럼 선물하고 싶나봐요"라고 이야기하자 재준이가 ☆☆이의 어깨를 놓으며 "아? 그렇구나"라고 웃으며 이야기한다.

실습 선생님이 재준이와 ☆☆이가 그려준 그림을 접고 있을 때, ☆☆이는 재준이에게 "나 그림 이제 그만 그릴래. 이따 놀자"라고 말한 뒤, 책상의 끝을 양손으로 잡고 의자를 밀며 일어나서 오른쪽으로 한 바퀴 돌며 의자의 뒤로 가서 양손을 사용하여 의자를 넣고, "다 그리고 와"라고 말한 뒤 역할영역으로 간다. ☆☆이가 가는 모습까지 지켜본 재준이는 책상자리에서 의자를 양손을 이용해 뒤로 밀어 왼

9 : 17'	쪽방향으로 일어나 조형영역 교구장에 배치된 다른 종이를 가지고 한 바퀴를 돌아 책상자리로 돌아와 양손을 의자를 잡아당겨 앉은 뒤 왼손으로 종이를 잡고 오른손 검지, 중지를 사용하여 빨간색 색연필을 집고, 그림을 더 그리기 위한 준비를 하며 “이번엔 무지개를 그릴 거예요. 선생님도 같이 그림을 그려요”라고 말한다. 그러자 실습 선생님은 조형영역 교구장에 배치되어 있는 연필과 이면지를 한 손에 들고 책상자리로 가져와 재준이 옆 책상자리에 오른손으로 의자를 빼고 앉자 재준이가 “여기 자리는 ㅁㅁ이 자리예요”라고 말했고 재준이는 “ㅁㅁ이가 어제 유치원에 오지 않았어요”라고 말한다.
9 : 20'	무지개를 다 그린 재준이는 그림을 양손을 사용하여 눈 높이로 들고 실습 선생님과 같이 보며 “선생님 무지개를 어떤 색으로 칠하는 게 좋을까요?”라고 말한다. 그러자 실습 선생님은 “무지개는 빨, 주, 노, 초, 파, 남, 보라색으로 이루어져 있어”라고 말한다. 그리고 재준이는 자리에서 일어나 오른손을 뻗어 책상의 중간에 놓여진 색연필 바구니에서 노란색, 주황색, 초록색 색연필을 찾아 한 손에 한번에 들고 가져가 종이의 앞쪽에 색연필을 모두 놓고 왼손으로 종이를 잡고 오른손을 사용하여 빨간색, 노란색, 주황색, 초록색 순서로 그림을 그리고 고개를 돌려 그림을 양손으로 들고 자리에서 일어나서 “선생님 그림 다 그렸어요”라고 하며 그림을 완성했다고 실습 선생님에게 주며 “선생님이 우리가 그린 그림 다 가져도 돼요”라고 말한다.

발달요약

- 규칙을 알고 지킨다(사회성발달).
- 소근육발달이 잘 이루어진다(신체발달).
- 친구들과 관계가 원만하다(사회성발달).

해석 및 추론 근거

- 규칙을 알고 지킨다.
  → 등원하고 자신의 사물함 자리에 자기 자신이 겉옷과 가방을 정리하고 아침 공부를 스스로 한다는 규칙을 알고 실천한다.
- 소근육발달이 잘 이루어진다.
  → 선호도가 높은 손을 사용하여 그림을 그리고 자음, 모음을 쓰는 연습을 할 수 있다.
- 친구들과 관계가 원만하다.
  → 다른 친구가 등원했을 때 이름을 말하며 맞이하는 것으로 보아 친한 친구 사이로 보인다.

교수계획

- 영역별 선호도를 점검하고 선호성이 높은 교구의 추가 지원을 고려한다.
- 여러 가지 예시 그림을 제시하거나 상상력을 자극할 수 있는 그림을 조형영역에 배치한다.
- 대근육발달도 이룰 수 있도록 프로그램을 짠다.

사례 4 표본식 기록 4

관찰아동	김승찬	생년월일(현재 연령, 성별)	2015년 3월 25일(만 4세, 남)
관찰자	송혜진	관찰일(관찰시간)	2019년 4월 29일 16 : 50~17 : 00(10분)
관찰장면	자유선택활동 – 수 · 조작영역		

시간(분 : 초)	기록	비고
16 : 50'	승찬이가 수 · 조작영역에서 같은 종류의 꽃끼리 모은다. 서진이가 와서 승찬이에게 "승찬아 나도 같이 해도 돼?"라고 말한다. 승찬이는 "응 서진아 해도 돼"라고 말한다. 승찬이가 서진이에게 "이건 무슨 꽃이야?"라고 말한다. 서진이는 "민들레야"라고 말한다. 승찬이는 서진이에게 "고마워"라고 말한다.	
16 : 55'	서진이가 승찬이에게 "우리 꽃 색깔별로 나눠 보자 어때?"라고 말을 한다. 승찬이는 "좋아"라고 대답을 한다. 승찬이가 서진이에게 꽃을 보여 주며 "이 꽃 색이 뭐야?"라고 물어 본다. 서진이는 "나도 모르는데"라고 대답을 한다. 승찬이는 교사에게 "이 꽃의 색깔은 뭐예요?"라고 물어 본다. 교사는 "무슨 색일 것 같아요? 승찬이가 한번 생각해 볼까?"라고 말한다. 승찬이는 "어 어 보라색일 것 같아요! 보라색보다 검은색이에요"라고 말한다. 교사는 "그럴 수도 있겠구나"라고 말한다. 승찬이는 왼편에 앉은 서진이와 함께 꽃을 색깔끼리 분류한다.	
17 : 00'	승찬이와 서진이가 꽃을 색깔별로 구분하고 있다. 꽃의 사진을 보며 "하나, 둘, 셋…" 세고 있다. 역할놀이영역에서 진서가 와서 "나도 같이 놀아도 돼?"라고 승찬이에게 물어 본다. 승찬이는 "좋아, 우리 이거 하고 있는데 같이 할래?"라고 말을 한다. 진서는 "고마워 나도 같이 하고 싶었는데 잘 됐다!"라고 말한다. 승찬이가 "하나, 둘, 셋… 그 다음엔 뭐지?"라고 말한다. 서진이와 진서는 "넷이야"라고 대답을 한다. 승찬이가 "고마워"라고 말한다.	친구 : 이서진, 최진서

발달요약
• 수를 셀 수 있다(인지발달 : 수학적 사고). • 같은 것끼리 분류할 수 있다(인지발달 : 수학적 사고). • 친구관계가 원만하며 친구에게 도움을 주고받을 수 있다(사회성발달, 교우관계). • 친구에게 질문을 해 꽃의 이름을 안다(언어발달). • 소근육의 힘을 조절할 수 있다(신체발달). • 친구에게 해도 되는지 물어볼 수 있다(사회성발달).

해석 및 추론 근거
• 수를 셀 수 있다. → "하나, 둘, 셋…", "하나, 둘, 셋… 그 다음엔 뭐지?", "넷이야" • 같은 것끼리 분류할 수 있다. → "우리 꽃 색깔별로 나눠 보자 어때?" • 친구에게 질문할 수 있다. → "이건 무슨 꽃이야?", "이 꽃 색이 뭐야?" • 승찬이는 선택활동을 할 때 같이 놀이하고 있는 친구들에게 질문을 많이 하는 편인 것 같다. • 승찬이는 서진이와 진서랑 친한 사이인 것 같다. • 승찬이는 서진이와 진서가 "같이 놀이해도 돼?"라고 물었을 때 "좋아, 그래"라는 대답으로 친구들과 더 가깝게 지내고 싶은 것 같다.
교수계획
• 꽃 사진에 꽃 이름도 함께 넣어서 교구를 배치한다. • 색으로 구별하기 쉽게 단색으로 나온 꽃을 인쇄하여 색깔별로 구분한 후 배치하고, 아이들과 꽃에 대해 이야기를 나눈 후 놀이할 수 있도록 한다.

연습문제 1

다음 표본식 기록관찰을 읽고 평가해 보자.

관찰아동 : 윤지민　　　　　　　생년월일 : 2012년 8월 5일(여)
관찰일 : 2017년 9월 10일

지민이는 옷걸이에 걸려 있는 점퍼를 꺼내어 입으려 한다. 팔이 잘 안 들어가자 신경질을 낸다. 교사가 얼른 소매를 잡고 입혀주려 했지만 고개를 저으면서 싫다고 거절한다. 미술영역으로 가더니 색종이에 풀을 칠해 스케치북 위에 붙였다. 다시 색연필로 그 위에 끄적거리고 나서 물끄러미 쳐다봤다. 만족스러운 듯 웃고는 손을 씻으러 세면대로 달려갔다. 세면대 앞에서 큰 소리로 교사를 불렀다. 교사가 다른 아동의 옷을 입혀주느라 대답을 늦게 하자 다시 큰소리로 교사를 불렀다. 손을 씻고 나서 쌓기영역에 가서 친구 옆에 앉는다. 친구가 구성해놓은 조립을 손으로 밀어 넘어뜨리고는 자기가 만들거라고 우긴다.

평가

- 관찰시간과 관찰장면이 기록되어 있지 않다.
- 관찰대상의 말이 간접화법으로 기록되어 있다.
- 관찰자의 추론이 들어가 있다('교사가 다른 아동의 옷을 입혀주느라 대답을 늦게 하자' 등).
- 관찰자의 주관적 가치판단이 개입되어 있다('신경질을 낸다', '우긴다' 등).

연습문제 2

표본식 기록의 특징과 장단점을 3개 이상 써보자.

특징	장점	단점
• • •	• • •	• • •

CHAPTER 04

일화기록법

일화기록법은 현장에서 보편적으로 널리 사용되는 기록법으로 짧은 일화를 간략히 기록하는 것이다. 특별히 문제가 될 만한 행동 혹은 주목을 끄는 행동이 아니더라도 아동의 소소한 일상적 행동과 다양한 제반 발달모습을 보여 주는 행동이 일화기록으로서의 가치를 갖는다. 아동을 관찰하면서 사소하지만 다양한 많은 행동정보가 발생하는데, 이를 곧바로 기록해놓지 않으면 얼마 지나지 않아 기억 속에서 사라져버린다. 즉, 아동에 대한 단순한 감각정보와 행동정보 등은 시간이 흐르면서 점차 흐려진다. 이때 일화기록을 통해 그냥 지나치기 쉬운 아동의 발달모습을 포착해 정리해놓을 경우, 아동의 발달모습과 행동정보가 축적되어 아동을 이해하는 데 유용한 자료가 된다.

본 장에서는 일화기록법의 특성과 장단점을 살펴보기로 한다.

1. 개념과 특성

일화기록법anecdotal record은 보통 특정 상황과 특정 장면을 포함해 관찰 대상의 한 가지 주요 행동이나 상황에 초점을 두어 관찰하고 기록하는 방법이다. 아동의 구체적인 행동 사례, 짧은 내용의 사건, 즉 일화를 서술식으로 기록한다.

일화기록은 특정 시간이나 사건에 구애받지 않고 특별한 준비 없이 간단한 필기도구만 있으면 언제 어디에서나 사용 가능하므로 교사가 교육현장에서 많이 활용하는 관찰방법 중 하나이다. 관찰기록방식은 표본식 기록법과 유사하나, 일화기록법은 한 가지 주요 행동에 초점을 두기 때문에 상황묘사와 기록의 분량이 더 짧다. 아동들의 다양한 놀이상황에서는 단편적이고도 짧은 에피소드나 예기치 못한 우발적 행동과 일화가 많이 나타난다. 이때 가장 손쉽게 그 상황을 포착하여 기록하는 방법이 일화기록법이다.

관찰자는 아동의 특정 발달영역에 관심을 갖고 그 영역에 관련된 일화를 기록할 수 있다. 가령, 아동의 공격성에 관심이 있는 경우 자유놀이시간에 또래와의 상호작용에서 나타나는 갈등상황을 관찰해 기록한다. 또 친구가 가지고 노는 장난감을 빼앗거나 자신의 장난감을 빼앗기지 않으려고 친구를 언어적으로 공격하거나 신체적으로 때리는 상황을 관찰하여 기록한다. 아동의 식습관에 관심이 있는 경우 간식시간이나 점심시간에 아동의 식습관, 편식상태를 관찰하고 기록한다. 아동의 언어발달에 관심이 있는 경우라면 자유놀이시간에 종종 나타나는 혼잣말, 교사나 또래와의 상호작용에서 주고받는 언어적 행위를 관찰하고 기록한다.

일화기록법은 일상생활에서 자연스럽게 나타나는 에피소드, 말과 행동 등을 통해 아동의 다양한 발달측면을 알아갈 수 있다. 관찰 당시에는 특별한 사건이 아니거나 깊은 의미를 갖지 않더라도, 개별 아동에 대해 지속적으로 수집되는 일화기록은 대상 아동의 발달을 평가하고 특성을 파악하는 데 도움이 된다. 이렇게 축적된 일화기록을 토대로 대상 아동에 적합한 교수계획을 수립할 수 있고 문제행동지도와 생활지도를 계획할 수 있다. 그러므로 관찰자가 기록가치가 있다고 생각되는 특별한 말과 행동, 상황은 일화기록을 사용하여 기록해 두는 것이 좋다. 이와 관련하여 표본식 기록은 어떤 '상황 전체'를 기록하지만 일화기록은 특정 행동을 선별하여 기록한다.

본래 기록은 관찰과 동시에 이루어지는 것이 좋지만, 많은 아동을 돌보고 교육하는 현장에서 현실적으로 이는 쉬운 일이 아니다. 그러므로 관찰 당시에는 관찰 상황과 일화를 육하원칙누가, 언제, 어디서, 무엇을, 어떻게, 왜에 근거해 핵심 키워드를 중심으로 간략하게 메모해 놓은 다음, 이를 다시 관찰기록지에 자세하게 옮겨 적는다. 이때 기록은 객관적이고 구체적이어야 한다.

2. 관찰지침

일화기록법의 관찰지침은 표본식 기록법과 유사하다. 다음은 일화기록을 작성할 때 염두에 두어야 할 내용들이다.

- 표본식 기록처럼 관찰 대상과 장면 등을 미리 선정하고 기다리는 것이 아니기 때문에 간단한 메모지와 필기도구를 항상 휴대하도록 한다.
- 미리 계획된 관찰이 아니므로 기록할 만한 가치가 있다고 판단되는 행동의 발생 맥락을 제대로 알고 있어야 한다. 이를 위해서는 연령별 · 발달영역별 행동특성, 상호작용 특성 등 발달 전반에 관한 충분한 사전지식을 가지고 있는 것

이 좋다.

- 관찰 대상이 보여줄 만한 특정 일화를 미리 계획하는 것은 아니지만, 관찰에 앞서 발달범주별로 관찰기록의 의미가 있는 것들을 가능한 많이 파악해 놓는 것이 필요하다. 철저한 사전준비가 가능할수록 관찰기록을 분석하고 그 안에서 포인트를 포착해내는 것이 쉽다.
- 교사의 관심영역에 따라 관찰아동이 보여 주는 주요 행동, 특정 상황, 주목할 만한 사건 하나에 초점을 둔다. 가령, 특정 상황에서 나타나는 사회정서적 반응몸짓, 얼굴 표정, 목소리 등, 행동적 특성 등에 주목할 수 있다.
- 처음부터 언제, 누구를, 무엇을, 어떤 것을 관찰하고 기록할지 사전계획을 세우는 것이 아닐 뿐더러 완전하게 내용을 기록하는 것이 쉽지 않으므로, 일차 기록은 메모지에 주요 키워드를 중심으로 간략하게 메모한 후에 다시 옮기는 것이 필요하다.
- 육하원칙5W 1H : Who, When, Where, What, Why, How에 근거해 단어를 정리해놓는 것이 필요하다. 예를 들어, '정우, 자유선택놀이시간, 쌓기영역, 병원놀이, 지우와 역할선택 놓고 갈등, 소리 지름'이라고 간략히 기록한다. 이러한 메모를 바탕으로 이후 다시 상세하게 정리하며, 가급적 관찰 후 빨리 기록하도록 한다.
- 관찰기록지에 관찰 대상 아동의 이름, 성별, 생년월일, 관찰날짜와 시간, 관찰자 이름을 적는다.
- 관찰아동의 행동이 관찰된 장소와 관찰장면을 적는다가령, 미술영역에서 콜라주 만들기, 이야기영역에서 그림책 보기 등. 일화 발생상황을 포함해 관찰장면을 더 구체적으로 기록해 놓으면 나중에 일화를 분석하고 이와 관련해 대상 아동의 행동을 평가하고 해석하는 데 유용하다.
- 기록지에 관찰범주를 적어주어신체운동발달, 사회정서발달, 인지발달, 언어발달 등, 관찰자

가 기록한 일화가 어떤 발달영역에 관한 것인가를 제시한다. 이때 발달영역은 영아의 경우 표준보육과정을, 유아의 경우 누리과정을 근거로 제시해도 괜찮다.

- 관찰자가 보고 들은 사실만 기록하며, 일화가 일어난 순서대로, 현재형으로 기록한다.
- 관찰아동과 같이 상호작용하는 다른 사람들교사, 아동 등의 말과 행동, 반응도 그대로 기록한다. 이들의 언어는 " "를 활용해 직접 화법으로 기록한다. 이러한 자료는 일화가 발생한 배경과 상황, 맥락을 이해하는 데 도움이 된다.
- 관찰자의 주관적 추론, 평가, 해석을 자제한다. 필요하다면 기록지의 오른편에 '비고'란을 만들어 필요한 설명을 보완하도록 한다. 관찰 시 특이사항이 있다면 기록지 하단에 제시한다.
- 관찰 대상의 행동묘사에서 관찰자의 감정과 주관이 들어가 있는 형용사나 부사의 사용을 조심해야 하며, 언제나 객관적으로 기술하도록 한다.
- 기록지 하단에는 관찰기록에 대한 추론과 평가를 제시하도록 한다. 그러나 한 가지 일화만을 기록하는 것이므로 이를 가지고 관찰아동의 전반적 발달에 관해 과도한 추론과 평가를 내리지 말아야 한다. 즉, 한두 개의 일화기록을 가지고 선불리 종합평가를 내리지 않도록 주의한다.
- 관찰된 일화가 보여 주는 핵심 포인트를 요약정리하고, 문제행동지도나 생활지도가 필요하다면 이에 비추어 교수–학습전략과 생활지도방안 등을 제시한다.
- 관찰 대상에 대해 집중적으로 파고들어 질적 자료를 얻고자 할 때는 반복된 일화기록을 통해 자료를 충분히 수집한다.

BOX 4-1

일화기록 관찰행동의 기록절차

활동이나 놀이상황을 관찰하여 일화기록법으로 기록할 경우 연역적 방식으로 구성하는 것이 바람직하다. 대개 큰 주제에서 하위주제로, 세분화된 행동 순서로 기록하는 것이 좋다. 활동상황을 설명하는 도입문장을 제시하여 일화기록의 전체 상황과 맥락을 파악하기 쉽도록 한다. 가령, 관찰 대상이 참여하는 놀이나 활동의 주제, 등장인물을 기술하고, 그 다음 놀이상황을 구성하는 구체적인 활동내용과 진행상황을 기록한다. 물론 이러한 큰 주제를 관찰장면에서 제시할 경우 기록에서는 곧바로 일화내용으로 들어가도 좋다.

1. 활동주제를 기록 도입부분에 제시하는 경우

동연이가 역할영역에서 교사와 함께 마트놀이를 하고 있다. 동연이는 "선생님, 먹을 것 좀 사가세요"라고 말하며 점원역할을 한다. 교사는 "고기 주세요. 얼마에요?"라고 묻는다. 동연이는 "삼천 원이에요"라고 말하며 장난감 바구니에 음식 모형들을 담는다. 교사는 "고맙습니다"라고 말하면서 장난감 지폐를 동연이에게 주고 바구니를 건네받는다. 동연이는 "감사합니다. 다음에 또 사러오세요"라고 말하며 웃는다.

→ 이 일화기록에서 먼저 '마트놀이'라는 대주제가 제시되고 활동에 같이 참여하는 인물에 대한 설명이 나온다. 그 다음 놀이의 구체적인 진행상황, 세부묘사가 뒤따른다.

아이들이 대소집단활동시간에 평균대를 걷는 활동을 하고 있다. 영훈이는 "내가 먼저 할거야"라며 순서를 지키지 않고 친구들을 밀친다. 교사가 "영훈이가 얼른 평균대를 걷고 싶구나. 그래도 차례대로 순서를 지키고 다른 친구들을 응원해볼까요?"라고 말한다. 그러자 영훈이는 울음을 터뜨린다.

→ '대소집단활동시간에 평균대 걷기'라는 활동주제를 도입문장으로 제시하고 있다.

2. '관찰장면' 항목을 기록양식지 상단에 따로 제시한 경우

관찰장면	역할영역에서 교사와 마트놀이를 하고 있음
동연이는 "선생님, 먹을 것 좀 사가세요"라고 말하며 점원역할을 한다. 교사는 "고기 주세요. 얼마에요?"라고 묻는다. 동연이는 "삼천 원이에요"라고 말하며 장난감 바구니에 음식 모형들을 담는다. 교사는 "고맙습니다"라고 말하면서 장난감 지폐를 동연이에게 주고 바구니를 건네받는다. 동연이는 "감사합니다. 다음에 또 사러오세요"라고 말하며 웃는다.	

관찰장면	대소집단활동시간에 평균대 위를 걸음
영훈이는 "내가 먼저 할거야"라며 순서를 지키지 않고 친구들을 밀친다. 교사가 "영훈이가 얼른 평균대를 걷고 싶구나. 그래도 차례대로 순서를 지키고 다른 친구들을 응원해볼까요?"라고 말한다. 그러자 영훈이는 울음을 터뜨린다.	

표 4-1 일화기록 메모와 전사(轉寫)

키워드 중심으로 메모	완전하게 풀어쓴 일화기록
정우, 자유선택활동시간, 미술영역, 병원놀이, 지우와 역할선택 놓고 갈등, 소리 지름	오전 10시부터 진행된 자유선택활동시간에 정우는 교실 미술영역에 앉아 있다. 정우는 병원놀이 장난감 세트를 바닥에 풀어놓고, 청진기를 들고 두리번거렸다. 옆에 앉아 있던 지우에게 "옷 좀 치워봐. 이거 배에다 갖다 댈거야"라고 말한다. 지우는 정우를 흘긋 보더니 "싫어, 내가 의사선생님 할래"라고 말한다. 정우는 "야, 싫어. 내가 의사선생님이야"라고 큰소리를 낸다. 지우도 "내가 할거야"라고 큰소리로 말한다.
민이, 오전 실외활동시간, 바깥놀이터, 시소타기	민이는 오전 실외활동시간에 바깥놀이터에서 시소에 올라탄다. 반대편에 타는 친구가 없었지만, 혼자서 일어났다 앉았다를 3~4차례 반복한다. 수영이가 다가오더니 "나도 탈래"라고 말하면서 반대편 시소에 앉는다. 민이는 잠시 생각하는 듯하더니 말없이 시소에서 내려온다.

알 / 아 / 두 / 기

일화기록 사용 시 유의사항

- 일화기록 사용 시 교사는 자칫 눈길을 끄는 아동의 말과 행동에 초점을 두기 쉽다. 따라서 특정 아동이나 교사가 관심을 갖는 특정 행동과 관련해서만 일화기록을 작성하게 될 수 있다. 그러므로 교사는 학급 전체 아동에 대한 일화기록을 골고루 작성할 수 있도록 주의해야 한다.
- 시선을 끄는 두드러진 행동뿐 아니라 일상적 행동도 충분히 일화기록의 대상이 될 수 있다. 사소한 일상적 행동을 시간에 걸쳐 충분히 일화기록으로 남겨놓을 경우 해당 아동의 발달상황을 파악하고 이해하기 위한 유용한 자료가 된다. 그렇지 않을 경우 아동에 대한 사소한 인상과 기억으로만 남기 쉽다.

3. 장점과 단점

1) 장점

- 표본기록처럼 간단한 필기도구 이외에 사전에 특별한 준비가 필요 없다.
- 한 가지 특정상황과 일화에 초점을 두기 때문에 표본식 기록과 비교해 간략하게 기록할 수 있고, 기록 자체의 시간이 짧은 편이다.
- 한 아동과 관련해 여러 번에 걸쳐 수집된 일화기록은 관찰아동의 상호작용 패턴, 놀이, 흥미와 선호, 성격특성, 발달 양상 등에 관한 유용한 정보를 준다.

2) 단점

- 표본기록과 비교해 관찰 대상 및 관찰상황에 대한 기술이 적으므로 전후맥락

을 자세하게 파악하는 것은 어렵다.

- 한 가지 특정상황과 일화만을 관찰하여 기록하므로 관찰아동에 관해 이해하고 추론할 때 편견과 해석오류가 생길 수 있다. 즉, 아동의 전체 모습과 전체 행동이 아닌 관찰자가 의미 있다고 생각되는 일부 행동과 일화만을 기록하는 과정에서, 때로는 문제행동으로 간주될 수 있는 아동의 부정적 반응과 돌발행동에 초점을 두기 쉽다. 이때 이러한 일화가 자칫 관찰 대상의 평균적 모습과 대표행동으로 간주될 수 있으므로 관찰아동에 대한 잘못된 믿음을 심어주기 쉽다. 그러므로 아동의 긍정적 행동과 일반행동이 간과되지 않도록 주의해야 한다.
- 처음 기록 당시 키워드를 중심으로 간략하게 메모해 놓은 이후, 시간이 지나 다시 기록하기 때문에 자칫 관찰자의 기억왜곡과 망각오류가 작동할 수 있다.

4. 관찰을 위한 발달범주

다음은 일화기록을 위해 관찰의 범주를 발달영역별로 구분한 것이다. 이정환, 박은혜(1995 : 39–44)가 정리한 관찰범주의 내용을 바탕으로 새로운 내용을 첨가하고 기존 내용을 수정하여 관찰항목과 이에 따른 관찰기록의 예시로 구분하여 다시 정리했다.

관찰항목과 항목별 관찰 포인트에서 알 수 있듯이 아동의 다양한 행동과 에피소드가 일화기록의 주제가 될 수 있다.

1) 신체운동발달

신체운동발달과 관련된 일화기록의 관찰항목과 관찰 포인트는 표 4-2와 같다.

표 4-2 신체운동발달 관련 일화기록 예시

신체운동 발달범주	관찰항목	관찰 포인트 혹은 관찰기록 예시
신체적 특징	다른 아이들과 구분되는 신체적 특징의 유무	아주 말랐다, 어깨가 좁다, 뚱뚱하다, 키가 크다, 키가 작다
	아동의 일반적 자세	걸을 때 안짱다리이다, 배를 쑥 내밀고 걷는다, 어깨가 굽었다
대근육발달	주로 보여 주는 대근육활동	한 발로 뛰기, 기어 다니기, 구르기, 걷기, 뛰기, 옆으로 걷기, 뒤로 걷기, 높이뛰기, 기어오르기, 높은 곳에서 뛰어내리기 등
	힘의 세기	밀기, 당기기, 물건 들어올리기, 던지기, 끌기, 물건 구부리기, 매달리기 등
	균형 잡기 능력	줄 따라 걷기, 평균대 걷기, 디딤돌 밟으며 걷기, 한 발로 서 있기 등
	적극적인 신체활동 참여	뛰기, 자전거 타기, 정글짐 오르기, 철봉 매달리기, 뜀박질하기, 줄넘기, 훌라후프, 음악리듬에 맞춰 몸 흔들기, 박수 치기 등
	신체활동의 지속성	위에서 기술한 다양한 신체활동을 ○○분 동안 지속한다.
소근육발달	기본생활습관과 관련된 소근육발달	숟가락과 포크 사용, 물 따르기, 한 손으로 컵의 물을 마시기, 단추 채우기, 지퍼 올리기, 양말 신기, 양치질하기, 손 씻기, 수도꼭지 잠그기, 바지 입기, 배낭 메기, 점퍼 입기 등
	다양한 조작활동	블록 쌓기, 그림 그리기, 색칠하기, 빈칸 퍼즐 맞추기, 장난감 조립하기 등
기타	일반적인 건강상태	밥을 남김 없이 다 먹기, 반찬을 가리지 않고 먹기, 규칙적인 배변활동, 규칙적인 수면습관 등

2) 사회정서발달

사회정서발달과 관련된 일화기록의 관찰항목과 관찰 포인트는 표 4-3과 같다.

표 4-3 사회정서발달 관련 일화기록 예시

사회정서 발달범주	관찰항목	관찰 포인트 혹은 관찰기록 예시
정서성	아동을 기분 좋게 하는 것	• 미끄럼틀을 내려오며 크게 웃는다. • 리듬에 맞춰 양손을 흔들며 몸을 움직인다.
	흥미와 호기심을 끄는 사물이나 활동	• 레고블록을 쌓거나 색깔별로 분류하는 데 몰입한다. • 모형자동차를 좋아한다. • 강아지인형을 자주 품에 안고 있다. • 색칠하기에 집중한다. • 그림책에서 곰 그림만 잘라 모은다.
	아동의 기분을 상하게 하는 상황	• 아기인형에게 우유를 먹이려는 데 친구가 인형을 낚아챈다. • 역할극 놀이에서 지우는 정우에게 "내가 공주할거야"라고 말하자 지우는 "싫어"라고 말하며 자리를 옮긴다.
	두려움과 불안을 느끼게 하는 상황	• 놀이터에서 딱정벌레를 보고 "엄마"하고 소리를 지르며 달아난다. • 천둥소리가 들리자 귀를 막고 "무서워"라고 소리친다.
자아개념과 자기인식	자신의 신체 이미지와 용모를 인식하는 활동	• 거울을 보며 자기 코에 손을 갖다 댄다. • 거울에 얼굴을 이리저리 비추면서 쳐다본다. • 교사에게 "예쁘게 빗어주세요"라고 말한다.
	긍정적 자기표상의 정립	가지고 놀던 그림책을 서가에 정리하면서 교사를 보고 "다 치웠어요"라고 말하며 웃는다.
주변 상황 인식	주변 상황을 파악하고 그에 따라 자신의 행동을 조율	• 정우가 옷 입는 것을 보면서 "내가 도와줄게"라고 말한다. • 교사가 "이제 모두 정리할 시간이에요"라고 말하자 가지고 놀던 블록을 상자 안에 넣는다.
	다른 사람의 감정을 인식하는 상황	유리가 울고 있는 것으로 보고 "울지마"라고 하면서 유리의 얼굴을 손으로 어루만진다.

사회정서 발달범주	관찰항목	관찰 포인트 혹은 관찰기록 예시
대인관계 및 집단생활	상호작용하는 친구(특히, 가깝게 어울리는 친구를 관찰한다)	• 수영이와 엄마인형과 아빠인형을 놓고 소꿉장난을 한다. • 정우와 손을 잡고 바깥놀이를 나간다.
	집단에서의 위치	친구들과의 상호작용과 놀이상황에서 어떤 역할을 하는지 관찰한다(지도자/추종자).
	갈등상황	• 장난감을 두고 갈등이 있는 상황에서 어떻게 대처하는지 관찰한다. • 화가 난 상황에서 감정과 의사를 어떻게 표현하는지 관찰한다.
	공감과 배려를 보이는 상황(아동의 표정, 어조, 행동 등을 포착한다)	우는 친구를 보자 "울지마"라고 말하며 눈물을 닦아준다.

3) 인지발달

인지발달과 관련된 일화기록의 관찰항목과 관찰 포인트는 표 4-4와 같다.

표 4-4 인지발달 관련 일화기록 예시

인지발달범주	관찰항목	관찰 포인트 혹은 관찰기록 예시
수의 기초 개념	일대일 대응을 할 줄 안다.	점심식사시간에 지영이는 친구 수만큼 수저를 가져간다.
	사물의 수량이 많고 적음을 변별한다.	윤희는 컵에 담긴 물을 보더니 "더 큰 컵으로 주세요"라고 말한다.
	일상생활에서 수를 활용한다.	지우는 앞에 놓인 오렌지 조각을 "하나, 둘, 셋" 센다.
분류 개념	같은 종류, 같은 색깔에 따라 분류할 수 있다.	• 정우는 빨간색 꽃과 노란색 꽃을 구분하여 놓았다. • 지우는 장난감 인형 중에서 동물 인형만을 골라낸다.
측정에 대한 기초 개념	사물의 크기, 높이, 길이를 안다.	• 예나는 "고양이 크기가 제 팔뚝만해요"라고 말한다. • 세영이는 "동생은 저보다 키가 많이 작아요. 제 가슴까지 와요"라고 말한다.

인지발달범주	관찰항목	관찰 포인트 혹은 관찰기록 예시
인과관계 이해	특정 상황이나 현상의 인과관계를 이해한다.	• 영우는 "오늘은 추워서 점퍼를 입었어요"라고 말한다. • "바람이 불어서 꽃가루가 날라다녀요"라고 말한다.
공간 개념	위, 아래, 옆, 안, 밖, 왼쪽, 오른쪽 등의 개념을 이해한다.	• 현서는 "동생은 차 안에 있어요"라고 교사에게 말한다. • 왼손과 오른손을 구분한다. • 교사가 "모두 위 천장을 바라보세요"라고 말하자 민지는 고개를 들어 위를 쳐다본다.
시간 개념	하루 일과의 순서를 안다.	성진이는 오전 자유놀이시간이 끝난 후 간식을 먹으려고 손을 씻는다.
	과거, 현재, 미래에 대한 시간 개념이 있다.	• 재상이는 "어제는 엄마랑 놀이터에 나가서 놀았어요"라고 말한다. • "이 옷은 내일 입을 거예요"라고 말한다.

4) 언어발달

언어발달과 관련된 일화기록의 관찰항목과 관찰 포인트는 표 4-5와 같다.

표 4-5 언어발달 관련 일화기록 예시

언어발달범주	관찰항목	관찰 포인트 혹은 관찰 예시
듣기와 말하기	교사나 친구의 말과 언어적 지시를 잘 이해하고 따른다. 자신의 감정과 생각을 말로 표현할 수 있다.	• 교사가 테이블 의자에 앉으라고 하자 그대로 한다. • 교사가 읽어주는 동화 이야기에 귀를 귀울이고 집중한다. • 단어를 듣고 그 단어에 해당되는 그림카드를 선택한다. • 연수는 "어제 동생과 싸워서 기분이 안 좋아요"라고 말한다. • "오늘은 수민이하고 놀고 싶어요"라고 말한다.
읽기와 쓰기	글자를 읽고 구분하며 쓸 수 있다.	• 그림책을 넘기면서 글자를 읽는다. • 주변 환경에서 글자를 찾아 관심을 보이고 발음한다. • 지민이는 교사에게 종이를 내밀면서 "제 이름을 써주세요"라고 말한다.

5. 일화기록양식

일반적으로 많이 사용하는 일화기록양식은 다음과 같다. 경우에 따라 이 양식을 적절히 변형하여 사용할 수 있다.

아동명		연령	만 세	성별	
관찰일		관찰시간		관찰자	
관찰장면					
일화기록					
요약					
해석 및 평가					

6. 관찰의 적용

다음은 일화기록을 이용한 다양한 형식의 관찰 사례들이다. 각 사례마다 기록의 양식은 조금씩 다르며, 마찬가지로 추후 실제 사용에서도 적절히 변형하여 사용할 수 있다. 일화기록은 단독으로도 쓰이지만 다른 관찰기록법들과 같이 병행하여 많이 사용한다. 가령, 뒤에 나오게 되는 행동목록법, 평정척도법 등을 사용할 때 일화기록을 같이 사용하면 읽는 이에게 관찰 대상에 관한 보다 생생한 정보를 줄 수 있다. 짧은 일화를 기록하기 때문에 일화기록을 여러 번 수집하여 아동 개개인에 대한 포트폴리오를 만들 수도 있다.

표본식 기록은 관찰기록을 근거로 대상 아동의 발달을 간략히 요약하여 발달요약 정리하지만, 일화기록은 기록의 분량이 많지 않으므로 아동의 발달을 요약하는 것이 쉽지 않다. 이 경우에는 일화기록의 내용을 간략히 핵심 키워드로 요약해도 괜찮다. 또한 기록양식에는 요약과 해석 및 평가를 구분하였지만, 실제 사용할 때는 기록 분량과 내용상 이 둘을 구분하는 것이 모호할 수 있기 때문에 '요약 및 해석'으로 같이 써도 무방하다.

사례 1 일화기록 1

아동명	이승민, 송미나	생년월일	2015년 3월 30일 / 2015년 9월 11일		
관찰장소	극놀이영역	관찰자	김민지	관찰날짜	2018년 4월 5일
관찰범주	정서사회성				
관찰기록	승민이와 미나가 극놀이 영역에서 같이 소꿉놀이를 하고 있다. 승민이는 밥을 먹는 흉내를 내면서 "우리 국도 만들까?"라고 미나에게 말을 한다. 미나는 "무슨 국? 난 달걀 먹고 싶어"라고 말하면서 승민이를 쳐다본다. 승민이는 "프라이해서 먹을까? 내가 해줄게"라고 웃으면서 말하고 곧바로 장바구니를 찾는 시늉을 한다. 미나가 "내가 찾아줄게. 여기 있어"라고 말하면서 바구니를 승민에게 건네자 승민이는 "고마워"라고 말한다.				

요약 및 해석	승민이와 미나는 같이 소꿉놀이를 하면서 적절하게 상호작용을 잘 한다. 승민이와 미나는 또래 상호작용에서 모두 적절한 친사회적 행동을 하고 있다. 두 아이 모두 친구와의 대화에서 상대방의 말을 경청하고 배려하는 모습을 보인다. 승민이는 작은 도움에도 고맙다는 인사말을 하고, 미나도 자신의 요구를 배려해주는 승민이에게 적극적 행동으로 고마움을 표현한다.

사례 2 일화기록 2

아동명	김유정	생년월일	2014년 11월 18일		
관찰장소	흥미영역 중 언어영역	관찰자	박소영	관찰날짜	2018년 6월 22일 오전 10시
관찰범주	또래 상호작용				
관찰기록	교사가 대집단으로 모여 앉아 있는 아동들에게 동화를 들려주고 있다. 유정이는 본인 앞에 앉아 있는 영서의 옆구리를 쿡쿡 찌르며 "킥킥"하고 작은 소리로 웃는다. 영서가 유정이의 손을 밀쳐내며 "유정아 만지지마. 싫어"라고 말한다. 유정이는 계속 장난스러운 표정으로 웃으면서 옆에 앉아 있는 지민이의 옆구리를 쿡쿡 찌른다. 지민이가 팔을 휘저으며 "하지마"라고 말한다. 유정이는 잠시 가만히 있더니 주변을 둘러보다가 다시 앞에 앉아 있는 영서의 등을 툭툭 친다. 영서가 머리를 흔들면서 "하지 말라고 했잖아"라고 소리를 크게 낸다.				
요약 및 해석	유정이는 친구들이 거부감을 보이는 행동을 스스럼없이 한다. 다소 강도가 센 신체적 접촉과 손놀림을 행사하여 친구들을 불쾌하게 만든다.				
해석 근거 및 분석	유정이가 평상시에도 자주 이런 행동을 보이는가를 파악하고 먼저 원인을 파악하도록 한다. • 타인을 방해하는 신체적 행동을 통해 즐거움을 얻음 – 공격성, 적대감, 분노 등이 담겨 있지는 않으나 친구를 방해하는 행동을 통해 즐거움을 얻는 것은 아닌지 파악한다. – 신체적 괴롭힘을 통해 감각적 즐거움을 추구하는 것은 아닌지 파악한다. • 사회적 기술 부족 – 또래관계 형성을 위해 관심 끌기 위한 방법으로 신체적 괴롭힘을 사용하고 있다.				

교수-학습 및 생활지도방안	• 감정 이해하고 수용하기 – 타인의 관심을 끌고 싶은 욕구일 경우 이에 대한 아이의 마음을 공감해준다. • 타인의 감정과 입장을 이해하고 행동의 기준을 이해시키기 – 친구의 마음과 감정을 읽어주고 이해시킨다. – 친구가 보여 주는 반응과 그 의도를 이해시킨다. • 적절한 대안행동 제시하고 지도하기 – 또래 상호작용에서 즐거움을 느낄 수 있는 적절한 상호작용방식을 제시한다. – 타인의 신체적 접촉 등에서 얻는 감각적 즐거움 이외에 도구를 활용해서 감각적 즐거움을 느낄 수 있는 경험을 제공한다(트램펄린, 도미노 게임, 블록 넘어뜨리기 등). – 다른 차원의 인지적 · 정서적 즐거움을 느낄 수 있는 경험을 제공한다. • 친사회적 행동전략 지도하기 – 친구에게 자신의 감정과 의사를 전달하는 적절한 방식을 지도한다. – 감정 표현하기, 사람들의 다양한 행동에 대한 친사회적 반응을 지도한다.

사례 3 일화기록 3

아동명	손지아	생년월일	2016년 3월생(만 2세, 여아)		
관찰장면	오전 실내자유놀이시간, 역할영역	관찰자	윤영주	관찰날짜	2019년 4월 22일
관찰범주	표준보육과정(or 발달영역) : 사회관계(사회성)				
관찰기록	역할영역에서 지아가 가지고 놀고 있던 도넛 모양 장난감을 준우가 빼앗아 가자, 지아가 "내가 먼저 놀았어"라고 말하며 다시 가져간다. 그러자 준우가 손가락으로 지아를 가리키며 운다. 지아가 준우 우는 모습과 도넛 장난감을 한 번씩 보더니, "너 이거 두 개 해"라고 말하며 준우에게 도넛 6개 중 2개를 건네준다. 준우가 울음을 그치고 "고마워"라고 하자, "우리 같이 놀자"라고 이야기한다. 지아가 왼쪽 옆에 있던 진수에게도 "여기 있어. 이거 너 해"라고 말하며 도넛 2개를 건네준다. 진수가 "고마워"라고 말하자, "너도 같이 놀아"라고 이야기한다.				
요약 및 교수계획	• 친구의 감정에 반응을 보인다. • 친구에게 장난감을 나누어 줄 수 있고, 함께 놀이할 수 있다. • 교수계획 : 도넛 모양 장난감의 개수를 충분히 제공해 주고, 지아의 사회성발달을 고려하여 또래와 함께할 수 있는 활동을 계획한다.				

사례 4 일화기록 4

아동명	송재우	생년월일	2015년 7월 14일(남)		
관찰장면	자유선택활동시간, 블록 쌓기	관찰자	김선민	관찰날짜	2018년 9월 14일
관찰범주	언어, 인지				
관찰기록	자유선택활동시간에 재우는 블록을 쌓는다. 옆에 놓여 있던 퍼즐을 쳐다보더니 네모 퍼즐을 맞추기 시작한다. 작은 네모를 손에 들고 "여기야"라고 말하며 빈 자리에 퍼즐을 끼워 넣는다. 교사가 퍼즐을 내밀면서 "이거는요?"하고 묻자, 손으로 "여기야"라고 빈 곳을 가리키며 찾아 맞춘다. 마지막으로 좀 더 큰 네모퍼즐을 들고 "여기야"라고 말하면서 빈 자리에 끼워 넣는다. 손뼉을 치면서 웃는다.				
요약 및 해석	퍼즐 맞추기를 주도적으로 하면서 자신의 행동을 조정한다. 발달상 언어 사용이 증가하고 있으며 자신의 생각과 행동을 언어로 표현하는 것을 즐기고 있다. 교사나 또래의 특별한 반응이 없어도 혼잣말을 많이 하는 편이며, 교사가 적절히 보이는 반응에 더 크게 반응하고 즐거워한다.				
교수-학습 및 생활지도방안	재우는 자기 주도적으로 행동을 계획하고 옮기기 때문에 교사는 과도하게 개입하기보다는 재우의 말과 행동을 따라가면서 반응하도록 한다. 아이의 사소한 표현이라도 풍부한 언어적 자극과 함께 민감한 반응을 해준다.				

사례 5 일화기록과 사진으로 구성한 포트폴리오

영아명	권수민(여)	생년월일	2016년 3월 2일
일시	2018년 10월 2일 오전 자유놀이시간	주제	알록달록 가을
활동명	가을 나무 꾸미기	소주제	가을이에요
관찰장면	미술활동영역에서 영아가 물감활동을 시도해보는 상황		
목표	• 날씨가 추워짐에 따라 나뭇잎의 색이 변함을 안다. • 다양한 재료를 이용하여 나뭇잎을 표현할 수 있다.		
표준보육과정 관련 요소	• 예술경험 > 예술적 표현하기 > 자발적으로 미술활동하기 • 자연탐구 > 과학적 탐구하기 > 주변 동식물에 관심 가지기		
사진 및 활동자료			
관찰내용	수민이가 친구들이 가을 나무 꾸미기를 하고 있는 모습을 보고 있다. 교사가 “수민이도 해볼래?”하고 물으니 수민이가 “손에 묻잖아요!”한다. 교사가 “그럼 수민이는 스티커로 해볼까?”하고 물으니 수민이가 웃으며 “좋아요!”한다. 스티커 붙이기를 하던 중 옆에 형욱이를 보고 있다. 교사가 “수민이도 면봉으로 해볼래?”하고 물으니 수민이가 “음… 해볼래요”한다. 수민이가 면봉을 잡고 물감을 찍어본다. 몇 번 찍어보다가 손에 묻자 “그만할래요”한다.		
해석	아직 손에 묻는 것에 거부감은 남아 있으나 또래가 즐겁게 활동하는 모습에 관심을 보이며 하고 싶어 함		
교수방안	손에 묻어도 괜찮음을 알려주며 지금처럼 영아가 관심을 보일 때마다 천천히 물감 등의 활동에 노출시켜주는 것이 좋겠음		

사례 6 일화기록을 이용한 영아관찰 포트폴리오

<table>
<tr><td>관찰범주</td><td colspan="3">신체운동영역</td></tr>
<tr><td>평가내용</td><td colspan="3">표준보육과정 중 신체운동 > 신체조절과 기본운동 > 신체 균형 잡기</td></tr>
<tr><td>수집자료</td><td colspan="3">활동 사진과 일화기록</td></tr>
<tr><td>유아명</td><td>임서영</td><td>생년월일</td><td>2013년 1월 18일 (만 1세, 여아)</td></tr>
<tr><td>관찰일시</td><td>2015년 3월 19일 16 : 30~16 : 40(10분)</td><td>관찰자</td><td>황미나, 김예지</td></tr>
<tr><td>생활주제</td><td colspan="3">느낄 수 있어요 I</td></tr>
<tr><td>활동명</td><td colspan="3">선생님 손 잡고 스텝 박스 오르고 내리기</td></tr>
<tr><td>관찰기록</td><td></td><td colspan="2">"서영아 우리 스텝 박스 위를 올라가볼까?"라고 하자 서영이가 교사와 눈맞춤을 하며 "네!" 대답하고는 교사에게 다가온다. 서영이의 손을 잡아주며 스텝 박스 위를 올라가게 하자 서영이가 한발 한발 조심스럽게 움직이며 교사의 손을 꼭 쥐어잡는다. 처음에는 조심조심 가다가 몇 번 반복하며 활동을 진행하니 크게 무서워하지 않고 성큼성큼 스텝 박스 위를 걸어간다.</td></tr>
<tr><td>평가내용</td><td colspan="3">교사평가</td></tr>
<tr><td rowspan="2">신체조절과 기본운동 (신체 균형 잡기)</td><td>황미나 교사</td><td colspan="2">김예지 교사</td></tr>
<tr><td>신체 균형을 잡을 수 있음. 교사의 도움 없이 스스로 시도하려 함. 교사의 도움을 받고 안정적으로 스텝 박스를 오르고 내려올 수 있음</td><td colspan="2">신체활동에 적극적으로 참여하는 모습을 보였으며, 몸의 균형을 잡기 위한 자세를 시도하고 교사가 손을 잡아주자 안정되게 스텝 박스 위를 걷는 모습을 볼 수 있었음</td></tr>
</table>

사례 7 일화기록을 이용한 유아관찰 포트폴리오

<table>
<tr><td>관찰범주</td><td colspan="5">예술경험영역</td></tr>
<tr><td>평가내용</td><td colspan="5">누리과정 중 다양한 예술 감상하기</td></tr>
<tr><td>수집자료</td><td colspan="5">활동 사진과 일화기록</td></tr>
<tr><td>유아명</td><td colspan="2">주미나</td><td>생년월일</td><td colspan="2">2010년 3월 13일(만 5세, 여아)</td></tr>
<tr><td>관찰일시</td><td colspan="2">2017년 1월 17일(16 : 20~16 : 30)</td><td>관찰자</td><td colspan="2">최수지, 황선영</td></tr>
<tr><td>생활주제</td><td colspan="5">졸업 프로젝트</td></tr>
<tr><td>활동명</td><td colspan="5">〈음악감상〉 아름다운 우리나라</td></tr>
<tr><td>관찰기록</td><td colspan="3"></td><td colspan="2">미나가 교사에게 다가와 "선생님 도와주세요"라고 이야기한다. 미나의 이야기를 듣고 카세트 테이프에 미나가 듣고 싶은 음악을 재생시켜 주자 미나가 헤드셋을 자신의 귀에 쓰고 눈을 감으며 음악을 듣는다. 미나는 음악을 듣고 미소를 지으며 계속해서 감상한다.</td></tr>
<tr><td>평가내용</td><td>평가문항</td><td colspan="2">평가준거</td><td>최수지 교사</td><td>황선영 교사</td></tr>
<tr><td rowspan="3">다양한 예술 감상하기</td><td rowspan="3">다양한 예술 표현 감상을 즐긴다.</td><td>다양한 예술 표현 감상이 어색하거나 관심이 없다.</td><td>1</td><td></td><td></td></tr>
<tr><td>다양한 예술 표현에 관심을 가지고 보고 듣는다.</td><td>2</td><td></td><td></td></tr>
<tr><td>다양한 표현과정이나 표현물들을 보고 듣는 것을 즐긴다.</td><td>3</td><td>V</td><td>V</td></tr>
<tr><td>교사평가</td><td colspan="5">• 최수지 교사 : 자신이 하고 싶은 것에 대해 교사에게 도움을 요청할 수 있음. 음악을 들으며 다양한 표현과정이나 표현물을 듣는 것을 자주 즐기는 모습을 보임
• 황선영 교사 : 자신이 좋아하는 장르의 음악을 들을 수 있으며 교사에게 자신의 도움을 요청할 수 있음. 다양한 표현물을 듣는 것을 즐김</td></tr>
</table>

연습문제

관찰 대상 아동 한 명을 선택하여 일화기록을 수행해본다. 5분 내외의 관찰비디오를 보고 일화기록을 작성해도 좋다. 다음의 관찰 및 기록지침을 제대로 지켰는지 확인해 보자.

- 핵심 단어를 사용하여 빠르고 간결하게 기록하였는가?
- 관찰장면이 제대로 나타났는가?
- 아동이 한 말이 직접 인용되었는가?
- 아동의 주요 행동과 일화를 기록하였는가?
- 객관적으로 기록하였는가?
- 발달영역에 대한 요약은 적절한가?
- 해석과 추론은 합리적이고 타당한가?

아동명		연령	만 세	성별	
관찰일		관찰시간		관찰자	
관찰장면					
일화기록					
요약					
추론 및 해석					

CHAPTER

05

사건표집법

사건표집법은 일정한 시간 내에 관찰자가 관찰하려는 의도를 가진 목표행동에 관한 자료를 선별적으로 수집하는 기회를 제공한다. 사건표집법은 쉽게 사용할 수 있으면서도 명확한 목표를 가진 관찰이 가능하므로 자료 수집에 유용하다.

1. 개념과 특성

사건표집법은 특정한 사건이나 행동이 나타났을 때만 관찰하여 기록하는 것을 의미한다. 사건표집법은 일정한 시간 내에 관찰자로 하여금 관찰자가 관찰하려는 의도를 가진 목표행동에 관한 자료를 선별적으로 수집하는 기회를 제공하며, 자연 상황에서 관찰자가 보고자 하는 행동이 나타났을 때마다 기록을 한다.

예를 들어, 어린이집에서 정리시간의 참여활동을 관찰하였을 때, 기관에서의 정리시간이 10분 정도 소요될 것이고 관찰자는 이를 몇 번에 걸쳐서 관찰할 것인지에 대해서 상세한 계획을 세워야 한다. 또 다른 예로 교사의 교실 운영에 대한 평가를 측정하기 위해서는 관찰자는 하루 일과 중 다양한 활동을 지켜보고 그중에서 목표한 행동을 관찰해야 한다. 만일 사건이 관찰하기에 충분할 정도로 자주 일어나면 4~5일 정도가 사건표집을 실시하기에 적당한 기간이다.

사건표집법에는 서술식 사건표집법과 빈도 사건표집법이 있는데, ABC 서술식 사건표집법(Bell & Low, 1977)은 쉽게 사용할 수 있으면서도 명확한 구조를 가지고 있어서 서술식의 질적 자료를 수집하는 데 유용하다.

사건표집법의 고전적인 예로 도우Dawe(1934)는 보육기관의 자유놀이시간에 총 4개월 동안 200개의 다툼에 대해서 관찰을 통하여 조사하였다. 그는 이 관찰에서 다툼 중의 행동을 비참여자, 다툼 촉진자로 나누어보고 공격적 행동과 반격행동, 반대행동, 분노 표현 등으로 행동의 유형을 나누었다. 그 외에도 다툼의 빈도와 지속기간을 성별과 실내외 활동으로 나누어 관찰하였고, 다툼에 참여하는 아동 수, 교사 개입의 효과 정도 등에 대해서도 조사하였다. 특히, 다툼이 일어나는 문제를 유형별로 관찰하였는데, 소유의 문제, 신체적 공격, 활동 방해, 사회적 적응으로 보았다. 다툼 중에 나타나는 행동으로는 밀기, 치기, 당기기, 발로 차기, 꼬집기,

발 구르기, 물건 던지기가 조사되었다. 이처럼 사건표집법을 활용해서는 관찰자가 목표로 하는 행동에 대해서 미리 관심을 가지고 관찰을 하게 되고 이러한 행동의 출현이 주요한 내용이 된다.

2. 관찰지침

사건표집법을 활용하여 관찰을 하고자 할 때는 다음과 같은 유의사항이 있다.

- 관찰자가 목표로 삼은 행동에 대한 명확한 조작적 정의를 내려야 한다. 조작적 정의란, 어떤 추상적인 개념을 측정이 가능한 경험적으로 관찰할 수 있는 수준까지 구체적으로 규정하는 것을 의미한다. 예를 들어, '아동의 공격적 행동'이 목표행동이라면 이는 '타인에게 위협, 고통, 모욕을 주려는 의도를 가진 신체적 · 언어적 행동'으로 정의가 가능하다(Favell, 1981).
- 관찰자가 관찰하려는 행동이 충분히 나타나는 상황인지에 대해서 미리 인지해야 한다. 앞서 언급한 바와 같이 아동의 공격적 행동을 관찰할 때, 기관의 하루 일과 중 낮잠 시간이나 식사시간에만 관찰을 하게 된다면 신뢰할 수 있는 결과를 얻기 힘들다. 또한 아동의 식사행동에 대해서 관심이 있다면 간식 및 점심시간에 관찰을 실행하는 것이 바람직하다. 그러므로 관찰자는 사전에 관찰할 장소를 방문하고, 자신이 측정하고자 하는 행동에 대해서 담임선생님이나 그 외의 관계자와 논의하여 상호 간에 적절한 시간과 장소를 결정하는 것이 필요하다.
- 관찰자가 기록하려는 정보를 적절하게 반영할 수 있는 사건표집법 유형을 결정한다. 사건표집법에서는 사건에 대한 서술narrative로 자료를 수집하거나 사

건의 빈도frequency로 자료를 수집할 수 있다. 이러한 두 개의 유형 중에 어떠한 유형이 자신이 원하는 관찰자료 수집에 어울리는지에 대한 사전 결정이 필요하다.

- 관찰자가 사용하기에 편리한 기록용지양식을 마련한다. 서술형 사건표집의 경우 상황을 자세히 묘사해야 하는 상황이 발생하므로 필기 공간이 확보되고, 순서에 맞게 상황을 기록할 수 있도록 구성되어야 한다. 빈도형 사건표집의 경우에는 관찰자가 정한 목표행동을 명확히 알 수 있도록 제시하고, 빈도를 표기할 수 있는 칸을 마련해야 한다.
- 관찰 시 필기에만 의지하면 기록을 다 못하거나, 오류가 발생할 수 있으므로 녹음기나 비디오 등의 매체를 활용하여 누락되는 기록 없이 자료를 수집할 수 있도록 한다.

3. 사건표집법의 유형

1) ABC 서술식 사건표집법

ABC 서술식 사건표집법은 특정 행동의 원인을 알고자 할 때 사용하는 방법으로 벨과 로우Bell & Low(1977)에 의하여 소개되었다. ABC 서술식 사건표집법이 사건표집을 위한 유일한 관찰도구는 아니지만 사용하기 용이하다는 점에서 자주 사용되는 방법이다. ABC 서술식 사건표집법은 관찰자가 관심을 두었던 선행사건Antecedent Event : A, 행동 또는 사건Behavior : B, 사건의 결과Consequence : C로 이루어진다. 그러므로 관찰하려는 사건 혹은 행동이 발생하기 이전 상황과, 발생 후의 결과에 대해 알 수 있다.

ABC 서술식 사건표집법을 사용할 수 있는 예로 기관에서 특정 아동이 자주 다른 아동의 놀잇감을 뺏는 상황이 발생하고 있다면, 교사는 ABC 서술식 사건표집법을 활용하여 이에 대한 분석이 가능하다.

우선 특정 아동이 놀잇감을 뺏기 전에 보이는 행동A을 알아보고, 그 다음 뺏는 행동이 어떻게 나타나는지 살펴보며B, 직후 놀잇감을 어떻게 활용하는지 혹은 상대 아동과 어떠한 상호작용의 결과C가 나타나는지 관찰하는 것이다. 이를테면 놀잇감을 뺏기 전 상황A을 관찰하여 분석해보면 놀잇감을 뺏는 행동은 그것이 아동이 컨디션이 좋지 않은 날 발생할 수도 있고, 특정 아동과의 상호작용에서만 나타날 수도 있으며, 특정 놀잇감에 대해서만 나타날 수 있다. 또한 사건행동B 이후 관찰되는 행동과 상황C도 사건 전 상황A에 따라 달라질 수 있다. 이처럼 사건행동의 전후 맥락을 가능한 모두 주목하여 분석하기 때문에 아동의 사건행동을 이해하고 이에 따른 개입과 지도방안을 적절히 구성할 수 있다.

ABC 서술식 사건표집법을 통해서 반복적인 아동의 문제행동의 패턴을 알아낼 수 있으며, 체크리스트나 다른 관찰법과 달리 형식적인 준비가 따로 필요하지 않기 때문에 교사는 개방적으로 아동의 문제행동을 관찰할 수 있다. 이처럼 ABC 서술식 사건표집법은 다양한 문제행동을 관찰하고 이에 대한 해결법을 모색하는 데 유용하다.

연습문제

ABC 서술식 사건표집법을 통한 관찰에 적합한 아동의 문제행동의 예를 적어보자.

예) 배회하거나 목적이 없는 행동
공격적인 행동

1) ____________________

2) ____________________

3) ____________________

ABC 서술식 사건표집법 관찰양식

<table>
<tr><td>관찰아동</td><td colspan="2"></td><td>아동 성별</td><td></td></tr>
<tr><td>관찰일</td><td colspan="2">년 월 일</td><td>관찰자</td><td></td></tr>
<tr><td>관찰장소</td><td colspan="4"></td></tr>
<tr><td>관찰행동</td><td colspan="4"></td></tr>
<tr><td rowspan="2">시간</td><td>사건 전(Antecedents)</td><td colspan="2">사건(Behavior)</td><td>사건 후(Consequences)</td></tr>
<tr><td>행동 전에 무슨 일이 일어났는가?</td><td colspan="2">아동은 무엇을 했는가?</td><td>행동 후에 무슨 일이 일어났는가?</td></tr>
<tr><td></td><td></td><td colspan="2"></td><td></td></tr>
<tr><td>요약</td><td colspan="4"></td></tr>
<tr><td>교수전략</td><td colspan="4"></td></tr>
</table>

2) 빈도 사건표집법

빈도 사건표집법은 도표를 작성하고 미리 정해진 범주의 행동이 일어날 때마다 기록을 하는 방법이다. 시간표집법과 같이 빈도 사건표집법은 어떠한 행동을 대표하는 '표집sample'을 기록하고, 이러한 행동이나 상황이 얼마나 자주 일어나는지를 알 수 있는 관찰법이다(전남련 외, 2018). 서술식 사건표집법은 행동의 원인과 결과의 일련의 과정을 알려주는 질적인 정보를 제공하지만 빈도 사건표집법은 행동이 얼마나 일어났는지를 알려주는 양적인 정보를 제공한다. 구체적으로는 아동의 특정 행동이나 사건이 얼마나 자주 일어나는지를 알아보는 데 적합한 관찰법이다.

빈도 사건표집법에서는 관찰자가 지정한 특정 범주의 행동이 나타날 때까지 기다렸다가 그 행동이 나타나면 표시를 한다. 예를 들어, 기관에서 말을 잘 하지 않는 아동의 경우, 말을 하면 해당 도표 칸에 표시를 하고 그렇지 않은 상황에서는 표시를 하지 않는 것이다.

빈도 사건표집법을 통하여 아동의 행동을 관찰하였을 때 교사는 실제 집단 내에서 개별적으로 이루어진 아동의 행동에 대한 이해를 빈도를 통하여 측정하기 때문에 객관적 정보를 얻을 수 있으며 이를 바탕으로 적절한 교수전략을 세울 수 있다. 즉, 특정한 행동이 발생하였는지 안 하였는지 그리고 그 행동이 자주 나타났는지, 덜 나타났는지 알 수 있으므로 이에 대한 교수전략을 세우는 데 간단하면서도 비교적 정확한 정보를 제공한다.

ABC 서술식 사건표집법과 마찬가지로 특정 행동에 대한 조작적 정의가 명확해야 하고, 이를 범주화할 수 있을 정도로 하위요인 간에 변별이 가능해야 한다.

사례 1 빈도 사건표집법에 적합한 범주화와 조작적 정의의 예

다음 사례는 빈도 사건표집법에 적합한 범주화와 조작적 정의의 예로 들 수 있는 호우에스(Howes, 1980)의 또래놀이 척도의 하위요인들이다.

또래놀이 척도의 하위요인

놀이단계	놀이행동 유형	조작적 정의
1단계	단순 병행놀이 (parallel play)	아동이 서로 근접한 곳에서 비슷한 놀이에 참여하고 있으나, 서로 눈을 마주치거나 등의 어떠한 사회적 행동을 하지 않음
2단계	상호인식 병행놀이 (mutual regard)	다른 아동에 대한 인식을 하고 있으며 활동을 함께하려고 시도하지만 언어적인 상호작용이 일어나지 않음
3단계	단순 사회놀이 (simple social play)	다른 아동과 비슷한 활동을 하며 놀이하고 친구에게 놀잇감을 건네거나 웃기도 하는 등의 사회적 행동을 함
4단계	보완적 놀이 (complementary play)	협력적 활동이 조금 나타나며 같은 활동을 통해 놀이하지만 공유된 협력관계는 나타나지 않음

또래놀이 기록양식

관찰일 : 아동이름 :

놀이단계 / 흥미영역	1단계	2단계	3단계	4단계	5단계
	단순 병행놀이	상호인식 병행놀이	단순 사회놀이	보완적 놀이	보완적 상호놀이
언어영역	//				
극놀이영역		/			
미술영역	/		/		
음률영역				//	
수 · 과학영역	//				
쌓기영역				/	𝍸

빈도 사건표집법을 활용하면 관찰자가 알아보고자 한 행동이 발생한 횟수를 계산하여 빈도를 알아볼 수 있으며 이에 대한 총점이나 평균을 통하여 행동의 빈도를 알 수 있다. 그러므로 빈도 사건표집법을 활용하기 위해서는 관찰자가 측정하고자 하는 행동 유형 중 행동의 시작과 끝이 비교적 명확한 것을 선택할 필요가 있으며, 그 빈도가 지나치게 자주 일어나거나 지나치게 적게 일어나지 않는 것을 택해야 한다.

4. 장점과 단점

1) ABC 서술식 사건표집법

(1) 장점

- 서술식 사건표집법은 단순히 행동의 출현 여부만을 알려주는 것이 아니라 사건의 전후를 알게 해주는 것으로 어떤 맥락에서 특정 행동이 나타났는지를 알려준다.
- 아동의 특정한 행동의 원인을 파악하거나, 전조적 사건을 확인할 수 있어서 문제행동지도 해결방안이나 교수전략을 세우는 데 유리하다.
- 모든 사건은 자연스러운 관찰상황에서 발생하기 때문에 서술식 관찰법 중에서는 가장 편리한 편이다.
- 부모나 교사가 막연히 궁금하게 생각하고 있던 행동에 대해서 비교적 정확하게 그 이유를 알아낼 수 있다.

(2) 단점

- 서술식 관찰방법이므로 시간과 노력이 들고, 특정 행동이 나타나지 않을 경우는 관찰이 불가능하기 때문에 관찰시간을 예측하기 어렵다.
- 이미 관찰하고자 하는 행동이 정해져 있으므로 관찰자의 주관성이 개입될 여지가 있다.
- 표본식 기록법에 비하여 용이하나 그만큼 전체적인 맥락을 파악하는 것은 어렵다.

2) 빈도 사건표집법

(1) 장점

- 빈도 사건표집법은 관찰양식이 간단하고 기록을 하는 데 소요되는 시간이 짧아 편리하게 사용 가능하다.
- 수집된 자료를 분석하는 데 있어서 수량화하여 계산할 수 있어서 결과를 신속하게 얻을 수 있다.
- 빈도 사건표집법의 경우에는 관찰자가 관심 있는 행동을 다양하게 선정할 수 있고, 그 관찰 대상 또한 개별 또는 2~4명의 소집단도 가능하므로 효율적이다.

(2) 단점

- 빈도 사건표집법은 특정 행동의 출현 여부와 빈도만을 제공하기 때문에 그 원인을 알아내기는 어렵다.
- 사전에 관찰자에 의해서 관찰하고자 하는 행동을 구성하는 하위요인으로 선정되지 않은 경우 그러한 행동이 나타나더라도 카운팅counting이 되지 않으므로 정보의 손실이 있을 수 있다.

5. 관찰의 적용

사례 2 ABC 사건표집법 1

● 대상에 대한 개괄적인 설명 ●

지은이는 생후 3년 9개월 된 유아이고 어린이집에 온 지는 1개월이 되었다. 교사의 걱정에 의해서 관찰을 하게 되었는데, 지은이는 어린이집에 온 이후로 선생님이나 또래 친구들이 말을 걸었을 때 거의 말을 하지 않았고, 다른 사람과의 사회적 상호작용을 거의 하지 않았다. 처음에는 어린이집 적응에 어려움이 있다고 생각했으나 다른 부분에도 어려움이 있을 것으로 보여 관찰을 시작하였다. 관찰은 자유놀이시간에 이루어졌으며 아동이 자유롭게 놀잇감을 선택할 수 있도록 하였다.

관찰아동		아동 성별	
관찰일	년 월 일	관찰자	
관찰장소			
관찰행동			
시간	사건 전(Antecedents)	사건(Behavior)	사건 후(Consequences)
	행동 전에 무슨 일이 일어났는가?	아동은 무엇을 했는가?	행동 후에 무슨 일이 일어났는가?
10 : 30 ~10 : 35	다른 아동들과 동그랗게 앉아 있는데, 선생님이 지은이에게 무엇을 하고 놀고 싶은지 물어본다.	지은이는 먼 곳을 쳐다보다가 선생님과 눈맞춤을 한다. 선생님의 질문에 대답하지 않는다.	선생님은 다른 아동에게 지은이를 데리고 놀잇감을 같이 고르도록 한다.
10 : 40 ~10 : 45	지은이가 역할놀이영역에서 전화기를 들고 있다.	다른 아동이 지은이 앞에 서서 전화하는 시늉을 한다. "여보세요~ 여보세요~ 지은이 있어요?"라고 말한다. 지은이는 눈을 맞추기도 하고 미소도 보이지만 말은 하지 않고 다른 전화기를 집어든다.	다른 아동은 놀이를 중단하고 자리를 이동하고, 지은이는 남아서 전화기를 만지고 있다.

<table>
<tr><td>10 : 50
~10 : 55</td><td>지은이가 역할영역에서 의사 옷을 만지면서 주사기를 잡는다.</td><td>현정이가 다가와서 지은이에게 “같이 놀자”라고 말하며 놀이를 시작하려 한다.</td><td>지은이는 몸을 돌려서 뒤를 보고 다른 아동들이 있는 곳으로 이동한다.</td></tr>
<tr><td>11 : 10
~11 : 20</td><td>다른 아동들이 노는 것을 보고 있다.</td><td>다른 아동들이 모두 컵을 찾고 있고, 지은이는 컵이 어디에 있는지를 손가락으로 가리키며 “저기… 저기 있는데…”라고 말해준다.</td><td>지은이가 컵이 어디 있는지를 다른 아이들에게 알려주었으나, 그것 외에는 놀이에 참여하거나 개입하지 않는다.</td></tr>
<tr><td>요약</td><td colspan="3">지은이는 어린이집에서 눈맞춤도 가능하고 다른 사람의 말을 이해하고 있으나 말을 거의 하지 않는다. 예를 들어, 아이들이 컵을 찾고 있을 때 “저기”라고 말을 하면서 컵이 있는 위치를 정확히 가리켰다. 또한 다른 아동에게 관심은 있으나 실제 놀이에도 거의 참여하지 않고 자유놀이시간에 대부분의 시간을 혼자 보낸다. 다른 아이들은 지은이에게 관심이 있으나 함께하는 놀이로 확장이 되지는 않는다. 선생님보다는 또래 아동의 이야기에 더 관심이 있으며 상호작용을 하려는 시도를 한다.</td></tr>
<tr><td>교수전략</td><td colspan="3">ABC 사건표집법을 활용하여 지은이가 자유놀이시간을 어떻게 보내는지에 대해 알 수 있었다. 관찰을 통하여 지은이가 말을 전혀 못하는 것이 아니라 간단한 말은 하지만 타인과의 적극적인 상호작용을 하지는 않는다는 것이 나타났다. 또한 혼자 있는 시간에 주로 역할영역에 머물고 있다는 것과 이동을 거의 하지 않는다는 것도 나타났다. 이에 다음과 같은 교수전략이 필요하다.

• 지은이가 교사보다는 다른 아동과 대화하는 것에 대해서 관심을 가지고 있으므로 또래 아동과의 상호작용을 격려하도록 한다. 구체적으로 다른 아동을 역할영역에서 하는 놀이에 초대하여 놀이할 수 있도록 해본다.
• 가정과의 연계를 더 적극적으로 실시하여, 가정에서 지은이의 발화 수와 가족과의 상호작용에 대한 자료를 모은다.
• 모아진 자료를 바탕으로 부모상담을 통하여 지은이가 어린이집에서 타인과 상호작용하는 방법을 알려주고, 상호작용을 통해 안정감을 느낄 수 있도록 한다.</td></tr>
</table>

사례 3 ABC 사건표집법 2

● 대상에 대한 개괄적인 설명 ●

유리는 만 1세 영아로 어린이집에서 무는 행동이 나타나 교사가 관찰을 하기 시작하였다. 어린이집에 등원한지는 약 6개월 이상이 되었고 어린이집 적응에는 별 문제가 없었으나, 최근 들어 무는 행동이 자주 나타나 이의 원인을 파악하고자 ABC 사건표집법을 활용하여 관찰을 시도하였다.

관찰아동	김유리	아동 성별	여
관찰일	년 월 일	관찰자	
관찰장소	보육실		
관찰행동	특별활동시간에 음률활동 중 옆에 앉은 아동을 무는 행동		
시간	사건 전(Antecedents)	사건(Behavior)	사건 후(Consequences)
	행동 전에 무슨 일이 일어났는가?	아동은 무엇을 했는가?	행동 후에 무슨 일이 일어났는가?
11 : 10 ~ 11 : 15	특별활동시간 중 음률활동 시간에 아이들이 나란히 앉아 있다. 유리는 옆 아동의 얼굴과 손을 쳐다본다.	옆 아동이 가지고 있던 악기를 손으로 잡고 힘을 주어 악기를 당긴다.	악기를 뺏긴 아동이 양손으로 악기를 잡고 놓아주지 않는다.
11 : 20 ~ 11 : 25	다시 옆 아동의 악기를 쳐다보다가 한 손으로 힘을 주어 악기를 잡아 당긴다.	옆 아동이 다시 악기를 잡자 팔을 문다.	옆 아동이 울기 시작하고, 악기를 손에서 놓는다.
11 : 30 ~ 11 : 40	악기를 손에 쥐고 울기 시작한다.	선생님이 다가가서 "악기를 누가 뺏었어요. 악기는 뺏지 않아요."라고 말한다.	선생님을 쳐다보면서도 악기를 손에서 놓지 않는다.
요약			
교수전략			

2) 빈도 사건표집법

사례 4 빈도 사건표집법 1

관찰아동		연령	만 세	성별	
관찰일		관찰시간		관찰자	
관찰장소					
관찰 장면	자유놀이시간 중 아동의 분류행동				

분류 유형	조작적 정의
비논리적 분류	사물의 속성에 따른 논리적 분류가 아닌 아동이 자신만의 독특한 기준에 의해 분류한다. 예 ○○이가 토끼 인형과 자동차를 같은 영역에 포함시켰는데, 그 이유는 "토끼인형이 자동차를 타고 가서요"라고 하는 경우
동일성 분류	속성이 같은 것끼리 분류하는 것이 아니라 겉으로 보기에 똑같이 생긴 것끼리 분류한다. 예 여러 가지 모양과 크기의 블록이 있을 때 크기와 모양이 똑같은 것을 모으는 것(작은 정육면체는 작은 정육면체 블록끼리, 큰 직육면체는 큰 직육면체끼리)
유사성 분류	사물을 한 가지 속성에 의해 분류한다. 예 크기와 모양이 다른 여러 가지 블록이 있을 때 모양을 기준으로 할 때는 크기에 상관없이 모양이 같은 것만 한곳에 모으는 것
분류/재분류	사물을 여러 가지 속성에 따라 동시에 재분류 가능하다. 예 유아에게 여러 가지 모양, 크기, 구멍의 수를 가진 단추를 주고 분류하게 했을 때 처음에는 단춧구멍의 수에 따라 분류하고 다시 모양, 그리고 다시 크기에 따라 재분류하고, 동시에 두 가지 이상의 기준에 따라서 분류하는 것(초록색이면서 고깔모양을 한 블록만 모으기)
요약	자유놀이시간에 재준이가 쌓기놀이를 하면서 경비아저씨가 되어 놀이를 한다. 한 블록을 자동차를 만들어 주차를 시키고 이 과정에서 분류행동이 나타났다. 자동차가 다닐 수 있는 도로의 폭을 일치하기 위해서 폭이 같은 블록만을 골라서 도로를 만들었다. 또한 블록의 색과 모양을 동시에 고려하여 결정하기도 하였다. 다만, 특정 흥미영역에서는 비논리적인 분류활동이 나타나기도 하였다.

분류 유형	조작적 정의
교수전략	• 교사가 먼저 분류활동에 대해 시연하고 이를 아동이 함께 할 수 있도록 도와 모델링이 가능하도록 한다. • 관찰 시에 아동이 분류에 있어서 어려움이 있는 부분이 있었기 때문에 분류 시의 기준이나 각 속성에 대해서 아동과 함께 이야기해보는 시간을 갖는다. • 현장학습이나 가정과의 연계활동을 통해서 아동이 자연스럽게 분류하는 경험을 가질 수 있도록 기회를 제공한다.

범주	비논리적 분류	동일성 분류	유사성 분류	분류/재분류
언어영역				
극놀이영역		//		
미술영역	//	///		
음률영역				
수 · 과학영역				
쌓기영역			//	//

출처 : 이정환, 박은혜(1995).

사례 5 빈도 사건표집법 2

분류 유형	조작적 정의
응시하기	교사의 주의를 끌기 위해 놀잇감이나 교사에 집중하여 응시하는 것 예 교사와 눈빛을 마주침, 그림책을 쳐다봄
가리키기	영아가 자신의 요구를 의성어나 몸짓으로 나타내거나 다른 사람의 주의를 이끌기 위해 손가락으로 가리키는 것 예 그림책에 있는 사자 그림을 손가락으로 가리키면서 "이거, 이거"라고 말함
주기	놀잇감을 교사에게 주거나 자신이 만든 것을 교사에게 주는 것 예 피자 모형 한 조각을 교사에게 건네줌

분류 유형	조작적 정의
보여 주기	자신의 행동이나 활동의 결과물을 교사에게 보여 주는 것 예 자신이 그린 그림을 교사에게 보여 줌
정리하기	놀잇감을 제자리에 갖다 두는 것 예 영아와 교사가 퍼즐 맞추기를 끝낸 후 교사의 지시 없이 영아가 스스로 퍼즐을 제자리에 정리함
이동하기	시선을 3초 이상 다른 놀잇감으로 돌리거나 다른 영역으로 몸을 옮기는 것 예 영아가 교사와 미술놀이를 하다가 역할놀이영역으로 감
갈등 발생	교사와 놀이하는 중에 영아들끼리 갈등과 분쟁상황이 발생하는 것 예 영아가 다른 영아의 손이나 신체 부위를 물거나 때림

행동범주	관찰 빈도											
	1	2	3	4	5	6	7	8	9	10	…	총 빈도수
응시하기	/	/	/	/	/							
가리키기	/	/	/	/	/	/	/	/	/	/		
주기	/	/										
보여 주기	/	/	/	/	/	/	/	/	/			
정리하기	/	/	/	/								
이동하기	/	/	/	/	/	/	/	/	/	/	/	
갈등 발생	/	/	/									
요약												
교수전략												

CHAPTER

06

행동목록법

행동목록법은 교사가 현장에서 손쉽게 사용할 수 있는 관찰기록방법 중 하나로서 특정 행동이 존재하는지 아닌지를 표시하는 기록방법이다. 손쉽게 사용할 수 있어 교육현장에서 많이 활용된다. 본 장에서는 행동목록법의 특성, 관찰지침 및 장단점에 대해 살펴보기로 한다.

1. 개념과 특성

행동목록법은 관찰자가 일련의 행동의 목록을 미리 준비하고 목록에 있는 특정 행동이 나타나는지 아닌지를 표시하는 기록방법이다. 일반적으로 행동목록은 주로 목록에 있는 행동이 출현하는지에 관심이 있을 때 사용한다. 즉, 행동의 발생 여부를 근거로 그 행동을 수행할 수 있는지의 여부를 판단하고자 할 때 사용한다. 행동목록법은 대상의 행동에 근거하여 현재 상태를 평가하여 단순히 '예', '아니오'의 형태로 기록하게 되며, 출현하는 행동을 체크 표시(v)하여 기록하기도 하므로 체크리스트checklist라고 표현하기도 한다.

행동목록은 관찰자가 직접 관찰의 목적에 맞게 작성하여 사용할 수도 있고, 이미 제작된 행동목록을 사용할 수도 있다. 만일 관찰자가 직접 관찰의 목적에 맞게 작성하여 사용하고자 할 경우에는 관찰 전에 관찰목적에 맞는 관찰행동을 구체화시켜 결정하는 과정이 필요하다. 이를 위해 관찰 전 관찰목표행동target behavior의 조작적 정의를 내리고 목표행동을 대표할 수 있는 행동목록을 적절히 구성하는 것이 매우 중요하다.

행동목록법은 특정한 행동의 목록을 미리 작성한 후 행동의 출현 여부만을 기록하기 때문에 쉽고 분명하게 구체화될 수 있는 행동이나 특성을 관찰하고, 아동이 특정한 행동을 보이는지를 빠르고 간단히 파악하고자 할 때 사용하면 유용하다. 또한 관찰자의 주관적 평가가 배재된 객관적 평가가 가능하다. 교육현장에서는 아동의 발달특성을 파악하기 위하여 행동목록법을 사용하기도 하는데9장, 10장 참조, 이때 실제 관찰하면서 기입하기도 하며, 종종 기억에 의존하여 관찰 대상이 그런 행동을 하는 것을 본 적이 있을 경우에도 특정 행동의 출연 여부를 기록하게 된다. 이러한 경우 행동목록에서 나타나는 행동을 중심으로 아동이 정상적으로 발달하는지 파악하고, 만일 관찰되지 않는 행동이 지속될 경우 이러한 행동을 발견함으로써 후속의 집중적인 관찰이 필요한 행동이나 기술 등을 확인하게 된다.

이 외에도 어린이집을 평가하기 위하여 행동목록법을 사용한다. 예를 들어, 제3차 어린이집 평가인증지표는 보육과정 및 상호작용, 보육환경 및 운영관리, 건강·안전, 교직원의 평가영역에 대하여 평가지표를 제시하고 세부 평가항목의 평가기준의 달성 여부에 근거하여 Y, N으로 평가하도록 하고 있다.

행동목록법은 특정한 특성이나 행동이 존재하는지 아닌지를 기록하는 형태이므로 행동이나 사건의 발생 정도와 빈도는 고려하지 않는다. 행동목록으로 행동이 존재하는지를 파악한 후 추후 행동의 발생빈도나 지속시간, 발생 정도는 빈도식 사건표집법이나 시간표집법, 평정척도법을 사용하여 파악하게 된다.

행동목록은 특정행동의 출현 여부만을 파악하나 수집된 자료를 바탕으로 자료를 양적으로 처리하는 것은 가능하다. 이때에는 출현하는 행동목록에서 '예' 혹은 'Y'로 나타난 목록의 수를 더하는 방식으로 수치화한다. 또한 시간에 따른 행동 변화를 알고자 할 경우에도 행동목록법을 사용할 수 있다. 동일한 행동목록을 사용하되 행동의 출현 유무 표시와 함께 날짜를 기록하는 칸을 만들어 반복해서 관찰하여 기록할 경우, 아동의 시간에 따른 행동 변화를 파악할 수 있다.

행동목록법을 사용할 경우 특정행동의 출현 여부만을 파악하므로 이러한 점을 보완하기 위하여 비고란에 관찰된 행동의 특성을 구체적으로 기록함으로써 아동의 행동을 보다 심도 있게 이해하도록 도울 수 있다. 또한 출현 여부만으로 질적 특성을 파악하기 어려우므로 행동목록에서 달성된 항목의 개수를 근거로 평정척도법과 병합하여 사용하는 방식으로 질적 특성을 파악하기도 한다. 예를 들어, Denver II 아동발달검사에서는 대부분의 항목을 통과하고 지연항목이 없고 주의항목이 최대 1개 항목일 경우 정상normal발달, 1개의 지연항목이나 2개 이상의 주의

항목이 있을 경우 의심스러운Questionable 발달로 평가하며, 어린이집 평가제 지표의 경우 달성된 평가항목의 개수를 바탕으로 우수, 보통, 개선 필요의 세 가지 등급으로 어린이집의 질적 특성을 평정하도록 하고 있다(한국보육진흥원, 2019). 이와 같이 행동목록법은 다양한 관찰방법과 병합하여 사용할 경우 더욱 유용하게 사용할 수 있다.

2. 행동목록의 구성절차

표본식 기록이나 일화식 기록을 통하여 특정 행동을 보이는 아동이 발견된다면, 관찰 대상을 정하고 행동목록을 구체화시켜 행동의 특성을 파악할 수 있다. 이때 행동목록법을 사용하기 위해서는 사전에 양식을 미리 준비하여 기록하게 된다. 그러므로 행동목록을 구성하는 절차, 즉 빈도 사건기록법, 시간표집법, 평정척도법과 같이 관찰하고자 하는 행동에 대한 조작적 정의를 내리고 하위범주를 구성하여 관찰하고자 하는 내용을 사전에 체계적으로 조직화하고 이를 통해 행동목록을 구성하는 과정을 거쳐야 한다. 먼저, 행동목록을 구성하기 위한 일반적 절차를 알아보자.

첫째, 관찰하려는 행동에 대한 조작적 정의를 내린다. 즉, 관찰하고자 하는 행동이나 사건을 설명하는 데 쓰이는 용어가 명확하게 정의되어야 한다. 이는 관찰자나 관찰결과를 읽는 사람들이 각 용어가 어떤 의미로 사용되었는지를 분명히 이해하고 있어야만 정확한 의사 전달이 가능하기 때문이다. 예를 들어, 어린이집 교실에서 일화기록을 통해 아동의 공격성이 여러 번 관찰되었다면 관찰자는 아동의 공격성의 특성을 구체적으로 파악하기 위하여 충분한 문헌조사와 관찰을 통해서 공격성이라는 추상적 속성을 파악할 수 있는 구체적 행동을 조작적으로 정의한다.

둘째, 하위범주를 구분하고 조작적으로 정의한다. 만일 아동의 공격성을 관찰하고자 행동목록을 구성하고자 한다면 공격성을 언어적 공격, 신체적 공격, 관계적 공격의 하위범주로 나누고 신체적 해를 가하는 행동, 언어적 공격행동, 타인 혹은 물체에 대한 반응으로 공격하는 행동으로 조작적으로 정의한다.

셋째, 위의 조작적 정의에 근거하여 공격적 행동을 대표할 수 있는 행동목록을 추출하고 행동이 대표성을 띠되 상호 배타적일 수 있도록 구성한다.

넷째, 작성된 행동목록이 관찰행동의 특성을 모두 포함하고 있는지 예비조사를 통하여 확인하고, 필요한 경우 수정한다.

BOX 6-1

공격성의 행동목록 구성절차 예시

1단계 : 공격성의 조작적 정의내리기

공격성	타인에게 해를 입히는 의도적 행동

2단계 : 공격성 하위범주의 조작적 정의

신체적 공격	다른 아이를 물기, 때리기, 발로 차기 등 신체를 사용하여 타인에게 해를 입히는 의도적 행동
언어적 공격	욕하기, 고함 치기, 말로 상처주기 등 언어를 사용하여 타인에게 해를 입히는 의도적 행동
관계적 공격	어른에게 고자질하기, 물건을 던지거나 부수기 등 제3의 인물 또는 물체에 대한 반응으로 타인에게 해를 입히는 의도적 행동

3단계 : 행동목록 추출하기

① 일화기록

민희, 재호, 현주, 다연이가 놀이터의 놀이기구에서 놀고 있다. 4명의 아동이 같이 몰려 다니면서 놀이터 주위를 뛰어다니며 놀고 있으며, 기구 근처에서 놀다가 다연이가 뒤처지면서 기구 아래에서 나머지 세 명의 아동을 쳐다보고 세 명이 기구 위에서 다연이를 놀리고 괴롭히기 시작한다. 민희가 "야, 올라오지마"라고 하면서 세 명과 함께 서로 웃는다. 이후 다연이 올라가려 하자, "야 올라오지 말라니깐"이라고 하면서 침을 뱉고, 재호와 현주도 낄낄거리며 소리를 지르고 침을 뱉는다. 다연은 화가 나 주위의 조그만 물건(꼬챙이, 플라스틱 장난감)을 세 아이를 향해 집어던진다.

② 범주에 맞추어 아동의 행동 파악

이름	신체적 공격	언어적 공격	관계적 공격
민희	v	v	
재호	v	v	
현주	v	v	
다연			v

③ 행동목록의 구성

관찰대상 : 민희		
공격성의 행동목록	Y/N	비고
1. 말로 다른 아이에게 상처를 준다.		
2. 다른 아이에게 욕을 한다.	Y	
3. 다른 아이를 문다.		
4. 다른 아이를 때린다.		
5. 다른 아이를 떠민다.		
6. 다른 아이를 발로 찬다.		
7. 다른 아이에게 귀찮게 굴거나 짓궂게 군다.	Y	
8. 장난감이나 물건을 던지거나 부수려 한다.		
9. 어른에게 고자질한다.		
10. 기타	Y	침을 뱉음

3. 관찰지침

다음으로 행동목록을 제작하거나 선택할 때의 일반적인 지침을 살펴보자.

- 행동목록을 구성할 때는 관찰하려는 특정 영역을 대표할 수 있는 행동을 가능한 포괄적inclusive으로 구성하여, 구성된 행동목록만으로도 특정영역의 특성을 이해할 수 있어야 한다. 관찰된 모든 행동을 기록할 수 있도록 하기 위해 항목에 없는 행동이 나타날 경우 '기타' 란을 두고 나타난 행동을 기록하도록 하기도 한다. 만일 행동목록에 '예'라고 기록되는 것보다 기타에 기록되는 내용이 더 많다면 행동목록을 잘못 구성한 것이다. 가능한 포괄적으로 행동목록을 구성하나 이때 기록하는 시간도 고려해야 하기 때문에 행동목록의 수를 너무 많이 구성하는 것도 바람직하지 않다. 따라서 모든 행동을 목록화하여 평가하기보다는 관찰하고자 하는 행동을 대표하면서 그 영역에 속한 하위영역을 골고루 포함하는 행동목록들로 간략하게 구성하도록 한다.
- 간략하게 구성하되 구성된 문항들은 서로 중복되는 내용이 없이 배타적exclusive이어야 한다. 만일 아동의 소근육발달의 행동목록을 구성하기 위하여 '크레파스를 손가락으로 잡을 수 있다', '퍼즐 조각을 손으로 집을 수 있다'라는 행동목록을 구성하였다고 하자. 이 두 문항은 모두 아동이 엄지와 검지를 사용하여 물건을 집을 수 있는지의 여부를 묻고 있다. 그러므로 두 문항 중 한 문항은 제외하고 아동의 소근육발달을 구성하는 다른 문항을 목록에 포함시키는 것이 적절할 것이다.
- 행동목록의 각 문항은 하나의 관찰행동만을 포함하여야 한다. 행동목록의 각 문항이 여러 문장으로 이루어져서 한 항목 내에 두 가지 이상의 관찰내용을

포함해서는 안 된다. 즉, 하나의 관찰행동만을 기술해야 한다. 예를 들어, '옆구르기와 앞구르기를 할 수 있다'라는 문항은 아동이 옆구르기를 할 수 있는가와 아동이 앞구르기를 할 수 있는가의 두 가지 내용을 평가하게 되어 있으므로 적절하지 않다. 이러한 경우에는 '옆구르기를 할 수 있다'와 '앞구르기를 할 수 있다' 의 두 문장으로 구분하여 구성하는 것이 더 바람직하다.

- 행동목록의 문항은 관찰 가능한 행동으로 구체적으로 기술되어야 한다. 예를 들어, '소근육운동을 할 수 있다'라는 문항이 있다면, 이 문항에 대해 '예'나 '아니오' 중 하나를 선택하여 영유아를 평가하기는 매우 어렵다. 소근육운동은 손가락으로 잡고, 구멍에 손가락을 찔러 보고, 통에 사물을 넣고 빼고, 한 손에 사물을 쥐고 있는 등의 다양한 행동으로 나타날 수 있다. 그러므로 어떤 소근육운동능력은 획득하지 못하였으나 일부 행동은 나타날 수도 있다. 따라서 행동목록의 각 문항은 '소근육운동을 할 수 있다'와 같이 너무 포괄적이거나 모호하게 기술되기보다는 '크레용을 주먹으로 쥘 수 있다', '한 손에 작은 사물을 쥐고 있을 수 있다'처럼 관찰 가능한 구체적인 행동으로 정의되어야 누구나 쉽게 이해하고 평가할 수 있다.
- 관찰자가 행동관찰결과를 보다 쉽게 기록할 수 있도록 행동목록의 순서나 위치를 논리적으로 조직한다. 예를 들면, 아동의 건강을 관찰할 때에는 얼굴에서부터 목, 몸통과 다리 순으로 배열하는 것이 관찰자가 관찰하고 기록하기가 편리하다. 또한 신체운동발달에 관한 행동목록이라면 대근육발달에 속한 문항들을 연속해서 나열하고 그 다음에는 소근육발달에 관한 문항들을 연속해서 나열하며, 대근육발달에 관한 문항들 중에서 '공을 두 손으로 잡아서 앞으로 던질 수 있다', '목표한 방향으로 공을 던질 수 있다', '공을 목표물에 정확하게 던질 수 있다'처럼 발달 순서에 따라 행동목록을 구성하는 것이 바람직하다.

4. 장점과 단점

관찰할 행동의 목록을 사전에 작성하여 그 행동의 출현 유무만을 표시하는 행동목록법의 장단점을 살펴보면 다음과 같다.

1) 장점

- 행동목록법은 비교적 사용하기가 쉽다. 관찰자가 특별한 훈련을 받지 않고도 관찰 대상의 행동을 단순한 방법으로 기록할 수 있다. 즉, 서술식 기록에서처럼 객관적 기록을 위한 연습이나, 다른 범주형 도구인 시간표집에서처럼 복잡하고 정교한 범주 및 부호화 체계에 대한 사전 훈련 없이 손쉽게 사용할 수 있다.
- 행동목록법은 관찰내용을 기록할 때, 투입하는 노력과 시간이 적다.
- 행동목록법은 양적인 처리가 가능하다. 행동이 나타났는지의 유무로 표시하므로 기초적인 통계 분석을 적용할 수 있다. 예를 들어, 5개 문항 중 2개의 문항이 유로 표시되었다면 2점의 점수를 부여하여 다른 아동 혹은 다른 영역과의 점수를 비교할 수도 있다.
- 행동목록법은 반복적 사용을 통해 아동의 단계적인 발달상을 기록하고 관찰하는 데 도움이 된다.
- 행동목록법은 후속의 집중적인 관찰이 필요한 행동이나 기술 등을 발견하고 확인하는 데 도움이 된다. 즉, 행동목록에 있는 다양한 행동의 출현에 대해 표시하는 것은 발달 선별screening의 기능을 가지고 있어서 좀 더 집중적으로 관찰할 필요가 있는 관심관찰영역을 쉽게 발견하게 해 준다.

2) 단점

- 행동단위를 의미 있게 조직적으로 분류하는 것이 어렵다. 행동목록을 만들 때 포함된 항목이 포괄적이지 않으면 의미 있는 행동을 관찰했어도 기록할 수 없으며, 항목구성을 상호배타적으로 하지 않으면 관찰자가 관찰한 행동이 두 번 혹은 세 번 중복 기록될 수도 있다. 즉, 행동목록을 구성할 때 포괄적이면서 상호배타적인 항목으로 구성하는 것이 쉽지 않다.
- 행동의 유무만을 기록하므로 행동의 출현빈도, 행동의 지속기간과 같은 행동의 세부상황에 대한 정보를 제공하지 못한다.
- 행동이 일어나는 상황과 전후 맥락에 대한 정보를 알기 어렵다.
- 출현하는 행동에 대해서만 기록하므로 관찰 대상의 의도나 심리적 특성에 대한 파악이 어렵다. 앞의 공격성의 예에서 물건을 던지거나 부수는 행동이 관계적 공격성의 행동으로 분류되었으나, 이러한 행동은 다른 사람에게 화가 나서 던지거나 부수는 행동이 나타났을 때에만 관계적 공격성이라고 볼 수 있다. 그러나 행동목록에서는 단순히 물건을 던지거나 부수기라고 표기되었으므로 실제 관찰 시에는 이러한 관찰 대상의 의도까지 파악하여 기록하는 것은 어렵다. 또한 물건을 던지는 행위에 대해 신체적 반응이라고 해석하는 사람도 있을 수 있다. 따라서 의도가 파악되지 않은 상황에서는 관찰자에 따라 관찰결과에 대한 해석이 달라질 수 있다.
- 행동의 질적인 특성에 대한 정보를 제공하지 못한다. 예를 들어, '한 발로 서 있기'라는 항목에서 어떤 아동이 '할 수 없다'라고 표시가 되었다 하더라도 잠깐 서 있을 수는 있는지 아니면 전혀 서 있을 수 없는지에 대한 세부정보를 제공하지 않는다.

5. 관찰의 적용

아동의 발달을 평가하기 위하여 행동목록을 사용한 예를 살펴보자. 교육현장에서 아동의 자아존중감을 이해하기 위하여 다음의 행동목록을 사용하여 아동을 관찰할 수 있다. 행동목록의 다양한 예시는 9장과 10장을 참고하기 바란다. 다음의 모든 행동목록을 관찰하기 위해서는 아동이 교실 문을 열고 들어오면서부터 부모와 떨어지는 상황에서 아동이 어떠한 행동을 하는지, 그리고 교사와 어떻게 상호작용을 시작하는지를 살펴본다. 또한 자유선택놀이 활동시간 중 아동이 놀이를 선택하고 과제를 완수하는지, 친구와의 상호작용에서는 어떠한 행동을 보이는지 관찰한다. 이때 관찰행동이 나타나지 않은 경우에는 여러 날에 걸쳐 관찰할 수도 있을 것이다. 일반적으로 '예'나 '아니오' 중에서 선택해야 하지만, 특정한 행동이 관찰되지 않을 때를 위해서 비고란을 마련할 수 있다. 또한 아동의 행동을 충분히 이해하기 위해서는 행동의 출현 유무만을 기록하는 것보다는 행동이 어떻게 나타나는지 비고란에 기록하는 것이 좋다.

사례 1 아동의 자아존중감을 행동목록으로 평가한 예시

아동명	김지수	생년월일		2016년 9월 20일(여)
관찰자	김관찰	관찰일시		2019년 5월 20일
자아존중감		예	아니오	비고
1. 등원 시 어려움 없이 부모와 떨어질 수 있는가?			V	엄마한테 매달리고 울음
2. 교사와 안정된 애착 형성을 보이는가?		V		엄마가 떠나자 교사에게 와서 안기고 진정됨
3. 과제를 성공적으로 완수할 수 있는가?			V	영서가 오자 색칠하는 작업을 도중에 그만둠
4. 교사의 도움 없이 활동을 선택할 수 있는가?			V	배회하던 지수를 교사가 언어영역에 앉힘
5. 권리 행사를 하는가?				관찰되지 않음
6. 자기가 하는 일에 열정을 보이는가?			V	멍하니 친구들 활동을 보고 함께 놀지 않음

관찰 기록 후에는 발달에 대한 평가를 내리고 적절한 교수계획을 함께 세운다. 다음의 예시는 10개월 영아의 발달을 평가하고 교수계획을 수립한 예이다.

사례 2 10개월 영아의 인지적 능력과 대근육운동발달을 행동목록으로 평가하고 교수계획을 수립한 예시

관찰아동	남연우	생년월일	○○○○년 ○○월 ○○일 (여)
관찰자	이혜린	관찰일시	2019년 5월 15일

영아의 인지적 능력

행동	Y	N	관련 관찰내용 및 비고
흔들어보고, 꽝꽝 바닥에 부딪쳐보고, 던지는 다양한 방식으로 사물을 탐색할 수 있는가?	V		팔찌를 가지고 바닥에 부딪쳐보고, 던지는 다양한 방식으로 사물을 탐색함
숨긴 사물들을 쉽게 찾을 수 있는가?	V		엄마가 팔찌를 손으로 숨겼을 때 엄마의 손을 들어 팔찌를 찾음
이름을 말하면 해당 그림이나 사물을 쳐다볼 수 있는가?			관찰되지 않음
행동을 따라할 수 있는가?	V		엄마가 부채 펴는 모습을 보고 행동을 따라함
사물을 바르게 사용하기 시작하는가?(예 : 컵으로 사용, 빗으로 머리를 빗음)	V		장난감 전화기를 귀로 가져감
사물 두 개를 서로 부딪칠 수 있는가?	V		장난감 두 개를 손으로 부딛힘
사물을 용기와 같은 통에 넣고 꺼낼 수 있는가?	V		장난감 통에서 반지를 꺼냄
도움 없이 사물을 사용할 수 있는가?	V		도움 없이 장난감을 가지고 놈
검지 손가락으로 찔러볼 수 있는가?	V		장난감 전화기를 검지 손가락으로 찔렀음
'장난감 주워'와 같은 간단한 지시를 따를 수 있는가?			관찰되지 않음

★ 발달의 평가와 교수전략 : 인지적 능력 부분에서 고르게 잘 발달하는 모습을 볼 수 있다. 다양하고 새로운 놀이를 위해 그림책을 읽어줄 수 있고, 영아가 원하는 것이 무엇인지 손으로 가리켜 보도록 한다. 제스처에 의미를 부여하는 시기로 영아에게 이야기할 때 제스처를 사용한다. 대상연속성을 습득하는 시기로 까꿍 놀이나 물건 숨기기 놀이를 해 보도록 한다.

영아의 대근육운동능력

행동	Y	N	관련 관찰내용 및 비고
발로 지탱하면서 바닥에 설 수 있는가?		v	소파 등을 짚고 일어섬
땅에서 배를 뗀 채로 손과 무릎으로 기어 다니는가?	v		손과 무릎으로 기어 다님
벽이나 손잡이(예 : 가구, 소파, 탁자 등)를 잡고 다니는가?	v		소파, 화장대를 잡고 다님
독립적으로 설 수 있는가?		v	
도움 없이 다른 자세에서 혼자 앉는 자세를 취할 수 있는가?	v		기어 다니다가 혼자 앉는 자세를 취함

★ 발달의 평가와 교수전략 : 소파 등을 잡고 일어설 수 있는 것으로 보아 곧 걷기 시작할 것이다. 몸을 쉽게 굴리고 뒤집을 수 있으므로 안전에 특별히 주의를 요해야 하며 걷거나 붙잡고 일어설 때 위험하지 않도록 뾰족한 물체는 치우고 안전하게 붙잡을 수 있는 기구만 배치하여야 한다. 영아가 많이 움직일 수 있도록 이름을 부르거나 약간 떨어진 곳에 놀잇감을 놓아둔다.

발달의 변화를 관찰하고자 할 경우에는 반복적으로 관찰할 수 있도록 고안된 행동목록표를 사용할 수 있다. 이때 간편하게 날짜를 기입할 수 있는 칸을 만들어 줌으로써 시기별 변화를 확인할 수 있다.

사례 3 영아의 소근육발달 변화를 행동목록으로 기록한 예시

<table>
<tr><th>아동명</th><td colspan="2">남연우</td><th>생년월일</th><td colspan="3">2016년 9월 20일(여)</td></tr>
<tr><th>관찰자</th><td colspan="2">문민재</td><th>관찰일시</th><td colspan="3">2019년 5월 20일</td></tr>
<tr><th rowspan="2">관찰일</th><th>1회</th><th colspan="2">2회</th><th colspan="3">3회</th></tr>
<tr><td>3월 25일</td><td colspan="2">6월 4일</td><td colspan="3">9월 35일</td></tr>
<tr><th>영역</th><th colspan="3">내용</th><th>1회</th><th>2회</th><th>3회</th></tr>
<tr><td rowspan="7">소근육발달</td><td colspan="3">1. 창의적 모양을 자르고 풀로 붙인다.</td><td>V</td><td>V</td><td>V</td></tr>
<tr><td colspan="3">2. 점토로 모양을 만든다.</td><td>V</td><td>V</td><td>V</td></tr>
<tr><td colspan="3">3. 신발끈을 묶는다.</td><td></td><td></td><td>V</td></tr>
<tr><td colspan="3">4. 20조각 퍼즐을 맞춘다.</td><td></td><td></td><td>V</td></tr>
<tr><td colspan="3">5. 그림을 모방하거나 창작한다.</td><td></td><td>V</td><td>V</td></tr>
<tr><td colspan="3">6. 글자를 모방한다.</td><td></td><td></td><td>V</td></tr>
<tr><td colspan="3">7. 숫자를 모방한다.</td><td></td><td></td><td>V</td></tr>
</table>

출처 : 조윤경, 김경혜(2010).

시기별 변화를 확인함으로써 아동의 발달적 특성을 이해하고 이를 통해 발달에 적합한 교육활동을 제공해 줄 수 있다. 예를 들어, 교사는 자르고 풀로 붙이는 활동이 교육과정에서 일찍 수행되도록 계획할 수 있으며, 소근육발달이 이루어지면 이후에 글자를 모방하고, 숫자를 모방하는 교육활동을 계획할 수 있다. 이를 위해 교사는 연초에는 간단한 장난감, 퍼즐 등의 활동자료를 도입하고 이후에는 더 복잡하고 도전적 활동과 복잡한 도구를 도입할 수 있다.

이 외 교육현장에서는 빠른 시간 내에 아동의 건강을 체크하기 위하여 등원 시 다음의 건강 체크리스트를 사용할 수도 있다.

사례 4 일일 건강 체크리스트의 기록 예시

아동명	남연우	생년월일	2016년 9월 20일(여)
관찰자	문민재	관찰일시	2019년 5월 20일

다음의 평가내용에 '예' 또는 '아니오'에 V 표시하시오.

___V___ 얼굴이 창백하다.

___V___ 얼굴이 너무 붉거나 열이 있어 보인다.

_______ 땀이 난다.

_______ 겉으로 보이는 상처가 있다.

_______ 눈이 충혈되거나 눈곱이 끼어 있다.

_______ 콧물을 흘리거나 코 막힌 소리를 하거나 코가 막혀 있다.

_______ 잇몸에서 피가 나고 붓거나 입술이 부어 있다.

_______ 목이 쉬어 있어 목소리를 잘 못 낸다.

_______ 몸 전체에 붉은 반점이나 작은 물집이 있다.

_______ 호흡이 빠르거나 구강호흡을 한다.

출처 : 홍순정 외(2010).

어린이집의 질적 특성을 파악하기 위한 예시를 살펴보자. 2019 어린이집 평가제 평가지표 중 지표 1-3. 놀이 및 활동 지원은 관찰방법을 사용하여 3개의 평가항목을 Y, N으로 평가하도록 하고 있으며, 3개의 평가항목 중 'Y'의 개수가 3개 이상이면 우수, 2개면 보통, 2개 이하면 개선 필요로 평정하고 있다. 또한 평가항목에서 하위 평가기준을 달성해야만 Y로 평가된다.

지표 1-3-1은 교사가 놀이와 활동이 영유아의 자발적 선택에 의해 주도적으로 이루어지도록 격려하는지를 평가하며, Y와 N의 여부는 사례 5 1-3-1의 평가내용 3개 모두를 충족해야 Y로 평정한다.

사례 5 어린이집 평가제 지표의 예시

평가항목		결과
1-3-1	교사는 놀이와 활동이 영유아의 자발적 선택에 의해 주도적으로 이루어지도록 격려한다.	□Y□N
1-3-2	교사는 영유아의 놀이상황을 관찰하면서 놀이와 관련된 상호작용을 한다.	□Y□N
1-3-3	영유아의 다양한 놀이와 활동에 필요한 자료를 제공한다.	□Y□N
합계		총 개

지표 평정기준	
□우수	3개의 평가항목 중 'Y'의 개수가 3개
□보통	3개의 평가항목 중 'Y'의 개수가 2개
□개선 필요	3개의 평가항목 중 'Y'의 개수가 1개 이하

1-3-1	교사는 놀이와 활동이 영유아의 자발적 선택에 의해 주도적으로 이루어지도록 격려한다.
평가내용	① 교사는 실내 자유놀이 및 바깥놀이시간에 영유아가 자유롭게 탐색하여 놀이나 활동을 자발적으로 할 수 있도록 지원함 ※ 영아 : 의도적인 대집단활동을 실시하지 않음 ② 교사는 개별 영유아가 좋아하는 놀이와 활동을 주도적으로 진행하도록 격려함 ③ 놀이에 참여하지 못하고 배회하거나 방관하는 영유아가 있을 경우, 영유아가 놀이에 자발적인 흥미를 가질 수 있도록 지원함
평가기준	3개 모두 충족해야 Y로 평정

출처 : 한국보육진흥원(2019). p. 91.

연습문제 1

제9장과 10장의 영아 및 유아관찰 척도를 사용하여 아동의 발달을 평가하고 아동에게 적합한 교수계획을 세워보자.

이름	○○○	생년월일	○○○○년 ○○월 ○○일(남, 여)
관찰자	○○○	관찰일시	○○○○년 ○○월 ○○일

*** 만 3세 유아의 사회적 발달능력**

문항	예	아니오	비고
1. 주로 병행놀이하고, 조금씩 협동놀이를 하기 시작하는가?			
2. 친구를 사귀려고 시도하는가?			
3. 누구와 놀지를 선택하기 시작하였는가?			
4. 짧은 시간의 그룹 활동에 참여할 수 있는가?			
5. 친구들과 장난감을 나누는 것을 배우기 시작하였는가?			
6. 서로 동의하지 않는 문제를 해결하려고 시도하는가?			
7. 순서를 지키기 시작하는가?			
8. 자신의 관점으로만 사물을 바라보고 인식하는가?(자기중심적)			
9. 규칙을 지키거나 도움을 제공하고 보상받기를 원하는가?			
10. 도움 주는 것을 좋아하는가?			
11. 고의로 다른 사람의 마음을 속상하게 하는 말을 하는가?			
12. 소꿉놀이와 상상놀이를 할 수 있는가?			

발달의 평가 :

교수계획 :

연습문제 2

다음의 양식을 이용하여 아동의 일과수행을 관찰해 보고 영역별로 요약하여 적절한 교수계획을 세워보자.

* 일과수행관찰표 : 만 3세용

아동이 수행하는 항목에 대해 V표시를 하시오.

반이름		아동명		관찰일	년 월 일	관찰자	
일과	평가항목	수행도	관찰 내용	일과	평가항목	수행도	관찰 내용
등원	가방을 벗는다.			실외 활동	모자를 쓴다.		
	가방을 제자리에 정리한다.				자신의 옷을 찾아 입는다.		
	겉옷을 벗는다.				줄을 서서 기다린다.		
	겉을 바닥에 펼쳐 옷걸이에 건다.				난간을 잡고 양발을 번갈아서 계단을 올라간다.		
	교사에게 인사한다.				난간을 잡고 양발을 번갈아서 계단을 내려간다.		
	부모님께 인사한다.				신발/실내화를 찾는다.		
대집단 활동	정해진 자리에 모인다.				신발/실내화를(좌우에 맞게) 신는다.		
	카펫에 바른 자세로 착석한다.				줄을 맞추어 이동한다.		
	의자를 가져와 정해진 자리에 놓는다.				상황에 맞게 '고마워', '미안해' 등의 인사말을 한다.		
	의자에 바르게 착석한다.				놀이기구를 적절한 방법으로 이용한다.		
	의자를 적절한 위치에 정리한다.				정해진 공간에서만 놀이한다.		
	앞에 있는 교사를 바라본다.				신발/실내화를 벗는다.		
	노래와 손유희를 따라한다.				신발의 좌우를 맞추어 신발/실내화를 제자리에 정돈한다.		
	자신의 이름에 반응한다.			화장실 사용	화장실 간다는 의사 표현을 한다.		
	교사의 단서(예 : 빨간 옷)에 반응하여 전이한다.				줄에 앉아 순서를 기다린다.		
	질문에 적절하게 반응한다.				변기 의자를 올린다/내린다.		
	손을 들어 의사를 표현한다.				하의를 차례대로 벗고, 입는다.		
자유 선택 활동	놀이하고 싶은 영역을 선택한다.				용변을 본 후 물을 내린다.		
	놀잇감을 영역 안에서 사용한다.				긴팔 소매를 걷는다.		
	선택한 영역에서 5분 이상 놀이한다.				순서에 맞게 수도꼭지를 켜고 끈다.		
	영역 이동 시 놀잇감을 정리한다.				거품비누를 눌러 손에 묻힌다.		
	놀잇감을 방법에 맞게 사용한다.				비누를 손에 문지른다.		
	과제에 필요한 물건을 찾는다.				손을 깨끗이 헹군다.		
	가위를 바르게 잡아 오린다.				수건(종이타월)으로 닦는다.		
	풀을 바르게 사용한다.			간식 및 점심식사	배식받는 곳에서 음식을 배식받는다.		
	주어진 작업을 완성한다.				필요한 식사도구를 챙긴다.		
	필요한 놀잇감을 빌린다.				배식받은 후 빈 자리에 앉는다.		
	또래의 제안을 수용한다.				바르게 앉아서 먹는다.		
	친구와 어울려 논다.				숟가락을 바르게 잡아 사용한다.		
	필요한 도움을 청한다.				포크를 바르게 잡아 사용한다.		
	음악이 나오면 놀이를 멈춘다.				정해진 시간 내에 식사를 마친다.		
	정리시간에 정리에 참여한다.				식기를 제자리에 정리한다.		
양치	자기 칫솔과 양치 컵을 찾는다.				책상에 흘린 음식물을 닦는다.		
	칫솔로 바르게 양치질한다.			하원	자신의 소지품(수첩)을 챙긴다.		
	물을 입에 넣고 헹구어 뱉는다.				자신의 가방을 찾아 맨다.		
	입가에 묻은 치약을 물로 닦아낸다.				교사와 인사한다.		
	칫솔로 바르게 양치질한다.				친구들과 인사한다.		
	수건을 바르게 사용한다.						
	칫솔과 양치 컵을 제자리에 정리한다.						

출처 : 조윤경, 장지윤, 유연주(2013).

연습문제 3

다음의 예시를 참고하여 위에서 관찰한 유아의 일과수행에 대해 영역별로 요약하고 교수계획을 세워보자.

***유아의 일과수행에 대한 영역별 요약**

유아명	남다연	생년월일	○○○○년 ○○월 ○○일	관찰자	○○○	관찰일	○○○○년 ○○월 ○○일
등원	스스로 신발을 벗어 제자리를 찾아 넣는다. 선생님께 스스로 인사하지 못하며, 옷과 가방 정리에 도움이 필요하다.						
자유 선택 놀이	원하는 놀이영역을 선택하고 이름표를 붙이며 친구들과 어울려 놀기를 좋아하고 블록, 소꿉놀이를 즐긴다. 또래의 놀이 제의에는 반응이 없고 다른 친구의 놀잇감을 말없이 가져오는 경우도 있으며 그런 경우 울기도 한다.						
이동	교사의 요구에 따라 줄 서는 장소로 가며, 한 줄 기차 시 빈자리를 찾아 줄 서는 것은 교사의 지시가 있어야 다시 수행한다. 계단을 도움 없이 오르내리며 줄에서 이탈할 때가 있으나 주의를 주면 다시 줄을 선다.						
화장실 사용	대변, 소변 의사 표시를 하며 스스로 해결 가능하다. 물을 조절하여 틀고 잠근다. 혼자서 화장실을 찾아가며 다녀오는 도중 이탈하지 않고 다녀온다.						
간식 먹기	접시와 컵을 흘리지 않고 자리에 앉으며 흘릴 시 휴지를 가져와 닦으며 더 먹고 싶을 때 "더 주세요"라고 말한다. 장난은 치지 않고 가만히 앉아서 먹고 먹은 후 컵과 접시 및 쓰레기를 정리한다.						
전이 활동	정리 신호 시 활동을 중단하고 정리를 시작하며 정리 후 유아가 속한 팀이 앉아 있는 것을 보고 자기 자리를 찾아 앉는다. 교사 말에 주의집중한다.						
전체 활동	이야기 나누기 시 질문에 대답하며 작업과정을 이해하고 도구를 바르게 이용하며 스스로 하려고 노력하고 자발성을 많이 지니고자 한다. 운동과 게임에 도움을 필요로 할 때가 있고 규칙 이해는 서투르다. 끝난 후 순서를 기다리는 것은 연습이 더 필요하다.						
점심 식사	차례차례 숟가락, 젓가락을 잡고 식판을 바르게 받으며 식판을 흘리지 않고 제자리까지 이동한다. 바르게 앉아 흘리지 않고 먹으며 숟가락 사용은 잘 하나 젓가락은 미숙하다. 편식하지 않고 먹은 후 식판을 정리정돈한다.						
바깥 놀이	차례대로 줄을 서서 이동하며 정해진 구역을 이탈하지 않고 위험 시 도움을 요청할 줄 안다. 신호에 따라 다시 모인다.						
양치질	칫솔로 이를 위아래로 닦는다. 치약을 먹지 않고 물로 입을 헹군다. 씻은 칫솔을 입에 넣지 않고 다시 교실로 들어간다.						

출처 : 조윤경, 장지윤, 유연주(2013).

CHAPTER

07

시간표집법

시간표집법은 시간단위, 시간 간격 등 시간을 중심으로 관찰장면을 통제한 후 나타난 행동을 표기하여 자료를 얻고, 행동에 대해 시간에 근거하여 해석한다. 본 장에서는 시간표집법의 개념과 특성, 활용방법 및 장단점을 알아보도록 한다.

1. 개념과 특성

만일 우리반의 아동들이 교사와 주로 상호작용을 하는지 아니면 또래와 주로 상호작용을 하는지 알고 싶다면 어떠한 방법으로 알아볼 수 있을까? 혹은 주로 어떠한 형태의 놀이를 하고 있는지 알고 싶다면? 아동이 주로 말과 언어로서 공격성을 표현하는지 아니면 신체적으로 공격성을 표현하는지 알고 싶다면 어떠한 방법으로 알 수 있을까? 위와 같은 질문들은 주로 어떠한 행동을 더 많이 하는지 시간에 근거한 행동의 양적 특성과 관련된 질문들이다. 만일 한 아동에게만 관심이 있다면 이 아동을 하루 종일 따라다니며 아동이 하는 모든 행동과 말을 표본식 기록으로 관찰하여 분석할 경우 어떠한 놀이를 하는지, 어떠한 공격성의 유형을 더 많이 사용하는지 해당 아동의 행동특성에 대해 파악할 수 있을 것이다. 그러나 한 학급의 모든 아동의 행동을 분석하여야 한다면 표본식 기록이나 일화식 기록으로 파악하기는 어려울 것이다. 이때에는 대상의 목표행동이 자주 출현하는 시간을 선정하여 한정된 시간 동안 관찰하고 이때 나타나는 행동을 아동의 대표행동으로 간주할 경우 아동의 행동을 쉽게 파악할 수 있다.

시간표집법time sampling은 관찰 대상을 짧은 시간예 : 10초, 30초, 1분 등 동안 여러 회 반복 관찰하여 행동의 발생에 대한 자료를 수집하고 기술하는 방법이다. 시간표집법은 관찰시간 측면에서 대표성 있는 표집을 목표로 하는데, 관찰에 나서기 전에 우리가 알고자 하는 아동의 행동을 미리 설정하고, 해당 행동이 대표적으로 일어나는 시간 중 일부를 표집하여 아동의 행동을 관찰한 후, 관찰하고자 하는 특정 행동이 정해진 짧은 시간 내에 일어나는지, 혹은 일어나지 않는지에 근거하여 관찰 장면이나 사건이 아닌 출현시간을 표집한다. 관찰된 행동은 시간의 단위에 근거하여 기록되고 해석되며, 이때 표집시간 동안 관찰된 행동은 아동의 대표적인 행동으로 간주하므로 정해진 관찰 간격에 따라 표시된 행동의 빈도를 합산하여 아동이 얼마나 많이 목표행동을 하는지 행동의 양적 특성에 대한 추정을 가능하게 한다.

시간표집법을 이용한 관찰은 짧은 시간 내에 일정한 간격으로 여러 번 관찰하기 때문에 관찰하고자 하는 목표행동의 출현빈도가 빈번하여야 한다. 그러므로 평균 15분에 한 번 정도 발생하는 행동에 시간표집을 사용해야 한다고 주장하는 경우도 있으나(Arrington, 1943), 적어도 1~2분에 한 번 정도 나타나는 행동을 관찰하는 데 시간표집법을 활용하는 것이 좋다(김송이 외, 2009). 만일 15분에 한 번 정도 발생하는 행동을 관찰하고자 시간표집을 사용할 경우, 시간과 경비가 많이 소용되며, 아동의 행동은 2~3분이 넘어갈 경우 다양한 행동이 동시에 나타나게 되어 관찰자가 행동범주에 표기할 때 혼란스러워지는 문제가 발생한다. 이러한 관점에서 공격성, 놀이행동, 교사 혹은 어머니와 아동의 상호작용이 시간표집법을 사용하여 관찰하기에 적당하다.

시간표집을 이용한 대표적인 연구는 놀이에 대한 파튼Parten(1932)의 연구이다. 파튼은 놀이를 혼자놀이, 병행놀이, 연합놀이, 협동놀이로 나누어 관찰하였는데, 그 결과 아동의 놀이는 연령의 증가에 따라 단계적으로 진행된다는 사실을 밝혔다. 우리나라에서는 유아의 사회적 행동(신혜원, 1992), 어머니-유아의 상호작용(최진경, 1984) 등이 시간표집법을 통해 아동의 행동을 관찰하였다. 파튼의 놀이행동은 30초 간격으로, 유아의 사회적 행동(신혜원, 1992)은 15초 간격으로 어머니와 유아의 상호작용(최진경, 1984)은 3초 간격으로 시간을 표집하였다.

2. 관찰지침

시간표집법을 사용하기 위해서는 다음의 일반적 절차를 따른다. 양식의 예는 실제의 예에서 살펴보기로 한다.

첫째, 시간표집법은 구조화된 관찰 유형이므로 관찰 전 관찰의 목표행동target behavior이나 사건을 명확히 정의해야 한다. 따라서 관찰의 목표행동의 대단위행동 아래에 하위범주를 세분하여 행동을 위계적으로 분류해야 하며, 각 범주의 조작적 정의에 대해서 구체적으로 기술한다. 경우에 따라서는 관찰할 행동의 목록을 구성한다. 예를 들어, 어린이집 교실에서 유아의 사회적 놀이행동특성을 파악하고자 한다면 관찰자는 충분한 문헌조사를 통해서 어린이집에서의 유아의 사회적 행동과 하위범주를 구분하고 조작적으로 정의하여야 한다. 만일 유아의 공격성을 관찰하고자 행동목록을 구성하고자 한다면 공격성을 언어적 공격, 신체적 공격, 관계적 공격의 하위범주로 나누고 공격성의 구체적 행동, 즉 욕하기, 물기, 때리기, 물건 던지기 등으로 목록화할 수 있다. 이때 시간표집에서는 관찰하는 시간 동안 관찰된 행동이 관찰한 아동의 행동을 대표할 수 있는지를 고려하여야 한다. 이것은 관찰 시 표집된 행동예 : 물기, 때리기 등이 정말 관찰하고자 하는 행동예 : 공격성을 대표하느냐는 것이다. 관찰된 행동이 전체를 대표하는지 확인하기 위해서 예비연구를 통해 관찰기록지를 개발하고 수정하는 절차를 거쳐야 한다.

둘째, 시간표집을 계획한다. 아동의 행동을 시간표집법으로 관찰하고자 한다면 관찰하기 전에 대표적인 시간표집을 어떻게 얻을 것인지를 고민해야 한다. 그러므로 관찰 전 관찰시간, 관찰의 시간단위time interval, 시간단위 사이의 간격spacing of time interval, 관찰횟수number of time interval 등을 결정해야 한다. 관찰시간은 언제 관찰할 것인가의 문제로 관찰하려는 행동이 가장 자주 빈번히 나타나는 시간을 정하여 관찰을 수행하여야 아동의 행동을 쉽게 표집할 수 있다. 관찰의 시간단위는 1회 관찰하는 데 소요되는 시간으로 10초~1분의 단위로 측정되는 경우가 많다. 관찰의 시간단위를 설정할 때는 목표 행동의 속도와 변화의 특성을 고려하여 설정하여야 하고, 목표행동이 동시적으로 이루어지며 그 행동이 짧게 지속될 때에는 3~5초 단위로 행동을 수집하기도 한다. 이때 행동의 특성에 근거하여 시간의 단위를 적절히 선정하는 것이 매우 중요한데, 만일 관찰행동이 비교적 자주 짧게 발생하는 경우는 시간단위를 짧게 하고, 한 번의 행동이 지속되는 시간이 상대적으로 긴 경우는 시간단위를 길게 한다. 이때 시간단위를 길게 잡으면 관찰자는 편할 수 있지만 실제 관찰해야 하는 행동이 종료되고 다른 행동이 관찰시간의 단위에 포함되는 등, 하나의 관찰 회기 내에 다양한 행동이 출현할 수 있으므로 관찰의 정확성이 떨어질 수 있다. 시간단위를 너무 짧게 하면 자료를 놓칠 염려는 줄어들지만 관찰이 힘들어진다. 따라서 관찰을 실제 수행하기 이전에 예비연구를 통해 적절한 관찰시간단위를 선정하는 것이 필요하다.

다음으로 시간간격을 결정할 때 하나의 관찰시간 간격과 또 다른 관찰시간 간격 사이에 관찰결과를 기록할 수 있는 기록시간space of time interval을 결정하여야 한다. 예를 들면, 50초 관찰하고 10초 기록하거나 15초 관찰하고 5초 기록하는 것으로 정할 수 있다. 이렇게 현장에서 관찰과 기록이 모두 이루어지는 경우 관찰 후 기록시간이 주어지면 관찰의 신뢰도를 높일 수 있다. 이때 소수의 범주만이 포함된 체크리스트에 간단히 표기하는 경우에는 관찰시간단위 간의 간격이 짧아도 되나, 관찰항목이 많거나 복잡한 기호로 기록하는 경우에는 관찰시간단위 사이에 충분한 간격을 두어야 한다. 간단한 기록에서도 유목별 누락이나 확인을 위해서 또는 관찰 대상을 집단 내에서 찾기 위해서는 시간이 필요하므로 관찰시간단위 사이에 어느 정도 간격을 두는 것이 좋다.

만일 현장에서 관찰하지 않고 녹화된 비디오 자료를 가지고 할 경우에는 기록시간을 따로 구분하지 않고 비디오 자료를 정지해 놓고 기록하면 된다. 예를 들어, 3초 간격의 세밀한 관찰을 할 경우에는 비디오 자료를 통해 기록하는 것이 좋다.

관찰의 시간단위와 시간단위 사이의 간격을 결정했다면 다음으로는 관찰횟수, 즉 총 몇 회에 걸쳐 관찰할 것인가를 결정해야 한다. 총 관찰시간의 길이는 5~20분까지 다양하게 결정할 수 있으나 관찰의 목적에 따라 대표적인 표집을 얻기 위해 필요하다고 생각되는 시간에 따라 달라질 것이다. 만일 다양한 행동을 관찰하고자 한다면 관찰의 시간, 즉 관찰횟수는 많아질 수 있다. 그러므로 목표행동을 충분히 관찰할 수 있도록 관찰시간을 충분히 설정하여야 한다. 또한 관찰 대상자가 많을 경우에도 관찰 대상자의 수에 따라 적절한 시간계획이 필요하다. 이와 같이 시간표집을 계획할 때에는 목표행동의 평균적 지속시간 외에도 관찰 대상의 수, 기록양식의 복잡성, 관찰자의 피로도, 기록의 상세 요구 정도 등을 고려하여 결정하는 것이 좋다.

셋째, 위의 계획에 근거하여 기록용지를 개발한다. 관찰자는 관찰행동을 어떠한 부호나 빈도표시방법으로 기록할 것인지 결정해야 한다. 일반적으로 관찰기록용지에 세기표(/)나 체크표(√)를 사용하여 행동의 출현 유무를 기록한다. 혹은 이미 기록되어 있는 부호 위에 표기하거나 축약어를 기록하여 기록하는 방법을 사용할 수 있다. 예를 들면, 언어적 공격은 '언', 신체적 공격은 '신', 관계적 공격은 '관' 등으로 표시하거나 언, 신, 관이라고 기록되어 있는 용지 위에 간단히 동그라미 표기를 하는 방법을 사용하기도 한다. 만일 관찰행동의 발생 여부뿐만 아니라 출현 빈도로 표기할 경우에는 출현 빈도를 세기표卌로 표기하거나 正바를 정으로 표기하기도 하며, 행동의 지속성 등을 표기할 경우에는 세기표 옆에 시간을 표기할 수도 있다.

BOX 7-1

시간표집법 행동출현 표시방법

행동의 출현 유무 표시방법

구분	1회	2회	3회	4회
언어적 공격	/	/		
신체적 공격		/		
관계적 공격	/	/	/	

행동의 빈도 표시방법

구분	1회	2회	3회	4회
언어적 공격	/	/		
신체적 공격		/		
관계적 공격	///	///	////	

행동의 지속시간 표시방법
(지속시간을 초단위로 세기표 우측 상단에 표시하시오)

구분	1회	2회	3회	4회
언어적 공격	$/^{5}$	$/^{5}$		
신체적 공격		$/^{3}$		
관계적 공격	$/^{40}$	$/^{60}$	$/^{15}$	

넷째, 관찰을 수행한 후 표집된 행동에 대한 해석을 내린다. 일반적으로 시간표집법에 의한 행동관찰은 목표행동의 출현 정도에 대한 측정치로서 단순히 체크(✓)나 세기표(/)로 표시된 수를 합산하여 사용한다. 행동의 유무를 각 시간단위마다

한 번씩만 체크 또는 세기표로 표시했을 때에는, 이를 모두 세는 방식으로 행동이 출현한 총 빈도 또는 시간단위의 합을 산출할 수 있다. 만일 세기표 위에 지속시간을 기록하게 되면 지속시간을 모두 더하여 행동이 출현한 총 시간의 합을 산출한다. 만일 행동이 나타날 때마다 세기표(/)로 표기했을 때에는 이 세기표를 모두 합하여 특정행동이 출현한 총 빈도로 해석할 수 있다.

관찰행동의 발생비율 점수를 산출하여 사용하는 방법도 있다. 이 경우에는 목표행동의 관찰 빈도나 시간을 전체 관찰 빈도나 시간으로 나눈 후 100을 곱하는 방법으로 계산한다. 이때 나타난 백분율은 전체 관찰횟수에 대한 목표행동의 관찰 비율로 해석할 수 있으며, 평균 1시간 단위로 환산하였을 때에는 평균 1시간에 나타난 행동의 빈도 혹은 평균 1시간에 목표행동이 나타난 시간으로도 해석할 수 있다(김지은, 2014).

$$\frac{\text{목표행동의 관찰 회기(빈도)}}{\text{전체 관찰 회기(빈도)}} \times 100 = \%$$

3. 장점과 단점

1) 장점

- 간단히 부호화하여 행동을 기록하므로 관찰 시 시간과 노력, 경비 등을 절약할 수 있다.
- 개인뿐만 아니라 집단을 동시에 관찰할 수 있다.
- 비교적 짧은 시간에 다량의 자료를 수집할 수 있으므로 자료 수집 및 분석에 있어 효율적이다.

- 관찰행동의 출현시간을 수량화하여 개인 및 집단의 특성을 통계적으로도 분석할 수 있다.
- 매우 빠르게 동시적으로 일어나는 행동을 체계적으로 관찰할 수 있다. 예를 들어, 교사와 아동이 상호작용을 하고 있을 경우 교사의 주도행동 및 아동의 반응행동을 동시에 기록하고 분석할 수 있다.
- 관찰하고자 하는 시간의 한계가 분명하고 관찰하려고 하는 행동에 대한 정의가 분명하므로 관찰의 신뢰도와 객관성이 높다.

2) 단점

- 행동의 출현시간에 관심을 두고 있으므로 시간표집에서 얻은 연구결과를 토대로 사건의 전모나 행동의 인과관계를 파악하는 것은 어렵다. 예를 들어, 철수가 공격적 행동을 보이는 데 주변 상황이나 환경이 철수에게 어떤 영향을 미치는지 알 수 없다.
- 자주 발생하지 않는 행동에 대해서는 기록하기 어렵다. 따라서 관찰행동을 선정하기 위해서는 예비 관찰을 통해 관찰하고자 하는 행동이 자주 규칙적으로 일어나는지를 살펴보는 것이 중요하다.
- 시간표집은 시각적으로 관찰이 가능한 행동에는 적합하나 내면의 감정이나 생각들을 관찰하기에는 부적합하다.
- 시간표집에서 수집되는 자료는 양적 자료일 뿐 질적인 자료가 아니다. 그러므로 행동의 정도에 대한 해석은 할 수 없다.
- 시간표집법을 사용하기 위해서는 사전 준비가 필요하다. 사전행동에 대한 조작적 정의를 내리고 범주를 나누며 측정에 필요한 행동의 목록과 관찰 용지를

고안하는 과정은 실제 관찰에서는 쉽고 유용하게 관찰할 수 있도록 하지만 사전 준비가 매우 어려운 단점이 있다.

- 실제 관찰의 수행에서 전문성을 요구한다. 현장에서 직접 관찰하고 기록하기 위해서는 초시계를 사용하여 시간을 측정하여야 하며, 관찰 후 빠르게 기록하여야 하므로 사전 연습이 필요하다.
- 실제 관찰에서 실수를 할 경우 관찰을 실패하는 경우도 발생한다. 예를 들어, 관찰 시 빠르게 관찰행동을 기록해야 하므로, 만일 관찰할 행동이 많다면 관찰한 행동을 기록하지 못하는 경우가 발생할 수 있으며, 관찰범주에 없는 행동을 찾으려 하다가 중요한 다른 행동을 간과하는 경우도 발생할 수 있다.
- 미리 제시된 유목에 맞추어 기록해야 하므로 중요한 행동임에도 유목에 없을 경우 기록할 수 없다.

4. 관찰의 적용

시간표집을 이용한 관찰을 할 때 사용할 수 있는 양식은 관찰의 목적, 관찰하는 행동의 특성, 관찰 대상, 관찰시간 등에 따라 관찰자가 다양하게 개발하여 사용할 수 있다.

일반적으로 관찰을 기록할 때는 관찰시간단위에 행동이 출현하였을 경우 출현 유무에 근거하여 표기하게 된다. 사례 1은 6장에서 제시된 관찰아동의 공격성 행동을 시간표집법으로 기록한 것이다. 이를 위해 행동의 시간단위를 1분으로 나누고 행동이 출현하였을 때 √ 표시를 하였다. 이때 동일한 행동이 여러 번 나타나더라도 1번만 표시하였으며 시간의 단위 내에 다양한 행동이 나타날 경우에도 표기하였다. 이때 행동목록법에서 비고란에 기록되었던 침 뱉기 행동은 신체적 공격성에 포함된다고 판단하여 신체적 공격성의 하위범주에 포함시켜 기록용지를 구성하였다.

사례 1 아동의 공격성을 시간표집법으로 기록한 예시

관찰대상	김민희	생년월일	2012년 5월 3일
관찰일시	2019년 5월 20일	관찰장소	실외놀이
관찰행동	공격성	관찰자	문민재
관찰장면	복합놀이기구 위에서 상호작용하는 모습		

* 1회에 1분씩 관찰하고 행동의 유무를 기록하라. 동일한 행동이 여러 번 나타나더라도 1번만 표시하라.

행동범주	행동목록	1회	2회	3회	4회	5회	총계
언어적	1. 말로 다른 아이에게 상처를 준다.						
	2. 다른 아이에게 욕을 한다.	v	v				2(33%)
신체적	3. 다른 아이를 문다.						
	4. 다른 아이를 때린다.						
	5. 다른 아이를 떠민다.						
	6. 다른 아이를 발로 찬다.						
	7. 다른 아이에게 침을 뱉는다.		v				1(17%)
관계적	7. 다른 아이를 귀찮게 굴거나 짓궂게 군다.	v	v	v			3(50%)
	9. 장난감이나 물건을 부수거나 부수려 한다.						
	10. 어른에게 고자질한다.						
계							6(100%)
비고	민희가 다연이에게 "야 올라오지마"라고 소리 지르고, 다른 아이와 합심해서 놀림. 이후 1회 더 큰소리로 다연이에게 소리 지름. "야 올라오지마"가 욕을 한다에 해당되기에는 모호한 부분이 있어 이후 "다른 아이에게 고함을 치거나 욕을 한다"라고 고치는 편이 좋을 것 같음. 침을 뱉는 행동은 신체적 공격성에 넣었음						

민희의 행동을 살펴볼 때 이전의 행동목록에서는 다른 아이에게 욕을 하는 행동, 귀찮게 굴거나 짓궂게 구는 행동, 그 외 침뱉기 행동이 나타났다는 점만 알 수 있었다. 그러나 시간표집법으로 기록할 때는 관찰된 회기에 근거하여 다른 아이에게 욕을 하는 행동이 1분의 시간단위로 약 2회 나타났으며, 침 뱉기 행동이 1회 나타났고 다른 아이를 놀리는 행동이 3회 나타났다는 점을 알 수 있어 행동이 나타난 시간의 총량을 알 수 있다. 또한 위의 기록지를 보면 민희는 언어적 · 관계적 · 신체적 공격행동을 모두 사용하며, 언어와 관계적 공격행동을 주로 많이 하는 것을 알 수 있다. 이와 같이 시간표집법을 사용하면 행동목록법에서는 기록되지 않았던 행동의 출현시간이 기록되며, 다른 행동에 비해서 어떠한 행동이 더 많이 출현했는지 비교하여 해석할 수 있다.

만일 위의 기록지를 통해 실제 관찰해 보았을 때 1분의 기간이 너무 길다고 판단될 수 있다. 예를 들어, 침을 뱉는 행동은 아주 잠깐 나타날 수 있고, 욕하는 행동도 1분의 시간 동안 지속되지 않을 가능성이 높다. 또한 친구를 놀리는 행동의 경우 빈도로 기록하는 것이 적절치 않다고 판단될 수 있다. 이렇듯 1분 시간의 단위로 기록하고 해석하는 것이 적절하지 않다고 판단될 경우 관찰자는 시간의 단위를 줄여 기록할 수 있다. 30초 단위, 15초 단위로 줄이고 관찰을 해 볼 경우 관찰의 결과는 달라질 수 있을 것이다.

또한 위의 지침에서 1분 동안 여러 행동이 동시에 나타날 경우 모두 기록하게 한 것은 동시에 여러 행동이 나타날 수 있는 공격성의 특성에 근거한 것이다. 만일 행동들의 출현 비율을 상호 배타적으로 비교하고자 할 경우 관찰 회기에서 가장 많이 보이는 행동을 근거로 1회만 기록하도록 한다. 예를 들어, 사례 2의 사회적 놀이행동의 경우 1회만 기록하였다.

아울러 시간표집을 통한 관찰에서는 관찰자가 보고자 하는 미리 정한 행동의 출현 여부만을 중심적으로 관찰하기에 그 행동과 관련된 맥락에 대한 정보를 놓치기 쉽다. 따라서 양식지 한켠에 비고란이나 여백을 두어 관찰행동과 관련된 특이사항이나 상황적 정보를 기록할 수 있도록 하는 것이 필요하다. 비고란의 기록을 통해

사례 2 5세 아동의 사회적 놀이행동을 시간표집법으로 기록한 예시

사회적 놀이행동의 범주

관찰 목적	행동범주		조작적 정의
아동의 사회적 놀이행동	비놀이 행동	아무것도 하지 않는 행동	아동이 어떤 놀이에도 참여하지 않고 있으며 다른 어떤 것에도 특별한 관심을 기울이고 있지 않다. 행동의 예 : 멍하게 앉아 있기, 배회하기 등
		방관자적인 행동	아동이 놀이에 참여하지 않고 있으나 다른 아동들이 하고 있는 놀이를 상당히 오랜 기간 동안 주의 깊게 바라보는 행동이다.
		일상적 행동	화장실 다녀오기, 손 씻기, 코 풀기 등 일상적 신변적인 행동이다.
		활동	교사가 제공한 게임이나 실험에 참여하는 행동이다.
		교사와 상호작용	또래와 놀이하지 않고 교사에게 도움을 청하거나, 일상적 대화를 한다.
	놀이 행동	단독놀이	아동이 혼자서 놀잇감을 가지고 놀이하는 것을 말한다. 다른 아동과 가까이 있더라도 서로 다른 놀이를 하며 사회적 접촉이나 어떤 대화도 이루어지지 않는 상태를 의미한다.
		평행놀이	같은 공간에서 또래와 유사한 놀이자료를 가지고 놀이하고 있으나 상호작용하거나 서로에게 영향을 주고 있지 않다.
		연합놀이	아동과 함께 대화를 나누며 놀잇감을 교환하며 놀이한다. 집단의 또래와 유사한 놀이를 하고 있기는 하나 놀이의 공통된 목표가 없고 역할 분담도 조직되어 있지 않다.
		협동놀이	아동들의 놀이에 목표와 구성원의 역할이 있으며 지도자도 있다. 각자 맡은 역할을 수행하며 조직적으로 놀이한다.
	관찰 안 됨		놀이실 밖으로 나가서 관찰이 안 됨

출처 : 김송이 외(2009). p. 164.

관찰상황을 좀 더 자세히 알 수 있다.

또 다른 예시를 살펴보자. 이 예시에서는 아동의 사회적 놀이행동을 3가지 유형으로 범주화하고 사례 3의 양식을 사용하여 자유선택활동시간 중 총 5분 동안 **10초 관찰, 5초 기록, 20회 관찰** 관찰하였다. 관찰 회기 동안 여러 행동이 나타날 경우는 가장 많이 보이는 행동을 중심으로 1회만 기록하였다.

사례 3 5분 관찰시간 동안 10초 관찰에 5초 기록의 예

아동명	박수호	관찰장소	○○어린이집
성별	남	시간관찰시작	오전 10시
생년월일	2013년 6월 7일	관찰종료시간	오전 10시 5분
관찰일시	2018년 10월 11일	관찰자	김우주
관찰일 기준 연령	만 2세 3개월	기타	

행동범주 \ 관찰회기		1	2	3	4	5	6	7	8	9	10	11	12	13	14	15	16	17	18	19	20	계
비놀이 행동	아무것도 하지 않는 행동																					0
	방관자적인 행동																					0
	일상적 행동																					0
	활동	v	v	v	v																	4
	교사와의 상호작용																					
놀이행동	혼자놀이														v	v	v	v				4
	병행놀이																					0
	연합놀이					v	v	v	v	v	v	v	v	v					v			10
	협동놀이																					
관찰 안 됨																				v	v	2
비고																						

출처 : 김송이 외(2009). p. 168.

사례 3의 예시를 보면 수호는 10초 단위의 20회 관찰회기 중 교사가 제공한 활동에 4회 참여하였으며, 친구들과 10회 연합놀이를 하였다. 또한 혼자 노는 행동을 4회 수행하였다. 그러므로 전체 관찰회기에 근거해 볼 때 20회 중 10회에서 연합놀이가 관찰되었으므로 수호는 총 관찰시간에 근거해 볼 때 전체 관찰시간 중 약 50%의 시간을 연합놀이에 참여하였다. 따라서 수호는 자유놀이시간에 친구들과 연합놀이에 주로 참여한다고 해석할 수 있다.

사례 4 2세 아동의 사회적 놀이행동을 시간표집법으로 기록한 예시

아동명	김규연	관찰장소	○○어린이집
성별	남	시간관찰시작	오전 10시
생년월일	2016년 7월 7일	관찰종료시간	오전 10시 5분
관찰일시	2018년 10월 11일	기타	
관찰일 기준 연령	만 2세 3개월		

행동범주 \ 관찰회기		1	2	3	4	5	6	7	8	9	10	11	12	13	14	15	16	17	18	19	20	계
비놀이 행동	아무것도 하지 않는 행동																					0
	방관자적인 행동	v	v																			2
	일상적 행동																			v	v	2
	활동																					0
	교사와의 상호작용					v	v	v	v	v	v	v	v	v					v			10
놀이행동	혼자놀이			v	v										v	v	v	v				6
	병행놀이																					0
	연합놀이																					0
	협동놀이																					0
관찰 안 됨																						0
비고																						

출처 : 김송이 외(2009). p. 168.

시간표집법의 결과를 통해 연령별 발달적 특성을 비교해 볼 수도 있다. 사례 3, 4의 5세 아동의 관찰기록과 2세 아동의 관찰기록을 비교해 본 결과, 만 2세 아동의 경우 교사와의 상호작용에 많은 시간을 보내고 있으며 혼자 놀거나 다른 아이를 바라보는 행동을 주로 하지만, 만 5세 아동의 경우 연합놀이를 가장 활발하게 하고 있으며, 다음으로 교사와의 상호작용과 교사가 제공한 활동이나 놀이에 빈번하게 참여하고 있음을 알 수 있다.

다음으로 시간표집법을 사용하여 여러 명을 관찰한 사례 5의 예시를 살펴보자. 일반적으로 시간표집법을 사용할 경우 한 명의 아동을 지속적으로 관찰하여 시간 단위에 맞춰 행동이 출현했는지를 기록한다. 그러나 이러한 방법을 사용할 경우 우연에 의해 그 행동이 발생하거나 발생하지 않는 경우 행동을 관찰하지 못하는 어려움이 있을 수 있다. 만일 매우 활발히 다른 아동과 연합놀이에 참여하는 아동을 관찰한다고 가정해 보자. 관찰자가 관찰을 시작할 때 우연치 않게 이 아동이 혼자 퍼즐놀이에 집중할 수 있다. 이럴 경우 관찰자는 대상 아동이 혼자놀이를 주로 하는 아동이라고 판단을 내리는 오류를 범하게 된다. 그러므로 이러한 오류를 막기 위하여서는 반복표본법method of repeated samples을 사용하여 시간을 표집할 수 있다. 이것은 관찰하고자 하는 아동이 여러 명 있을 경우 한 아동을 일정 시간 관찰하고 기록한 다음, 다른 아동을 관찰하고 기록하여 순차적으로 관찰한 후 다시 처음에 관찰한 아동을 관찰하거나 무선적으로 대상을 바꾸어 가면서 관찰하는 방법이다. 이렇게 하면 한 아동을 계속해서 관찰하는 것보다 유아의 일상행동을 표집하고 행동 경향을 발견하기가 더욱 용이하다(송연숙 외, 2019). 이때 관찰 대상 아동의 수는 관찰 가능한 시간과 한 명의 관찰자가 하루에 관찰할 수 있는 아동의 수를 고려하여 결정해야 하며, 지나치게 많은 아동을 동시에 관찰할 경우, 기록의 신뢰성 또는 객관성에서 문제가 생길 수 있으므로 주의해야 한다. 다수의 아동을 처음 관찰할 경우에는 시간에 맞추어 기록하는 것에 조급해지므로 충분하게 시간을 가지며 익숙해질 때까지 연습하여야 한다. 다수의 아동을 관찰할 때는 앞의 기록지를 사례 5와 같은 양식으로 수정하여 사용할 수 있다.

사례 5 4명 아동의 사회적 놀이행동을 동시에 관찰하고 기록한 예시

관찰아동 1	백영식	생년월일	2004년 11월 11일	성별	남
관찰아동 2	이미순	생년월일	2004년 5월 2일	성별	여
관찰아동 3	홍선근	생년월일	2004년 6월 7일	성별	남
관찰아동 4	박진지	생년월일	2004년 3월 15일	성별	여
관찰일시	2008년 11월 3일	관찰장소(또는 학급)	OO어린이집 OO반		
시작 시간	오전 9시 30분	종료시간	오전 9시 53분		
관찰자	최혜영	기타			

행동범주 \ 관찰회기		아동 1						아동 2						아동 3						아동 4					
		1	2	3	4	5	계	1	2	3	4	5	계	1	2	3	4	5	계	1	2	3	4	5	계
비놀이행동	아무것도 하지 않는 행동	V	V	V	V	V	5						0						0						0
	방관자 행동						0						0						0						0
	일상적 행동						0						0						0						0
	활동						0						0						0						0
	교사와의 상호작용						0						0						0						0
놀이행동	혼자놀이						0						0						0	V	V	V	V	V	5
	병행놀이						0	V		V	V	V	4						0						0
	연합놀이						0		V				1						0						0
	협동놀이						0						0						0						0
관찰 안 됨							0						0	V	V	V	V	V	5						0
비고																									

출처 : 김송이 외(2009). p. 177.

연습문제 1

쌓기놀이행동의 정의를 사용하여 여러 아동을 관찰하기 위한 반복표본법으로 아동의 놀이특성을 관찰하고 해석해 보자.

*** 쌓기놀이의 정의**

- 블록 들고 다니기 : 쌓기의 목적이 아니라 그냥 들고 다니거나 부딪쳐서 소리를 내는 등의 다른 목적으로 사용하기
- 블록 나열하기 및 쌓기 : 여러 개의 블록을 반복적으로 수평 혹은 수직으로 배열하기
- 다리 구성하기 : 두 개의 블록을 배열한 후 두 개의 블록 사이에 블록을 올려서 다리 모양을 구성하기
- 설계하기 : 블록을 바닥에 대칭, 평형되게 배열함으로써 도로나 마을 모양을 꾸미기
- 복잡한 구성물 만들기 : 자동차, 로봇, 비행기 등 다양한 조형물을 입체적으로 만들기
- 명명하기 : 만든 것에 이름을 붙이고 극놀이하기

*** 관찰지침 및 해석**

- 자유선택활동시간 동안 쌓기놀이영역에서 놀고 있는 아동의 이름을 관찰 용지에 적는다(3명).
- 이름이 적힌 순서대로 제일 처음에 있는 아동을 30초 관찰한 후 10초간 기록한다. 30초 내에 관찰한 행동이 어디에 속하는지를 판단해서 관련된 칸에 v 표시한다. 만일 30초 동안 여러 가지 단계에 속한 행동을 보이면 나타난 모든 단계에 표시한다.
- 두 번째 아동을 30초간 관찰하고 10초간 기록한다. 이름이 적힌 순서대로 돌아가면서 관찰한다.
- 아동당 5회의 관찰을 한다.
- 나타난 출현 빈도를 근거로 발달적 특성을 해석해 본다. 어떠한 행동을 가장 많이 보이는가? 아동의 쌓기놀이발달의 단계는 어떠한가?

관찰아동 1		생년월일	(남, 여)
관찰아동 2		생년월일	(남, 여)
관찰아동 3		생년월일	(남, 여)
관찰자		관찰일	

이름	횟수	1 (들고 다니기)	2 (나열하기)	3 (다리 구성하기)	4 (설계하기)	5 (복잡한 구성물)	6 (명명하기)
	1						
	2						
	3						
	4						
	5						
	1						
	2						
	3						
	4						
	5						
	1						
	2						
	3						
	4						
	5						

출처 : 송연숙 외(2019). p. 167.

연습문제 2

다음의 행동목록과 정의를 사용하여 교사와 영아의 상호작용을 관찰하고 시간표집법으로 기록 · 분석해 보자.

*** 영아 행동목록**

- 미소 : 교사를 쳐다보며 미소짓거나 웃는다.
- 접촉 : 신체적으로 떨어진 상태에서 교사에게 접촉을 시도한다.
- 음성화 : 옹알이 또는 간단한 언어를 사용한다.
- 짜증 : 짜증 내거나 운다.
- 교사에게 주의 끌기 : 교사에게 장난감을 주거나, 가리키거나, 보여 준다.
- 교사에게 동조 : 양육자가 제공한 장난감을 받거나 교사가 시작한 놀이에 개입한다.
- 혼자 장난감 조작 : 혼자 장난감을 집거나 조작한다. 교사에게 받은 장난감이라도 상호작용 없이 혼자 사용한다.
- 다른 곳에 시선 : 장난감이나 교사 외에 다른 곳을 쳐다본다(장난감을 만지작거려도 시선을 두리번거리는 것도 포함).

*** 교사 행동목록**

- 미소 : 교사를 쳐다보면서 미소 짓거나 웃는다.
- 접촉 : 신체적으로 떨어진 상태에서 교사와의 접촉을 시도한다(쓰다듬거나 안아주거나, 뽀뽀하는 것도 포함).
- 언어화 : 언어를 사용하거나 영아의 옹알이를 반복해 준다.
- 영아의 주의 끌기 : 영아에게 장난감을 주거나, 가까이 놓아주거나 조작해 준다.
- 영아에게 동조 : 영아가 먼저 제공한 장난감을 받거나 영아가 시작한 놀이에 개입한다.
- 돌보는 행동 : 침을 닦아주거나, 옷매무새를 만져주는 등의 양육적인 행동을 한다.
- 방해 : 영아의 행동을 저지하거나 유아의 장난감을 뺏는다.
- 다른 곳에 시선 : 장난감이나 영아 외에 다른 곳을 쳐다본다.

출처 : 최진경(1985)을 수정함.

*** 관찰지침 및 해석**

- 교사와 영아의 상호작용을 5분간 촬영한 후 3초 간격으로 행동의 출현 유무를 기록한다. 이때 교사와 영아의 행동을 모두 기록하며, 동시에 여러 행동이 발생할 경우 모두 기록한다.
- 기록된 행동을 시간의 단위(빈도)에 근거하여 분석해 본다.
- 교사의 행동 중 가장 많이 나타나는 행동은 무엇인가? 영아의 행동 중 가장 많이 나타나는 행동은 무엇인가?
- 교사와 다른 영아와의 행동도 분석해 보고 비교해 보자.

교사와 영아의 상호작용 기록지

관찰자 :　　　　　　　　　　관찰일 :

관찰대상 :　　　　　　　　　생년월일 :

영아의 행동목록	1분																				5분																				계
	3	6	9	12	15	18	21	24	27	30	33	36	39	42	45	48	51	54	57	60	3	6	9	12	15	18	21	24	27	30	33	36	39	42	45	48	51	54	57	60	
미소짓다																																									
접촉하다																																									
음성화																																									
짜증, 울음																																									
교사에게 주의 끌기																																									
교사에게 동조																																									
혼자 놀다																																									
다른 곳에 시선																																									
어머니 행동목록	1분																				5분																				계
	3	6	9	12	15	18	21	24	27	30	33	36	39	42	45	48	51	54	57	60	3	6	9	12	15	18	21	24	27	30	33	36	39	42	45	48	51	54	57	60	
미소짓다																																									
접촉하다																																									
언어화																																									
시범, 조작																																									
유아에게 동조																																									
돌보는 행동																																									
방해																																									
다른 곳에 시선																																									
관망하기																																									

연습문제 3

다음의 범주와 행동목록을 사용하여 보육시설에서의 아동의 놀이실 행동을 관찰하고 시간표집법으로 기록하고 분석해 보자.

*** 아동의 놀이실 행동에 대한 관찰범주와 조작적 정의**

행동범주			조작적 정의
개별 행동	혼자놀이에 열중하기		혼자놀이에 능동적으로 참여하는 행동
	교사나 친구 관찰하기		놀이에 적극적으로 참여하지 않거나 한 장소에 머물러 교사나 친구를 관찰하는 행동
	공상하기		한 장소에 머물러 관찰하는 것 없이 허공을 바라보는 행동
	활동영역 옮기기		한 가지 놀이를 마치고 다른 활동을 찾기 위해서 옮겨다니는 행동
	물체에 대한 손상		물체를 파손시키는 행동
	목적 없는 행동		무의미한 행동의 반복 또는 생리적 행동(하품, 화장실 가기 등)
또래와의 상호작용	긍정적 상호작용	도움 주고받기	도움이 요구되는 상황에서 스스로 친구에게 도움을 직접 주거나 받는 행동
		나누기	스스로 장난감 등을 나누어 갖기, 차례를 바꾸기
		대화하기	친구와 서로의 경험, 의견에 대해 이야기하기, 1회 이상 말을 주고받는 행동
		미소, 웃음 보이기	친밀감을 표현하는 웃음이나 미소를 스스로 주고받는 행동
		자기의견 제안	친구에게 자기 의견, 생각을 스스로 제안하는 행동
	의존적 상호작용	도움 요구	도움이 요구되는 상황에서 스스로 친구에게 도움을 요구하는 행동
		승인, 인정 요구	친구의 주의를 끌기 위해서 하는 말, 행동(이름 부르기, 잡아당기기 등)
	부정적 상호작용	도움 요청 거절	친구가 도움을 청하거나 도움이 요구되는 상황에서 거절하는 행동

행동범주			조작적 정의
또래와의 상호작용	부정적 상호작용	신체적 가해행위	친구에게 신체적 해를 입히거나 위협을 주고 공포감을 주는 행동
		언어적 공격	욕, 비난, 소리 지르는 것 등으로 가해적인 말을 하거나 위협을 주고 공포감을 주는 말을 하는 행동
		방해하기	장난감을 빼앗거나 적목 무너뜨리기 등 친구의 놀이를 방해하는 행동
교사와의 상호작용	긍정적 상호작용	도움 제안	교사가 도움을 청하거나 도움이 요구되는 상황에서 직접 도움을 주는 행동
		제안 따르기	교사가 지시나 의견을 제안했을 때 따르는 행동
		대화하기	교사와 서로 경험, 생각에 대해 이야기한다. 1회 이상 말을 주고 받는 행동
		미소, 웃음 보이기	교사에게 친밀감을 표현하는 미소나 웃음을 스스로 먼저 보이는 행동
		자기의견 제안	교사에게 자신의 의견, 생각을 스스로 제안하는 행동
	의존적 상호작용	승인, 인정 요구	교사의 주의를 끌기 위한 말이나 행동
		신체적 접촉 요구	교사와 신체적으로 접촉하는 행동, 또는 이를 요구하는 말
		도움 요구	도움이 요구되는 상황에서 교사에게 도움을 요구하는 행동
	부정적 상호작용	도움 지시 거절	교사의 도움, 지시 또는 제안을 거절하는 행동
		방해하기	교사의 행동이나 말을 방해하는 행동

출처 : 신혜원(1992).

*** 관찰지침 및 해석**

- 교사와 아동의 상호작용을 6분간 촬영한 후 15초 간격으로 행동의 출현 유무를 기록한다. 15초 동안 여러 행동이 나타난 경우 우세한 행동만을 기록한다.
- 기록된 행동을 시간의 단위(빈도)와 비율에 근거하여 분석해 본다.
- 아동의 놀이실 행동 경향성은 어떠한가? 아동의 개별적 행동경향은 어떠한가? 아동의 또래 상호작용 행동경향은 어떠한가? 아동의 교사와의 상호작용 행동경향은 어떠한가?

아동의 놀이실 행동관찰기록표

관찰일시 : 　　　관찰시간 : 　　　관찰대상 : 　　　관찰자 : 　　　관찰장소 :

범주항목		횟수	1	2	3	4	5	6	7	8	9	10	11	12	13	14	15	16	17	18	19	20	21	22	23	24	합계
개별 활동		1. 혼자놀이에 열중																									
		2. 교사나 친구관찰																									
		3. 공상하기																									
		4. 활동영역 옮기기																									
		5. 물체에 대한 손상																									
		6. 목적 없는 행동																									
또래와의 상호작용	긍정	1. 도움 주고받기																									
		2. 나누기																									
		3. 대화하기																									
		4. 미소/웃음 보이기																									
		5. 자기의견 제안																									
	의존	6. 도움 요구																									
		7. 승인 · 인정 요구																									
	부정	8. 도움 요청 거절																									
		9. 신체적 가해행위																									
		10. 언어적 공격																									
		11. 방해하기																									
교사와의 상호작용 행동	긍정	1. 도움 제안																									
		2. 제안 따르기																									
		3. 대화하기																									
		4. 미소, 웃음 보이기																									
		5. 자기의견 제안																									
	의존	6. 승인 · 인정 요구																									
		7. 신체적 접촉 요구																									
		8. 도움 요구																									
	부정	9. 도움 요청 거절																									
		10. 방해하기																									

CHAPTER

08

평정척도법

평정척도법(rating scale)은 대상에 대한 수량화된 점수나 가치를 부여하는 방법으로, 행동목록법과 유사하지만 관찰대상이 보이는 행동의 정도와 관련된 정보를 알 수 있다는 점에서 행동의 질적인 차이를 평가할 수 있다. 본 장에서는 평정척도법의 특성, 관찰지침, 유형 및 장단점에 관해 살펴보기로 한다.

1. 개념과 특성

평정척도법rating scale은 어떤 관찰된 행동의 특성이나 성격을 미리 정해진 범주에 따라 연속성 있는 단계로 수량화된 점수나 가치를 평가하는 것이다. 평정척도는 평정rate과 척도scale의 합성어이다. 평정은 수량적으로 측량하기가 곤란한 사물이나 대상의 특성에 대하여 순위를 정하거나 정도를 평가하는 방법으로, 대상이 가지고 있는 능력이나 특성에 따른 평정이 이루어질 때, 높은 평정을 받는다는 것은 그러한 능력이나 특성을 많이 지니고 있음을 의미한다. 척도는 자료가 수집될 때 관찰된 현상에 하나의 값을 할당시키기 위하여 사용되는 도구라고 할 수 있는데, 대부분의 척도는 평정되는 정도를 연속선상의 수로 나타낸다. 즉, 평정척도는 어떤 대상의 특성에 대해 가치를 매기거나 기록하기 위하여 연속적인 단계로 수나 값을 부여하는 것이다.

평정척도법은 행동목록법과 같이 관찰자가 사전에 미리 관찰된 행동영역에 대해 알고 있을 때 사용하며, 행동목록법이 행동의 유무를 알 수 있는 데 비해 행동특성의 질적 수준에 대한 정보를 알고자 할 때 유용하다. 예를 들어, '계단을 오를 수 있다'라는 행동특성에 대해 행동목록을 이용할 경우에는 할 수 있는 경우와 없는 경우로만 나뉘는 반면, 평정척도에서는 계단을 오를 수 있는지 또는 오를 수 없는지 뿐만 아니라, 관련 특성을 '얼마나' 할 수 있는지 또는 못하는지에 대한 정보도 함께 얻을 수가 있다. 즉, 평가하려는 행동의 특성이 가장 낮은 점수와 높은 점수 사이의 연속선상 위에 어디에 있는지를 평가한다.

평정척도를 제작할 때는 평정의 단위를 몇 개로 할 것인지, 그리고 단계를 홀수로 할 것인지 짝수로 할 것인지를 결정해야 한다. 평정의 단계는 3단계 척도3 likert scale에서부터 이상까지 아주 다양하며, 연구자나 평가자가 평정척도를 제작하거나 평가할 때 평정의 단위를 몇 개로 할지를 결정해야 한다. 적은 수의 분할은 평정자의 평정 기회를 제한하는 반면, 많은 수의 분할은 단계 간의 구별이 명확하지 않아서 평정을 어렵게 할 수 있다. 홀수형 단계는 가운데 지점이 있어서 판단을 내리기 쉬운 반면, 짝수형 단계는 긍정적 또는 부정적 방향성을 결정해야 한다. 예를 들어, 홀수형 척도인 5단계 척도5 likert scale로 '1=거의 그렇지 않다', '2=그렇지 않다', '3=보통이다', '4=그렇다', '5=매우 그렇다'로 표기하는 척도는 가운데 점수를 중심으로 참여 대상의 행동이 어느 정도인지를 판단하기가 용이하다. 반면, 짝수형인 4단계 척도4 likert scale로, '1=거의 그렇지 않다', '2=그렇지 않다', '3=그렇다', '4=매우 그렇다'를 사용하기도 한다. 짝수형은 가운데 단계가 없어서, 참여 대상의 행동이 긍정적 또는 부정적인지에 대한 한 방향을 결정해야 한다. 그러나 홀수형 척도의 경우 평가자가 평정하기가 힘들 때 '보통'을 선택할 가능성이 높아서, 이를 피하기 위해 짝수형을 사용하기도 한다. 따라서 관찰의 목적에 따라서 보통이라는 특성이 포함되어야 할 때는 홀수형을, 참여 대상의 분명한 경향성을 파악할 필요가 있을 때는 짝수형 척도를 사용할 수 있다. 평정척도를 반복 사용하게 되면 시간에 따른 아동의 발달 변화에 대한 객관적 정보를 얻을 수 있다는 점에서, 관찰목적에 따라 기간을 달리하여 동일한 평정척도를 사용하면 아동의 성장과 발달상태를 비교해 볼 수 있다.

2. 관찰지침

평정척도법을 사용할 때 관찰자 또는 평정자는 관찰 대상의 어떤 행동을 관찰한 후 연속성이 있는 평가지에 수량화된 점수나 가치를 평정한다. 평정척도법은 행동의 출현 유무뿐만 아니라 행동의 질적 특성을 몇 단계로 구분해서 기록하는 것이다. 행동목록은 관찰의 행동 여부만을 파악하면 되지만, 평정척도의 경우는 관찰된 행동특성에 대한 질적 수준을 판단해야 하기 때문에 더욱 전문적인 관찰이 요구된다. 일화기록이나 표본식 기록처럼 직접 현장에서 바로 기록하지 않고 교사의 관찰내용에 근거한 평가를 편리한 시간에 표기하는 것이기에, 평가과정에서 개인적인 편견이나 오류가 개입될 가능성을 배제할 수 없다. 따라서 평정척도법을 이용하여 관찰한 바를 기록할 경우에는 다음의 몇 가지 사항에 유의해야 한다(고문숙 외, 2013 ; 안선희 외, 2017).

- 평정을 하기 전에 누구에게도 관찰 대상 아동에 대한 의견을 물어보지 않는다.
- 평정을 하기 전 모든 항목을 전부 읽어본다.
- 평정을 할 때 아동에 대한 전반적인 인상에 영향을 받지 않도록 한다.
- 평정척도양식 마지막에 아동의 발달상태를 간단하게 요약해 놓는다.
- 여러 가지 발달영역에 대한 평정을 동시에 할 때는 한 가지 특성에 대하여 모든 관찰 대상 아동을 관찰한 후에 다른 영역의 특성을 평정하여 평정자의 기준이 일관성 있게 유지되도록 해야 한다.
- 행동특성의 질적인 수준을 평정하기 때문에 개인적인 편견이 개입될 여지가 많으므로 관찰자가 범할 수 있는 오류를 최소한으로 줄이기 위한 노력을 기울여야 한다.
- 평정척도의 항목은 가능한 명확하고 간결해야 하며, 관찰 가능한 행동용어로 기술되어야 한다. 따라서 애매모호한 문항이 있는지, 관찰이 가능한 것인지, 행동을 묘사하는 것인지를 확인할 필요가 있다.
- 평정척도의 항목 간 범주가 중복되지 않는지 확인한다.

평정척도법을 이용하는 관찰자는 주관성을 배제하고, 관찰자 오류를 줄이기 위해서 발생할 수 있는 오류를 숙지할 필요가 있다(황해익 외, 2014). 이를 구체적으로 살펴보면 다음과 같다.

- 중심화의 오류error of central tendency : 중심화의 오류는 관찰자가 행동특성의 긍정적 또는 부정적 특성을 판단하기 어렵거나 피하기 위해 척도의 중앙에 위치한 항목에 표시를 하는 것이다. 예를 들면, 관찰자가 관찰행동을 판단하기 어렵거나 책임을 회피하기 위해 또는 관찰을 제대로 하지 못한 경우 등으로 인하여 척도의 중앙치인 '보통'을 표기하는 것이다.
- 인상의 오류error of halo effect : 인상의 오류는 후광효과라고도 부른다. 이는 관찰 대상자에 대한 다른 정보들로 인해서 관찰하고자 하는 대상행동의 특성을 판단하는 데 영향을 미치는 것을 말한다. 예를 들면, 관찰 대상 아동이 인지적으로 우수하다는 정보를 미리 가지고 있다면, 이와 유사한 다른 행동특성을 판단할 때 영향을 미칠 수 있을 것이다.
- 논리의 오류logic error : 논리의 오류는 다른 두 가지 행동특성을 비슷한 것으로 판단해서 평정하는 것이다. 예를 들어, 관찰 대상 아동이 친사회적인 행동을 많이 한다고 판단할 때, '친구를 위로한다'와 같은 행동특성도 그러할 것으로 판단하는 것이다.
- 기준의 오류error of standard : 기준의 오류는 관찰자마다 평가의 기준이 다르기 때문에 나타날 수 있는 오류로, 관찰자의 기준이 엄격할 수도 있고 관대할 수도 있기 때문에 생길 수 있는 오류이다. 예를 들어, 어떤 관찰자는 실수에 대해 관대하거나 다정함이 많고, 어떤 관찰자는 규칙에 있어서의 단호함이 높을 수 있기에 어떤 행동을 보았을 때, 동일한 판단을 내리기가 어려울 수 있다.

따라서 관대한 사람이 보일 수 있는 오류를 관용의 오류, 엄격한 기준을 가진 사람이 보일 수 있는 오류를 엄격의 오류라고 한다.

- 근접의 오류error of proximity : 근접의 오류는 시간이나 공간적으로 가까이 있는 평정특성들을 유사한 것으로 판단하는 것이다. 행동특성에 대해 기술한 문항들을 읽어가며 평정할 때, 유사한 문항이 1번과 2번에 제시되어 있는 경우와 1번과 10번에 제시되어 있을 때 평가자가 보일 수 있는 결과는 다를 수 있다. 1번과 2번에 인접해 있는 문항들은 평정할 때 유사한 특성으로 생각하고 판단해 버릴 수 있기 때문이다. 따라서 이를 피하기 위해서는 평정척도를 개발할 때, 유사한 문항들을 연속해서 배치시키지 않는 것도 방법이 된다.
- 대비의 오류error of contrast : 대비의 오류는 관찰자가 가지고 있는 특성이 관찰 대상자에게도 있으면 낮게 평정하고, 관찰자에게 없으면서 가지고 싶은 특성을 관찰 대상자가 가지고 있다면 이러한 특성은 높게 판단할 수 있다. 관찰한 행동 그 자체로 바라보기보다는 관찰자의 주관성으로 인해 과대 혹은 과소평가할 수 있는 오류이다.

3. 유형

평정척도의 양식에서 대표적인 유형은 기술평정척도, 숫자평정척도, 도식평정척도, 표준평정척도가 있다(안선희 외, 2017 ; 황해익 외, 2014). 이를 구체적으로 살펴보면 다음과 같다.

1) 기술평정척도

기술평정척도는 행동의 한 차원을 연속성 있는 몇 개의 범주로 나누어 기술하고 관찰자로 하여금 대상의 행동을 가장 잘 나타내는 진술문을 선택하게 하는 방법이다. 어떤 행동에 대해 한 가지 차원에 질적 차이가 있는 몇 개의 진술문 중 한 가지를 선택하는 것인데, 진술문 간의 차이는 균등한 범주를 가지고 있어야 한다.

사례 1 기술평정척도 예시 1

아동은 자신이나 타인의 감정을 어느 정도로 이해하고 표현하는가? 해당 진술문에 √표시를 하시오.

__________ 자신의 감정을 말이나 행동으로 거의 표현하지 않는다.
__________ 자신의 감정을 말이나 행동으로 표현하기는 하지만, 언제나 상황에 적절한 것은 아니다.
__________ 자신의 감정을 상황에 맞게 말이나 행동으로 표현한다.
__________ 다른 사람의 감정을 이해한다.
__________ 다른 사람의 감정을 알고, 그에 적절한 말이나 행동을 한다.
기타 :

사례 2 기술평정척도 예시 2

아동은 책에 대해 관심이 어느 정도인지, 해당 진술문에 √표시를 하시오.

__________ 책에 전혀 관심이 없고, 독서영역을 이용하지 않는다.
__________ 책에 약간 관심을 보이고, 가끔씩 독서영역을 이용한다.
__________ 책에 대해 많은 관심을 보이고, 자주 독서영역을 이용한다.
기타 :

2) 숫자평정척도

숫자평정척도는 각 척도치에 숫자를 부여하는 것으로, 숫자는 일종의 점수로서 평정된 자료를 수량화할 수 있게 해 준다. 숫자평정척도는 단극척도와 양극척도로 나눌 수 있는데, 단극척도는 1, 2, 3, 4, 5와 같이 나타내는 것이고, 양극척도는 −2, −1, 0, 1, 2와 같이 양극단으로 뻗어나가는 척도이다. 관찰자는 측정하는 행동에 대해 가장 적절한 숫자를 선택한다. 기술평정척도의 각 범주에 숫자를 배정하면 숫자평정척도로 바꿀 수 있다.

사례 3 숫자평정척도 예시 1

다음은 아동의 기본생활습관과 관련된 내용이다. 아동의 행동을 가장 잘 나타낸 곳에 √표시를 하시오.

평가문항	전혀 할 수 없다(1)	할 수 없다(2)	보통이다(3)	할 수 있다(4)	매우 할 수 있다(5)
1. 아동은 혼자 양치질을 할 수 있다.					
2. 아동은 혼자서 신발을 신고 벗을 수 있다.					
3. 아동은 혼자서 옷을 입을 수 있다.					
4. 아동은 놀이활동을 스스로 선택할 수 있다.					
5. 아동은 자신이 가지고 논 장난감을 정리할 수 있다.					
요약					

사례 4 숫자평정척도 예시 2

다음은 아동의 주의력결핍과잉행동의 성향과 관련된 내용이다. 아동의 행동을 가장 잘 나타낸 곳에 √표시를 하시오.

코너스 척도

관찰된 행동	정도			
	없음(0)	약간(1)	상당히(2)	아주 심함(3)
1. 차분하지 못하고 지나치게 활동적이다.				
2. 쉽게 흥분하고 충동적이다.				
3. 다른 아이들에게 방해가 된다.				
4. 한번 시작한 일을 끝내지 못한다. (주의집중 시간이 짧다)				
5. 늘 안절부절하다.				
6. 주의력이 없고 쉽게 주의분산이 된다.				
7. 요구하면 금방 들어주어야 한다.				
8. 자주 또 쉽게 운다.				
9. 금방 기분이 확 변한다.				
10. 화를 터뜨리거나 감정이 격하기 쉽고 행동을 예측하기 어렵다.				

출처 : Goyette, Conners & Ulrich(1978).

BOX 8-1

코너스 평정척도(Conners Rating Scale : CRS)

코너스(Conners, 1970)가 제작한 ADHD 아동의 문제행동 93문항을 고예트(Goyette), 코너스와 울리히(Conners & Ulrich, 1978)가 10문항으로 축약한 것으로, 부모 혹은 교사가 평가한다. 아동의 행동을 4단계 척도로 표시하며, ADHD 아동의 분류기준은 아동에 대해 평가한 점수가 부모가 평가한 경우 16점, 교사가 평가한 경우 17점을 그 기준으로 본다.

3) 도식평정척도

도식평정척도는 관찰자의 판단을 돕기 위해 도식으로 나타내는 방법으로 수평선, 수직선, 그림, 음영 등이 사용되나 가장 보편적인 것은 수평선이다. 이때 선은 척도치에 따라 몇 개의 동일한 간격으로 나누어진 횡적인 직선을 가장 많이 사용한다. 보통 선만 제시되어 있는 경우보다 대개는 서술문이나 숫자와 함께 제시되는 것이 일반적이다. 도식평정척도의 대표적인 예는 의미분별척도인데, 이 척도는 양쪽 끝에 반대의 의미를 지닌 형용사나 관련 특성으로 구성하여 몇 개 단위의 척도를 사용하는 것이다.

사례 5 도식평정척도 예시

다음은 아동의 기본생활습관과 관련된 내용이다. 아동의 행동을 가장 잘 나타낸 곳에 √표시를 하시오.

아동은 스스로 이를 닦습니까?

사례 6 의미분별척도 예시

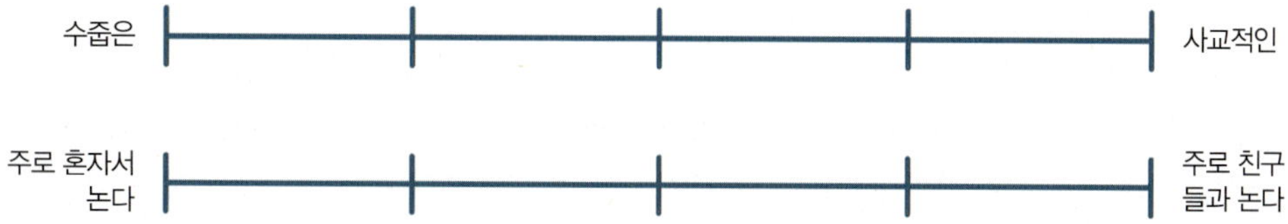

4) 표준평정척도

표준평정척도는 관찰자나 평가자에게 다른 대상과 비교할 수 있는 일련의 준거나 표준을 제시하는 방법으로, 각 범주를 보다 객관적인 유목으로 기술한 형태이며 숫자평정척도나 도식평정척도와 함께 사용한다.

사례 7 표준평정척도 예시

이상과 같이 평정척도는 다양한 형태가 있다. 현장에서 활용되고 있는 객관적 척도를 통해 아동의 신체, 인지 및 사회 · 정서발달을 평정하는 것도 중요하지만, 해당 척도의 내용이 아동의 행동을 측정하기에 적합한 도구인지를 교사는 전문가의 눈으로 살펴보는 것도 필요하다.

사례 8은 아동의 사회 · 정서발달을 측정하기 위해 아동행동에 관한 긍정적 방향의 문항과 부정적 방향의 문항이 섞여서 구성되어 있다. 이는 평정자가 문항을 깊이 있게 읽고, 한쪽으로 치우쳐 평정하는 것을 막기 위한 것이다. 평정척도 내용을 보면, 10문항 중에서 5번과 7번을 제외한 문항들은 교사에게 의존적인 성향을 표현한 내용인 반면, 5번교사에게 자신의 생각을 잘 표현한다과 7번교사와의 관계에서 능동적이다의 경우는 아동의 적극적이고 능동적인 방향의 내용으로 기술되어 있다. 이런 경우, 교사가 아동의 사회 · 정서발달에 대하여 평가할 때, 총 점수가 높을수록 적극적이고 능동적인 특성을 의미하고자 한다면, 5번과 7번을 제외한 나머지 8개 문항의 번호들1, 2, 3, 4, 6, 8, 9, 10은 역채점을 하여 번호의 방향을 바꾸어 주는 작업이 필

사례 8 아동의 사회 · 정서발달 예시

아동명		생년월일(성별)				
관찰자		관찰일시				
평가문항		전혀 그렇지 않다(1)	그렇지 않다(2)	보통이다(3)	그렇다(4)	매우 그렇다(5)
1. 교사의 칭찬에만 관심이 있다.						
2. 교사가 하는 일에만 관심을 표현한다.						
3. 교사 옆에만 있으려고 한다.						
4. 교사가 자기하고만 항상 같이 있어 주기를 바란다.						
5. 교사에게 자신의 생각을 잘 표현한다.						
6. 교사의 말을 흉내 내려고 노력한다.						
7. 교사와의 관계에서 능동적이다.						
8. 교사 주의를 끌려고 노력한다.						
9. 교사를 자기 혼자만 독차지하려고 한다.						
10. 교사의 행동을 흉내 내려고 한다.						

출처 : 황해익 외(2014). 일부 발췌.

요하다. 예를 들면, (1)번이라고 표기한 번호는 (5)번으로, (2)번은 (4)번으로, (3)번은 (3)번 그대로, (4)번은 (2)번으로, (5)번은 (1)번으로 변경하여 각 번호를 점수 (1)번은 1점~(5)번은 5점로 생각하고 합산을 하면 된다. 반면, 교사가 아동의 사회 · 정서 발달에 대하여 평가할 때, 총 점수가 높을수록 의존적인 특성을 의미하고자 한다면, 5번과 7번을 역채점하여 점수를 계산하면 된다.

4. 장점과 단점

1) 장점

평정척도법은 행동의 유무뿐만 아니라 빈도와 정도를 함께 제공한다는 점에서 많은 장점을 가지고 있다. 이와 관련하여 구체적인 장점을 살펴보면 다음과 같다.

- 평정척도는 어느 정도의 추론이 요구되기는 하지만 사용하기가 편리하고, 평정자가 특별한 훈련을 받을 필요가 없으므로 손쉽게 사용 가능하다.
- 관찰된 행동을 기록하는 데 시간과 노력이 많이 들지 않고, 한 번에 여러 특성이나 발달영역을 평가할 수 있거나 한꺼번에 여러 아동을 평가할 수 있다는 점에서 효율성과 경제성이 높다.
- 관찰 대상을 바로 관찰하면서 적지 않고, 그 이후에라도 교사가 편리한 시간에 적을 수 있다.
- 행동목록법과 달리 행동의 질도 평가할 수 있으므로 교육현장에서 매우 유용하게 쓰일 수 있다.
- 자료를 점수화할 수 있어서 양적 분석이 가능하다.

2) 단점

평정척도가 가지는 단점을 살펴보면 다음과 같다.

- 관찰자가 평정하고자 하는 것을 명확하게 정의하고 객관적인 항목과 범주를 구성하는 것이 쉽지 않다. 다른 사람에 의해 만들어진 좋은 평정척도가 있다고 하더라도 자신이 생각하고 있는 문항이 없는 경우도 발생하게 된다.
- 각 행동이 관찰되는 상황 설명 없이 단지 행동의 수준만을 기록하기 때문에, 행동의 원인이나 전후 사정에 대한 충분한 자료를 제공해 주지 못한다.
- 관찰내용을 직접 현장에서 기록하는 것이 아니라 이후에 판단해야 하므로, 관찰자의 기억이나 지각적 속성에 따라 영향을 많이 받을 수 있다. 즉, 관찰자의 편견이 개입될 여지가 있다.
- 평정척도에서 용어들이 애매한 경우가 있어서 관찰자들이 서로 다른 평가를 할 수가 있다. 예를 들면, '사교적인'이라는 단어를 생각할 때, 어느 정도가 사교적인지는 평정자에 따라 다를 수 있기 때문이다.

5. 관찰의 적용

현장에서 교사들은 개별 아동의 기본생활습관이나 행동문제 등과 같은 아동의 특성을 평가한다. 사례 9는 평정척도를 사용하여 아동의 자기주장성을 평가한 예이다. 사례 9의 평정척도에서 나온 결과를 종합해 보면, '서윤이는 자신에 대한 표현이나 다른 친구들에게 도움을 주는 자기주장성은 좋으나, 자신이나 다른 친구들이 불편해질 수 있는 상황에서는 자신의 생각을 표현하는 능력이 다소 부족한 것'

사례 9 아동의 사회적 기술(자기주장성) 평정척도 예시

아동명	김서윤	생년월일(성별)	○○○○년 ○○월 ○○일(만 3세, 여)
관찰자	서지영	관찰일시	○○○○년 ○○월 ○○일 오후 2시
설명	각 문항에 맞는 아동의 자기주장 기술수준에 √표시하시오.		

평가문항	전혀 그렇지 않다(1)	그렇지 않다(2)	보통이다 (3)	대체로 그렇다(4)	매우 그렇다(5)
1. 다른 사람에게 자신을 소개한다.				√	
2. 불공평한 규칙에 대해 이의를 제기한다.		√			
3. 자신에 대해 긍정적인 말을 한다.				√	
4. 놀이활동에 다른 아이들을 초대한다.				√	
5. 친구를 쉽게 사귄다.				√	
6. 다른 아이들이 놀릴 때, 적절히 대응한다.		√			
7. 부당한 대우를 받을 때, 자신의 입장을 표현한다.		√			
8. 다른 아이들을 칭찬한다.				√	
9. 자발적으로 다른 아이들을 도와준다.				√	
10. 진행 중인 활동이나 집단에 참여한다.				√	

요약 서윤이는 자신에 대한 표현이나 다른 친구들에게 도움을 주는 자기주장성은 좋으나, 자신이나 다른 친구들이 불편해질 수 있는 상황에서는 자신의 생각을 표현하는 능력이 다소 부족한 것으로 보인다.

해석 및 추론 서윤이는 평소에 부모나 주변 어른으로부터 다른 사람들에게 긍정적인 행동을 해야 한다는 이야기를 많이 들었고, 불편한 행동에 대한 부적절한 피드백을 많이 받아왔다. 그러다보니 자연스럽게 친사회적인 행동에서는 적극적인 모습이지만, 자신이 불편할 수 있는 상황에서는 자신의 생각과 감정을 억제하는 모습을 보인다. 따라서 서윤이에게 자신의 생각이나 감정을 표현할 수 있는 기회를 제공할 필요가 있다.

출처 : Gresham & Elliott(1990). 일부 발췌.

으로 나타났다. 이와 관련하여 왜 이러한 행동이 나타났을까를 부모상담이나 관찰을 통해서 분석할 필요가 있다. 해당 아동은 평소에 부모나 주변 어른들로부터 다른 사람을 불편하게 하는 행동은 바람직하지 못한 행동이라는 평가를 많이 받아온 아동이라는 점을 부모면담을 통해서 알게 되었다. 이를 토대로 교사는 서윤이가 자신의 생각이나 감정을 표현하는 연습을 할 수 있도록 교육과정에 반영할 수 있을 것이다.

다음은 만 2세 기본정서 및 사회적 행동과 관련한 척도이다. 지영이는 두려움을 느끼는 상황에서는 관련 정서가 두드러지게 표현되나, 이에 비해 기쁘고 즐거운 정서가 표현되는 상황에서는 관련 정서를 덜 표현하는 것으로 보인다. 즉, 두려움의 정서는 많이 느끼는 대신 기쁨의 정서는 덜 표현하는 것으로 보아, 정서를 다소 억제하는 성향이 있는 것으로 보인다. 따라서 지영이의 이러한 행동이 가정에서는 어떤 패턴으로 발생하는지를 파악한 후에 아동에게 적절한 개입을 시도할 필요가 있다.

사례 10 기본정서 및 사회적 행동 예시

아동명	이지영	생년월일(성별)	○○○○년 ○○월 ○○일(만 2세, 여)
관찰자	○○○	관찰일시	○○○○년 ○○월 ○○일 오전 11시
설명	각 문항에 해당하는 곳에 √표시하시오.		

평가문항	전혀 그렇지 않다(1)	그렇지 않다(2)	보통이다 (3)	대체로 그렇다(4)	매우 그렇다(5)
1. 잘못한 후 꾸지람을 들을 때 두려움을 느낀다(예 : 교사와 눈을 마주치지 못한다).				√	

평가문항	전혀 그렇지 않다(1)	그렇지 않다(2)	보통이다(3)	대체로 그렇다(4)	매우 그렇다(5)
2. 새로운 것에 호기심과 흥미를 보인다(예 : 새로운 교구를 제시하면 달려간다).		√			
3. 무엇인가 성공하고 나면 기쁨을 표현한다(예 : 손뼉치기).		√			
4. 무서운 소리, 낯선 상황 등 외부의 두려운 상황에 처했을 때, 두려움을 느낀다(예 : 교사에게 매달리거나 안긴다).				√	
5. 또래가 칭찬받았을 때 교사의 행동을 따라 또래의 머리를 쓰다듬어준다.			√		
6. 교사를 미소짓게 하거나 웃게 하기 위해 교사에게 무언가를 주거나 장난친다.		√			
7. 놀이 중 또래가 장난감을 달라고 요청하면 장난감을 또래에게 나누어준다.				√	
요약					
해석 및 추론					

출처 : 김호인(2010).

이 외에도 평정척도법은 관찰목적이나 필요에 따라 동일한 내용의 척도를 주기적으로 관찰함으로써 아동의 발달적 변화를 확인할 수 있다. 사례 11의 예시처럼 만 5세 최준영 아동의 의사소통능력을 두 달에 한 번씩 6회 관찰함으로써 듣기, 말하기, 읽기, 쓰기의 내용범주에 해당하는 의사소통능력의 변화를 객관적으로 이해할 수 있다.

사례 11 행동발달목록표를 활용한 의사소통능력 예시

<table>
<tr><td>아동명</td><td colspan="2">최준영</td><td>생년월일(성별)</td><td colspan="3">OOOO년 OO월 OO일(만 4세, 남)</td></tr>
<tr><td>관찰자</td><td colspan="2">김인서</td><td>평가영역</td><td colspan="3">언어능력</td></tr>
<tr><td rowspan="2">관찰횟수/
관찰일</td><td>1회</td><td>2회</td><td>3회</td><td>4회</td><td>5회</td><td>6회</td></tr>
<tr><td>2018년
4월 5일</td><td>2018년
6월 5일</td><td></td><td></td><td></td><td></td></tr>
<tr><td>표기방식</td><td colspan="6">× 하지 못함, △ 보통으로 할 수 있음, ○ 할 수 있음</td></tr>
</table>

번호	내용	1회	2회	3회	4회	5회	6회
1	주의 깊게 듣는다.	×	△				
2	기초적인 낱말과 문장을 듣고 이해한다.	○	○				
3	분명한 발음으로 말한다.	△	○				
4	자신의 의견을 분명히 말한다.	×	△				
5	또래와 대화를 할 수 있다.	○	○				
6	상황에 따라 알맞게 말할 수 있다.	×	○				
7	이야기를 듣고 기억해 낼 수 있다.	×	○				
8	교사가 나타내는 신호나 지시에 따른다.	○	○				
9	읽어준 글을 자기 생각대로 이해하여 순서대로 말한다.	×	×				
10	글자에 관심을 보인다.	○	○				
11	글자의 기초가 되는 모양을 그린다.	○	○				
12	자기 이름과 간단한 글자를 읽는다.	○	○				
13	어른의 도움 없이 혼자 책을 읽는다.	△	○				
14	책 읽기를 즐겨한다.	×	×				
15	새로운 책에 관심을 갖는다.	×	×				

16	자기 이름과 간단한 글자를 쓴다.	○	○				
17	어른의 도움 없이 혼자 문장을 쓴다.	×	×				
18	연필을 똑바로 잡을 수 있다.	○	○				
19	바르게 앉아서 쓴다.	×	△				
20	창의적으로 이야기를 꾸며 말할 수 있다.	×	×				

해석 및 추론

준영이는 기초적인 낱말과 문장을 듣고 이해하는 능력, 또래와 대화할 수 있는 능력, 교사가 보이는 신호나 지시에 따르는 능력, 글자에 대한 관심과 자신의 이름과 간단한 글씨를 쓸 수 있는 능력은 안정적으로 유지되고 있다. 최근 두 달 동안 선생님의 이야기를 주의 깊게 듣고, 상황에 맞게 이야기를 하거나 이야기를 듣고 기억해 낼 수 있는 능력이 발달했다. 그러나 읽어준 글에 대한 자신의 생각대로 이해하여 말하는 능력이나 창의적으로 이야기를 꾸며 말할 수 있는 것은 어려워하고, 책 읽기나 새로운 책에 관심을 갖거나 어른의 도움 없이 혼자 문장을 쓰기는 어렵다.

준영이의 경우, 앞으로 책 읽기에 흥미를 잃지 않도록 즐겁게 책과 접할 수 있도록 유도할 필요가 있으며, 다양한 책 읽기나 대화를 통해서 자신의 생각을 표현할 수 있는 기회를 제공하고 상황에 대한 이해력을 키우기 위한 교육과정을 계획할 필요가 있다.

출처 : 고문숙 외(2013). 일부 발췌.

연습문제

1. 다음은 아동의 친사회적 행동에 대한 특성이다. 다음의 행동특성에 대해 기술평정척도, 숫자평정척도, 도식평정척도를 구성해 보자.

(1) 친구에게 자신의 물건을 빌려주기

(2) 놀이활동에 다른 친구들을 초대하기

(3) 자발적으로 다른 친구들을 도와주기

(4) 학습자료나 비품을 제자리에 정리하기

2. 다음은 3, 4세 유아의 수행을 평가하기 위한 것이다. 평가 시점에서 대상 아동의 수행을 가장 잘 나타내는 정도에 따라 1~5 중 선택하여 √표 한 후, 해당 아동의 수행 정도에 대하여 요약해 보자(주변에 3, 4세 어린이가 없는 경우는 본인을 생각하며 체크해 보자).

해당 내용에서 유아의 수행 정도가,

매우 잘함(상위 20% 이내)이면 ____________ 5

잘함(상위 21~40%)이면 ____________ 4

보통(중간 50% 내외)이면 ____________ 3

못함(하위 21~40%)이면 ____________ 2

매우 못함(하위 20% 이내)이면 ____________ 1

수행평가척도(3, 4세 유아)						
아동명		생년월일(성별)				
관찰자		관찰일시				
평가문항		매우 못함	못함	보통	잘함	매우 잘함
1. 이 유아의 신체운동 · 건강능력은 (또래들에 비해) 어느 정도입니까?						

2. 이 유아의 의사소통능력은 (또래들에 비해) 어느 정도입니까?					
3. 이 유아의 사회관계능력은 (또래들에 비해) 어느 정도입니까?					
4. 이 유아의 예술경험능력은 (또래들에 비해) 어느 정도입니까?					
5. 이 유아의 자연탐구능력은 (또래들에 비해) 어느 정도입니까?					
6. 이 유아의 학습수행을 전반적으로 평가한다면 어느 정도입니까?					
요약					

출처 : 육아정책연구소(2013a).

3. 다음은 5세 누리과정 유아관찰척도의 영역별 문항이다. 각 영역별 관찰척도를 평정척도법 몇 단계의 리커트 척도로 만들어 보자.

(1) 5세 누리과정 관찰척도 : 신체운동 · 건강영역

번호	문항
1–1	감각으로 대상이나 사물을 구분한다.
1–2	신체의 명칭과 기능을 알고 움직인다.
1–3	자신의 신체적 특성이나 다른 사람과의 차이를 긍정적으로 이해한다.
1–4	균형감과 조절능력을 보이며 대근육을 협응한다.
1–5	도구를 사용하여 소근육활동을 수행하고 소근육을 협응한다.
1–6	이동운동과 제자리 운동을 한다.
1–7	신체활동이나 바깥놀이에 참여한다.

1-8	운동기구나 시설을 이용한 신체활동을 한다.
1-9	기본생활습관을 수행한다.
1-10	적당량의 음식을 골고루 먹는다.
1-11	식사예절을 지킨다.
1-12	놀이기구, 놀잇감, 놀이장소, 미디어를 안전하게 사용한다.
1-13	건강한 생활습관과 청결한 위생습관을 갖는다.
1-14	기본교통수칙과 교통수단의 안전한 이용법을 알고 지킨다.
1-15	위험한 상황에 대처하거나 도움을 요청하는 방법을 알고 실천한다.

출처 : 육아정책연구소(2013b).

(2) 5세 누리과정 관찰척도 : 의사소통영역

번호	문항
2-1	비슷한 발음을 듣고 구별하며 문장을 듣고 뜻을 이해한다.
2-2	이야기를 듣고 이해하며 궁금한 것에 대해 질문한다.
2-3	동요, 동시, 동화를 듣고 이해하며 우리말의 재미를 느낀다.
2-4	다른 사람의 이야기를 끝까지 주의 깊게 듣는다.
2-5	정확한 발음으로 말하고 다양한 낱말과 문장을 상황에 맞게 말한다.
2-6	자신의 느낌, 생각, 경험을 적절한 낱말과 문장으로 말한다.
2-7	주제를 정하여 함께 이야기를 나누고 이야기 지어 말하기를 즐긴다.
2-8	바르고 고운 말을 때와 장소, 대상에 알맞게 사용한다.
2-9	주변에서 친숙한 글자를 찾아 읽어보고, 읽어 주는 글의 내용에 관심을 갖고 읽는다.
2-10	책 보는 것을 즐기고 내용을 이해하며 궁금한 것을 찾는다.
2-11	자신의 느낌, 생각, 경험을 글자와 비슷한 형태나 글자로 표현한다.
2-12	쓰기 도구의 바른 사용법을 알고 사용한다.

(3) 5세 누리과정 관찰척도 : 사회관계영역

번호	문항
3-1	자신에 대해 알고 소중히 여기며, 서로의 차이를 다양한 측면에서 존중한다.
3-2	자기 일을 계획하여 스스로 한다.
3-3	자기감정을 적절하게 표현하며, 다른 사람의 감정에 공감한다.
3-4	자신의 감정을 잘 참고 적절하게 표현한다.
3-5	가족이 소중한 이유를 알고, 가족과의 경험을 즐겨 표현한다.
3-6	다양한 가족이 있음을 알고, 가족끼리 서로 돕는다.
3-7	놀이 중 친구와 협력하며 갈등을 긍정적으로 해결한다.
3-8	주변 사람과 서로 돕고 협력하며 화목하게 지낸다.
3-9	스스로 정직하고 언행에서 다른 사람을 배려한다.
3-10	주변 사람에게 예의 바르게 행동하고, 약속 및 공공규칙을 지킨다.
3-11	자원을 절약하고 자연을 보호해야 하는 이유를 알고 이를 실천한다.
3-12	지역사회(우리 동네, 여러 가지 직업, 돈의 쓰임 등)에 대해 관심을 보이고 이해한다.
3-13	우리나라의 상징과 전통, 역사, 문화에 관심을 가지고, 자부심을 보인다.
3-14	세계 여러 나라가 협력해야 한다는 것을 알고, 다양한 인종과 문화를 존중한다.

(4) 5세 누리과정 관찰척도 : 예술경험영역

번호	문항
4-1	음악적 요소를 자발적으로 탐색한다.
4-2	움직임과 춤의 요소를 자발적으로 탐색한다.
4-3	미술적 요소를 자발적으로 탐색한다.
4-4	생각이나 느낌에 리듬을 붙여 노래로 표현하며 즐겨 부른다.
4-5	리듬이나 음악을 리듬 악기로 표현하고, 즉흥적으로 만든다.

4-6	움직임이나 춤 표현을 즐기며 창의적으로 표현한다.
4-7	미술 표현을 즐기며 도구를 다양하게 사용한다.
4-8	극놀이 표현을 즐기며, 극놀이도구를 다양하고 적절하게 활용한다.
4-9	음악, 움직임과 춤, 미술, 극놀이를 통합적이고 창의적으로 표현하며 즐긴다.
4-10	다양한 예술 표현 감상을 즐긴다.
4-11	자신과 타인의 예술 표현을 존중한다.
4-12	전통 예술에 관심을 가지고 자주 참여한다.

(5) 5세 누리과정 관찰척도 : 자연탐구영역

번호	문항
5-1	주변 사물과 자연 세계에 대해 지속적으로 호기심을 가진다.
5-2	탐구과정에 즐겁게 참여하고 자신과 다른 생각에 관심을 가진다.
5-3	일상생활의 문제를 해결하는 과정에서 관찰, 분류, 비교, 예측 등의 탐구기술을 활용한다.
5-4	20까지 물체의 수량을 안다.
5-5	구체물을 가지고 더하기와 빼기를 한다.
5-6	위치와 방향을 여러 가지 방법으로 나타내고, 자신의 위치와 사물의 위치에 따라 물체가 다르게 보이는 것을 안다.
5-7	기본 도형의 공통점과 차이점을 인식하고, 도형의 분해와 결합을 할 수 있다.
5-8	길이, 크기, 무게의 속성을 비교하여 순서 짓고, 임의 단위를 사용하여 길이를 측정한다.
5-9	반복되는 규칙을 알고 다음에 올 것을 예측하며, 스스로 규칙을 만든다.
5-10	필요한 정보나 자료를 수집하고 분류하여 그래프로 나타낸다.
5-11	주변의 여러 가지 물체와 물질의 기본 특성을 알고 여러 가지 방법으로 변화시킬 수 있다.

5–12	자신과 주변 사람, 그리고 관심 있는 동식물의 특성과 성장과정을 알아본다.
5–13	생명체를 소중히 여기고 생명체가 살기 좋은 녹색환경에 대해 안다.
5–14	자연물과 자연현상의 특성 및 변화를 알아본다.
5–15	도구와 기계에 관심을 가지며 장단점을 알고 활용한다.

출처 : 육아정책연구소(2013b).

1. 발달영역별 정상발달 관찰하기

1) 신체적 발달

(1) 구순감각운동능력 : 삼키기

수유나 음식물을 삼키는 활동은 영아들의 생존과 건강한 성장을 위해서 가장 핵심적인 부분이다. 영아가 구순활동예 : 젖병 빨기, 이유식 삼키기을 원활하게 하는지 관찰하는 것은 영아의 전반적인 건강을 평가하는 중요한 정보가 된다. 어린 시기에 젖병을 빨지 못하거나 삼키지 못하는 증상은 흔히 발생하며, 이는 이후 비정상적 발달을 예측할 수 있는 중요한 징후이다. 특히, 위험군의 영아나 만성적인 건강문제 및 신경발달적 장애를 보이는 영아에게 공통으로 나타나는 증상이 수유문제, 음식섭취문제이다(Rogers & Arvedson, 2005).

연령에 적합한 음식 섭취 기술습득은 영아의 자기조절과 독립성 발달을 위한 핵심 요소이다. 수유활동을 기능적으로 하는 영아는 생애 첫 3년 동안의 적절한 심리사회적 성숙, 정상적인 근육 움직임, 눈과 손의 협응능력 및 삼키는 활동과 호흡이라는 감각운동의 통합능력을 습득하는 것으로 나타났다. 또한 영아기의 음식 섭취활동은 양육자예 : 어머니, 보육교사와 영아의 주고받는 상호호혜적 교환활동으로, 효과적인 음식 섭취과정이 중요하다. 예를 들어, 정상적인 음식 섭취발달의 세 가지 단계는 항상성단계homeostasis, 0~2개월, 애착단계attachment, 3~6개월, 분리-개별화 단계separation/individuation, 6~36개월 등으로 구분된다. 항상성단계의 영아는 어느 정도의 자기조절능력을 얻는다. 양육자는 영아가 짜증이 나면 안정된 상태를 유지하기 위해서 노력한다. 지지적인 양육자는 영아의 배고픈 신호를 민감하게 지각하고 반응하며 그 과정에서 영아는 안정되는 과정을 경험한다. 애착단계의 영아는 활발하고 능동적인 방식으로 타인의 관심을 유발하고 애정을 갖기 시작한다. 수유활동은 사회적 상호작용이 이루어지는 시간이 된다. 이 시기에 모유 혹은 젖병을 빠는 행동을 멈추는 행동이 명백하게 나타나는데, 이러한 행동은 트림하기 위해 멎는 게 아닌 사회적 행동을 위해 멎는 것이다. 마지막으로 분리-개별화 단계에서는 영아가 자기를 개발시키려는 발달단계로 주변 환경을 스스로 통제하려는 의도가 증가하여, 그동안 마음대로 영아를 다루어왔던 양육자들은 간혹 어려움을 경험하게 된다. 양육자들은 영아에게 안 되는 행동에 대해서는 부드러운 제한을 주고, 영아가 안전하게 탐색할 수 있는 안전한 환경을 제공하는 것이 중요하다. 이 시기에 발생하는 식사시간의 공통된 주요 어려움은 영아의 자율성과 의존성의 균형을 유지하는 것이다. 즉, 영아가 스스로 먹도록 내버려 둘 것인지, 교사가 먹여주고 식사시간을 빨리 끝내버릴 것인지를 고민하게 된다. 교육현장에서 교사가 주로 만나게 되는 영아는 대부분 분리-개별화 단계에 해당하며, 교사가 식사시간에 영아의 자율성과 의존성의 균형을 유지하지 못해서 영아들과 갈등이 발생한다. 또한 가정에서 적절하게 이전 단계인 항상성단계와 애착단계를 올바르게 형성하지 못하여 생긴 나쁜 식습관행동으로 교사가 어려움을 겪는 일이 많이 발생한다.

교사가 숙지해야 할 연령별 구순활동에 대한 기준의 예는 표 9-1, 9-2와 같다.

표 9-1 음식 섭취와 관련된 구순운동능력의 정상발달

행동	평균 연령 (Month) ± SD
숟가락이 다가오거나 입술을 만지면 입을 벌릴 수 있다.	4.46 ± 1.37
음식이 입으로 들어오면 혀를 앞과 뒤로 부드럽게 움직일 수 있다.	4.85 ± 1.58
음식을 삼키기 위해서 음식을 혀로 입 안 뒤쪽으로 움직일 수 있다.	4.95 ± 1.27
입에 음식을 유지하며 더 먹지 않는다.	5.72 ± 1.58

행동	평균 연령 (Month) ± SD
혀와 입 안을 이용해 장난감의 모양이나 표면을 탐색한다.	6.29 ± 1.44
숟가락 위의 음식을 먹기 위해서 윗입술을 아래로 끌어내린다.	7.73 ± 2.23
토하지 않고 작은 조각(고형물)의 음식을 먹을 수 있다.	8.70 ± 2.03
부드러운 음식을 입 안에 유지하며 씹을 수 있다.	9.42 ± 1.79
조금 딱딱한 고형물을 입 안에 유지하며 씹을 수 있다.	10.53 ± 2.10
조금 딱딱한 고형물을 목에 걸림 없이 씹고 삼킬 수 있다.	12.17 ± 2.28
즙이 나오는 음식을 씹을 수 있다.	15.28 ± 3.25

출처 : Carruth & Skinner(2002).

표 9-2 음식 섭취와 관련된 손 운동능력의 정상발달

행동	평균 연령 (Month) ± SD
장난감을 입으로 가져간다.	3.29 ± 0.99
배가 고프면 숟가락에 다가간다.	5.47 ± 1.44
장난감이나 음식을 한 손에서 다른 손으로 옮길 수 있다.	6.68 ± 1.63
혼자서 쿠키나 과자를 먹을 수 있다.	7.70 ± 1.63
토하지 않고 손에 들고 먹는 고형물을 먹을 수 있다.	8.44 ± 1.53
손가락을 이용해서 음식을 자기한테로 긁어올 수 있다.	8.67 ± 2.58
손가락을 입에 넣고 음식을 옮길 수 있다.	9.30 ± 2.80
집게 손가락으로 음식물을 찌를 수 있다.	10.24 ± 2.62
부드럽고 잘게 잘린 음식을 손가락을 이용해서 혼자 먹을 수 있다.	13.52 ± 2.83
숟가락의 옆 부분을 입으로 가져갈 수 있다.	14.37 ± 2.71
음식물을 퍼 들어 입으로 가져갈 수 있다.	16.42 ± 2.75
부드러운 형태(액체와 고체의 중간 상태, 예 : 푸딩)를 떠서 입으로 가져갈 수 있다.	17.05 ± 2.75

출처 : Carruth & Skinner(2002).

(2) 소근육운동능력 : 손과 눈의 협응능력

신생아의 손은 주로 주먹을 쥐고 있고, 아직은 스스로 통제하지 못한다. 손바닥에 무언가 닿으면 주먹을 쥐는 잡기 반사는 2~3개월 내에 사라진다. 점차 반사 행동은 사라지더라도 영아기에 이와 유사한 행동이 남아서, 손에 무언가 놓으면 그 물체를 잡지만 인식하지는 못하며, 근육이 이완되면 자기도 모르게 떨어뜨리게 된다. 이 과정이 지나 8주가 되면 자기 손을 발견하고 손을 가지고 놀기 시작하며 3개월이 되면 눈의 시력을 이용하여 손을 사용하기 시작한다. 이를 손과 눈의 협응능력이라고 하는데, 2~4개월 사이에 발달하기 시작하며 영아는 끊임없이 물체를 보고 잡으면서 시행착오를 겪게 된다. 4~5개월이 되면 대부분 영아는 시야에 손이 닿는 곳에 있는 물체를 잡을 수 있게 된다top-level reaching. 이 시기의 잡기 도식은 소근육운동의 중요한 이정표라 할 수 있다. 첫 1년 이전 시기에는 물체를 잡고 손으로 만지며 시험하다가 집게 손가락으로 찌르는 행동이 나타나게 된다. 12~15개월에 나타나는 가장 중요한 소근육운동의 성취 중 하나는 엄지와 집게 손가락 사이에 물체를 잡는 능력the pincer grip이다. 이 시기 이후에는 물체를 잡고 조작하며 의도적으로 떨어뜨리거나 집는 정교한 능력이 생긴다. 사물을 통 안에 떨어뜨리기도 하고, 양손에 든 사물을 비교하거나 쌓아 놓을 수 있다. 18개월 이후에는 손가락을 사용하여 줄을 당기거나 손잡이를 잡아당길 수도, 책장을 넘길 수도 크레용으로 난화를 그릴 수 있는 능력이 발달한다. 이 시기에는 어린 영아보다 더 정교하고 목적이 있는 의도적 행동이 반영되며 여섯 블록을 쌓을 수 있게 되어 종이 접기, 점토놀이 등 손가락을 사용하는 정교한 움직임을 만들어 낼 수 있다. 영아의 움직임은 대부분 반사적 행동, 즉 비자발적 움직임으로 자극에 대해 자동으로 나타나는 현상이지만 손과 손가락을 계속 사용하게 되면 의도적인 움직임으로 대체하게 된다. 반사적 움직임은 9개월까지 지속되며 소근육운동기술을 학습하기에 가장 적절한 시기는 이 기술이 가장 빠르게 변화되는 시점일 것이다. 그러나 교사가 이런 시기를 파악하고 결정하기는 쉽지 않다. 그러므로 교사는 영아들의 소근육발달 정도를 잘 관찰하여 파악하고, 영아에게 다양한 활동을 제공하여 영아가 활동에 지속적으로 참여하고 도전하여 움직이도록 격려함으로써 영아 스스로 끊임없이 학습하고 수행 성취를 경험할 수 있도록 하는 게 가장 중요할 것이다.

영아기의 정상적인 소근육운동능력의 구체적인 관찰목록은 표 9-3에 제시하였다.

영아 시기에 소근육발달을 촉진하기 위해서 교사는 영아 연령에 적합한 활동을 제공해야 한다. 그림 그리기, 퍼즐 맞추기, 구슬 끼기, 구멍에 도형 넣기 등의 활동은 소근육운동능력과 손과 눈의 협응능력을 향상시킬 수 있다.

표 9-3 영아의 소근육운동능력의 관찰목록

연령	행동	Yes	No
0~2개월	대부분 주먹을 쥐고 있는가?		
	눈과 손의 협응이 잘 이루어지지 않는가?		
	눈의 협응이 잘 안 되어 사시로 나타나기도 하는가?		
2~4개월	손바닥을 폈다가 오므릴 수 있는가?		
	전체 팔을 사용해 장난감을 흔들거나 사람을 향해 흔드는가?		
	손으로 사물을 잡을 수 있게 되었는가?		
	멀리 있는 사물을 보기 시작하는가?		
4~6개월	한 손에서 다른 손으로 사물을 옮길 수 있는가?		
	한 손으로 사물을 흔들거리면서 잡으려고 뻗는가?		
	손과 입으로 사물을 탐색하는가?		

연령	행동	Yes	No
6~9개월	사물을 잡고 쥐고 있기 시작하는가?		
	사물을 움직이기 위해서 손가락을 이용해 흔들거리며 잡을 수 있는가?		
	한쪽에 사물을 쥔 채 다른 사물을 찾을 수 있는가?		
	집게 손가락으로 사물을 찌를 수 있는가?		
	사물을 입으로 가져가는가?		
	입에 넣어 사물의 표면을 감각적으로 탐색하는가?		
	병을 잡기 시작하는가?		
	주먹으로 사물을 찌그러뜨리거나 짜낼 수 있는가?		
9~12개월	엄지와 집게 손가락을 사용하여 사물을 잡을 수 있는가?		
	손가락을 펴는 방법을 알고 물건을 떨어뜨릴 수 있는가?		
	사물을 흔들고 땅에 꽝꽝 치며 탐색할 수 있는가?		
	구멍에 손가락을 넣어 찔러보는가?		
	통에 사물을 넣고 다시 뺄 수 있는가?		
	숟가락을 잡거나 책장을 넘길 수 있는가?		
	한 손에 작은 사물을 쥐고 있을 수 있는가?		
	손에 먹는 음식을 쥐고 혼자 먹을 수 있는가?		
	선호하는 한쪽 손이 나타나기 시작하는가? (왼손 vs 오른손)		
	주먹으로 크레용을 쥘 수 있는가?		
12~18개월	2~3개 블록을 쌓을 수 있는가?		
	손바닥을 함께 마주칠 수 있는가?		
	손을 흔들며 인사할 수 있는가?		
	숟가락이나 작은 삽으로 사물을 뜰 수 있는가?		
	두 손을 이용해서 사물을 흔들거나 튕길 수 있는가?		

연령	행동	Yes	No
12~18개월	통 안에 작은 사물을 넣을 수 있는가?		
	크레용으로 종이에 낙서할 수 있는가?		
18~24개월	책장을 한 번에 넘길 수 있는가?		
	6개 블록을 높게 쌓을 수 있는가?		
	두 개 손가락과 엄지를 이용해서 연필 뾰족한 부분을 가까이 쥘 수 있는가?		
만 2~3세	수평선, 수직선 및 원을 크레용으로 그릴 수 있는가?		
	책장을 넘길 수 있는가?		
	블록을 6~8개 쌓아 올릴 수 있는가?		
	손잡이를 돌려서 문을 열 수 있는가?		
	대부분 음식을 숟가락, 포크로 먹을 수 있는가?		
	옷을 혼자서 입고 벗을 수 있는가?		

사례 1 기관에서의 관찰기록 예시 1

6개월, 12개월 영아의 기관에서의 소근육운동능력에 대한 관찰기록 예시는 다음과 같다.

6개월 영아의 소근육운동능력에 대한 관찰 : 행동목록법 활용

소근육운동기술	Yes	No	날짜	관련 관찰내용
밝게 빛나는 사물에 대한 관심	V		2018. 3. 4	은색 색종이 모빌을 만들어 흔들어 보여 주자, 그 움직임에 관심을 가졌고, 만지기도 하고, 모빌이 부딪치며 나는 소리에 관심을 보임
사물을 손바닥으로 잡아서 들어 올림	V		2018. 3. 4	주로 왼손을 사용함
한 손에서 다른 손으로 사물을 옮김	V		2018. 3. 4	쉽게 옮김
사물을 입으로 가져감	V		2018. 3. 4	들고 있던 고리 장난감을 입으로 가져감

12개월 영아의 소근육운동능력에 대한 관찰 : 행동목록법 활용

소근육운동기술	Yes	No	날짜	관련 관찰내용
두 손을 깍지 낌	V		2018. 3. 17	
손가락 두 개로 정교하게 집어올리기	V		2018. 3. 17	손가락 집기와 손바닥 집기 모두 사용
의도적으로 잡은 것을 풀기	V		2018. 3. 17	쉽게 품
눈에서 사라지거나 떨어지는 사물을 보기		V	2018. 3. 17	비일관적으로 나타남. 주의산만하지 않은 상황에서 다시 관찰할 필요가 있음

(3) 대근육운동능력

운동능력은 근육의 발달과 중추신경계가 성숙해야 나타나는 의도적이고 통제된 움직임을 할 수 있는 능력을 의미한다. 또한 새로운 활동에서 움직임과 무게를 지지할 수 있을 만큼 골격구조가 충분히 강해져야 한다. 이러한 조건들이 충족되면 아동들은 각각의 운동기술들이 숙달될 때까지 계속 연습하며 익힌다. 영아의 대근육운동능력은 정해진 순서대로 발달하며 발달속도는 개별적으로 다르게 나타난다. 특정 대근육운동능력의 발달에 대한 지연은 심각한 문제를 초래하지는 않지만, 또래보다 현저하게 지연되어 있거나 이전에 습득한 기술을 하지 못하는 퇴행이 일어나면 의학적 도움이 필요하다.

그러므로 영아기의 신체발달 여부도 기관에서 교사가 관찰해야 하는 아주 중요한 영역 중의 하나이다. 대근육운동기술발달예 : 걷기를 통해 조망이 달라지거나 팔로 물건을 옮기고 찾을 수 있게 됨은 영아에게 새로운 능력을 연습할 다양한 기회를 제공한다는 점에서 매우 중요하다. 대근육운동기술이 발달하면서 영아의 활동영역의 범위는 넓어지고, 영아가 주변 세계를 탐색하는 경험의 내용이 질적 · 양적인 측면에서 확장한

다. 영아의 대근육운동능력이 인지발달에 직접 영향을 미치는 바는 밝혀진 바가 없지만, 탐색 기회 증가로 인지발달에 간접적인 영향을 미칠 가능성은 분명하다. 이에, 기관에서 교사는 영아의 대근육운동발달상태를 계속 관찰하고, 부족한 운동능력을 연습시키며 성장을 촉진할 수 있도록 자극을 제공하는 것이 적절하다.

0~3세 미만의 영아들의 대근육운동발달은 위에서부터 아래, 중심에서부터 말단으로 이루어지게 된다. 아주 어린 시기의 영아가 처음 획득하는 운동능력은 머리조절이다. 영아 대부분은 4~6주까지 45° 각도로 머리를 들 수 있고, 평균 8주가 되면 머리와 가슴을 들 수 있다. 16~20주 이내에 머리를 양쪽으로 돌리고, 28주 이내에 등을 대고 누워서 머리를 들 수 있게 된다. 9~10개월까지 영아 대부분은 양손을 자유롭게 쓰면서 도움 없이 앉아 있을 수 있다. 대근육운동발달의 가장 중요한 과제는 이동능력이다. 7개월에서 1년이 되면 기어서 다니게 되고 서서히 서 있는 자세에서 몸무게를 지탱할 수 있게 된다. 7~14개월 이내에는 가구를 잡고 방을 탐색하는 걸음이 시작되고 성인의 손을 양손으로 잡고 걸을 수 있게 되고, 점차 한 손만 잡고 걸을 수 있게 된다. 9~16개월 이내에 불확실한 첫걸음을 딛고, 19개월 이내에는 유능한 보행자가 된다. 2세가 되면 다양한 대근육운동능력을 발달시키며 잘 뛸 수 있고, 한 손으로 계단을 잡고 양발 놓고 한 발 올리는 방식으로 각 계단을 오를 수 있다. 이 시기의 영아는 대부분 높은 곳을 기어오르고 공을 차는 능력이 발달한다. 관찰해야 하는 구체적인 대근육운동능력의 정상행동목록은 표 9-4로 제시하였다.

영아의 대근육운동을 돕기 위해서는 안전한 환경을 마련하고 주변을 탐색할 수 있도록 격려하는 것이 필요하다. 몸을 굴리거나 길 수 있는 움직이고 놀기 충분한 공간을 제공하고, 잡기, 흔들기, 입에 넣기 등을 연습할 수 있는 안전한 장난감 등을 주변에 많이 배치해 놓는 것이 좋다. 또한 공굴리기, 뛰기, 점프하기, 균형 잡기 등을 충분히 해 보며 자신의 능력을 시험하고 자신감을 형성할 수 있도록 안전한 공간과 기회를 제공하는 것이 필요하다. 이에 교사는 영아의 행동관찰뿐만 아니라 영아에게 운동능력을 자극할 수 있는 안전한 환경인지를 관찰하고 점검할 수 있도록 훈련하는 것이 매우 중요하다. 계단 안전문, 전기 소켓 커버, 미끄럼 방지 등 안전장치 여부를 살펴보고, 운동능력 연습에 충분한 공간과 장난감이 구비되어 있는지 관찰할 필요가 있다.

표 9-4 영아의 대근육운동능력의 관찰목록

연령	행동	Yes	No
0~2개월	바닥에 배로 눕혔을 때 머리를 올려 유지하고 가슴을 들어 올리려고 애쓰는가?		
	등을 대고 누워 있을 때 몸을 쭉 피고 발을 차는가?		
	팔과 다리의 움직임이 더 부드러워졌는가?		
2~4개월	손을 입에 가져가는가?		
	바닥에 배로 눕혔을 때 턱과 가슴선이 45° 각도로 머리를 들어 올릴 수 있는가?		
	도움 없이 머리를 안정적으로 지탱할 수 있는가?		
	딱딱한 바닥에 발을 대주면 바닥을 밀 수 있는가?		
	뒤집기 시작하는가?		
	장난감을 잡고 흔들 수 있는가?		
	배로 누웠을 때 팔꿈치로 몸을 들어 올리는가?		
4~6개월	성인이 팔을 겨드랑이 사이로 넣어 몸 앞으로 지탱해주면 앉을 수 있는가?		
	오른쪽과 왼쪽으로 혼자서 뒤집을 수 있는가?		
	두 발로 서게 안아주면 다리에 무게를 실을 수 있고, 발을 구를 수 있는가?		
	앞뒤로 몸을 흔들 수 있고, 때때로 앞으로 기기 전에 뒤로 기어가는가?		

연령	행동	Yes	No
4~6개월	고개를 흔들고 쾅쾅 치면서 사물을 탐색하는가?		
	팔로 지탱해주지 않아도 혼자 앉을 수 있는가?		
	네 발(손과 무릎)로 밀고 다니는가?		
	바로 누워 있다가 배로 뒤집을 수 있고 다시 앉는 자세로 돌아올 수도 있는가?		
	등으로 바로 누워 있는 동안 발을 잡을 수 있는가?		
	서기 위해서 잡아당기는가?		
	기어 다닐 수 있는가?		
	잡고 일어나는가?		
	팔로 지탱하면서 바닥에 설 수 있는가?		
	땅에서 배를 뗀 채로 손과 무릎으로 기어 다니는가?		
	벽이나 손잡이(예 : 가구, 소파, 탁자 등)를 잡고 다니는가?		
	독립적으로 설 수 있는가?		
	도움 없이 다른 자세에서 혼자 앉는 자세를 취할 수 있는가?		
12~18개월	독립적으로 걸을 수 있는가?		
	(몇몇은) 계단을 오르거나, 뛸 수도 있는가?		
	걸으면서 장난감을 잡아당길 수 있는가?		
	도움 없이 혼자 옷을 벗을 수 있는가?		
	장난감을 줍기 위해서 다리를 구부릴 수 있는가?		
	작은 의자에 뒤로 해서 앉을 수 있는가?		
18~24개월	발가락으로(뒤꿈치 들고) 서 있을 수 있는가?		
	큰 공을 찰 수 있는가?		
	뛰기 시작하고 점차 방해물을 피해서 자신 있게 뛸 수 있는가?		
	도움 없이 가구를 오르고 내릴 수 있는가?		
	잡고 계단 위로 아래로 걸을 수 있는가?		
	손을 이용하지 않고 쉽게 다리를 구부렸다가 펼 수 있는가?		

연령	행동	Yes	No
18~24개월	발을 밀면서 세발자전거를 운전할 수 있는가?		
	공을 팔 위로 던질 수 있는가?		
만 2~3세	발가락 끝으로(뒤꿈치 들고) 걸을 수 있는가?		
	넘어지지 않고 뛸 수 있는가?		
	한 발로 서기를 시도하는가?		
	아래 계단으로 점프하여 내려올 수 있는가?		
	짧은 시간 동안 한 발로 균형을 유지할 수 있는가?		
	계단 손잡이를 잡은 채로 각 계단에 두 발을 놓으며 오르고 내려갈 수 있는가?(한 발 올리고 다른 발 올려 두 발 모음)		
	튀는 공을 잡기 위해 두 손을 사용하는가?		
	큰 공을 찰 수 있는가?		
	바퀴 달린 장난감을 혼자 밀 수 있는가?(예 : 영아 자동차)		
	타는 장난감의 페달을 돌릴 수 있는가?		

2) 언어발달

영아의 첫 단어는 성인에게 음악소리처럼 들린다. 영아의 말과 언어가 잘 발달하고 있는지 어떻게 알 수 있을까? 언어발달language development은 교사가 영아발달을 평가함에 있어서 반드시 관찰해야 하는 중요한 발달영역 중 하나이다. 교사는 영아가 말을 하지 못하기 때문에 언어발달이 아직 진행되고 있지 않다고 생각하기 쉽다. 그러므로 교육현장에서 교사가 영아의 언어발달에 대해 주의 깊게 관찰할 필요성을 느끼지 못할 수 있다. 하지만 영아들은 첫 단어를 발화하기 이전에 이미 많은 언어를 이해할 수 있다. 영아기 시기의 옹알이의 양과 질은 이후 시기의 언어발달과 관련이 있고, 언어발달의 지연은 또래관계나 인지발달 등에 부정적인 영향을 미치기 때문에 어린 시기부터 지속적인 관찰과 적절한 언어 자극을 제공할 필요가 있다.

몇 가지 이해할 수 없는 소리와 횡설수설하는 말에서부터 복잡한 문장에 이르기까지의 언어발달은 매우 놀라울 정도의 속도로 여러 단계를 거쳐 이루어진다. 초기 단계에서는 옹알이와 같은 중얼거림에서 첫 단어를 발화하고 한 단어를 구사하는 단계로 넘어간다. 이후 곧 두 단어를 병합하기 시작하고 결국 다중단어단계로 넘어가게 된다. 기관에서 교사는 언어가 발화되기 이전 시기부터 발화하여 문법을 구사하고 화용론을 사용할 때까지 연령별 발달특성을 이해하고 영아들이 정상적으로 발달하고 있는지 관찰해야 한다.

인간은 태어나자마자 바로 언어발달이 시작되고, 선천적으로 언어습득에 대한 기제를 타고 난다. 영아는 생애 첫 1년 동안 모국어에서 사용되는 모든 소리를 구분할 수 있게 된다. 6개월 이전의 영아들은 아직 말을 할 수 없지만, 의사소통하고 있다. 소리, 행동, 눈의 응시와 표정 등과 같은 방식으로 의사소통을 하고, 이러한 과정은 이후 언어발달과정을 돕는다. 개월 수가 증가할수록 점차 목소리를 내는 비율이 증가하고 옹알이가 언어와 유사하게 나타나 모음 소리부터 자음 소리로 확장된다. 1세가 되는 시점에는 첫 단어 발화가 되고, 극적으로 언어능력이 발달하게 된다. 발화되는 단어는 몇 가지뿐이지만, 그 이상의 언어 이해력을 가지고 있고, 말하기 학습의 약 2배 정도 빠른 속도로 발달한다. 만 2세까지는 두 단어 사용단계로 주로 두 단어로 이루어진 구문을 사용하며 하루에 약 9~10개의 새로운 단어를 학습할 수 있다. 만 2~3세에는 조금 더 복잡한 방식으로 언어를 사용하게 되어 말하는 내용의 절반 정도는 두 단어 길이 이상이 된다. 구체적인 연령별 언어능력의 정상행동 관찰목록은 표 9-5에 제시하였다.

표 9-5 영아의 언어능력의 관찰목록

연령	행동	Yes	No
0~2개월	성인이 말할 때 소리를 듣거나 쳐다보는 것으로 반응하는가?		
	부모와 다른 사람들의 목소리를 구분할 수 있는가?		
	소리의 크기와 톤의 변화에 반응하는가?		
	모국어와 비모국어에 다르게 반응하는가?		
	울음, 웃음과 쿠잉으로 의사소통하는가?		
	쿠잉과 까르륵거리는 소리를 내는가?		
2~4개월	옹알이를 시작하는가?		
	영아는 들리는 소리를 따라 하려는 듯, 옹알이로 표현하는가?		
	배고픔, 아픔, 피곤함 등을 표현할 때 다른 방식으로 우는가?		
	소리를 만들어 내면서 주변 소리에 반응하는가?		
	'아', '에', '오'와 같은 모음 소리를 내며 주변 성인과 말을 주고받는 듯 옹알이를 하는가?		
4~6개월	이름에 반응하는가?		
	기쁨과 불쾌함을 보이기 위해 소리를 만들어 내는가?		
	자음 소리를 내기 시작하는가? (예 : 'ㅂ', 'ㅁ' 소리)		
	'안 돼'라는 소리를 이해하는가?		
6~9개월	'맘마마', '빠빠빠'와 같은 다른 소리를 많이 내는가?		
	같은 소리를 계속해서 반복하는가?		
	타인의 소리와 행동을 모방하는가?		
	간단한 한 단어의 요구(예 : '먹어', '손 흔들어')에 따른 행동을 할 수 있는가?		
	사물을 가리키며 의사소통을 시도하는가?		

연령	행동	Yes	No
9~12개월	성인이 만든 소리나 말을 모방하는가?		
	첫 단어를 발화하는가?		
	고개를 끄덕이거나 흔들면서 원하는 바를 표현하는가?		
	간단하게 말하는 요구사항에 반응하는가?		
	'오~'와 같은 감탄사나 '엄마', '아빠' 등을 말하는가?		
	주변 익숙한 사람들의 이름을 지각하고 반응하는가?		
	말하는 것처럼 들리도록 어조를 바꾸며 소리를 내는 옹알이를 하는가?		
	성인과 언어적으로(옹알이, 한 단어 등) 상호작용하기 시작하는가?		
12~18개월	몇 가지 한 단어를 말할 수 있는가?		
	'싫어'라는 말을 하며 고개를 흔들 수 있는가?		
	원하는 것을 누군가에게 보여 주기 위해 가리킬 수 있는가?		
	'과자 먹어'와 같은 기본적인 지시문을 이해할 수 있는가?		
	사물에 대해 '내꺼'라는 것을 보여 주기 시작하는가?		
18~24개월	사물이나 그림의 이름을 이야기하면 대상을 가리킬 수 있는가?		
	익숙한 사람과 신체 부위의 이름을 알고 있는가?		
	2~4단어로 된 문장을 이야기할 수 있는가?		
	간단한 지시를 따를 수 있는가?		
	대화에서 듣게 되는 단어를 반복해서 말할 수 있는가?		
	책에 나오는 사물들의 이름을 말하면 가리킬 수 있는가?		
	가족들만 이해할 수 있는 분명하지 않은 다양한 단어들을 사용하여 이야기를 시도하는가?		
	사물이나 사건을 설명하기 위해서 간단한 단어를 엮어서 이야기하기 시작하는가?		

연령	행동	Yes	No
만 2~3세	대부분의 사물을 설명하기 위해서 특정 단어들을 사용할 수 있는가?		
	가족들과 의사소통을 할 수 있는가?		
	형용사와 부사를 이용하기 시작하였는가?		
	3단어로 된 문장을 사용할 수 있는가?		
	하루 동안 일어난 일을 설명할 수 있는가?		
	내가, 나를, 너 등을 사용할 수 있는가?		
	간단한 질문에 답할 수 있는가?		

사례 2 기관에서의 관찰기록 예시 2

만 1세 영아의 기관에서의 의사소통에 대한 일화기록 예시는 다음과 같다.

의사소통의 일화기록 : 만 1세

날짜	일화기록
2018. 5. 29	언어영역에서 진서가 가족사진으로 만든 책을 보고 있다. 교사가 진서에게 다가가 "엄마, 아빠, 진서, 진서 언니가 있는 책을 보고 있구나"라고 말하자 진서는 "아빠, 엄마, 언니"라고 하며 사진을 손가락으로 한 명씩 가리킨다. 교사는 "진서가 사진에서 웃고 있네, 기분이 좋았어?"라고 물어보자, 진서는 "응! 좋아"라고 대답한다. 진서는 가족사진 책을 흔든다. 교사가 "진서가 엄마, 아빠, 언니를 보고 기분이 정말 좋아졌나 보구나"라고 말하자 "헤헤, 좋아"라고 말하며 교사에게 안긴다. 손에 들려 있던 책이 떨어진다. 교사는 진서를 쓰다듬어 주고 나서, 손을 잡은 후에 진서 얼굴을 바라보며 "진서야, 책은 다시 책장에 올려놓자"라고 지시한다. 진서는 책을 바라보다가 책을 집어 책장으로 가져가서 올려놓는다. 그리고는 다시 교사에게 와서 선반 위에 있는 인형을 가리키며 "오리 인형"이라고 말한다.

위의 내용은 진서를 관찰한 일화기록으로 언어능력의 정상발달목록(표 9-5)을 참고하여 해당내용을 다음과 같이 체크해 볼 수 있다.

언어능력 항목	Yes	No	날짜	관련 관찰내용
원하는 것을 누군가에게 보여 주기 위해 가리킬 수 있음	V		2018. 5. 29	선반 위에 있는 인형을 가리키며 "오리 인형"이라고 함
간단한 지시를 따를 수 있음	V		2018. 5. 29	"진서야, 책은 다시 책장에 올려놓자"라고 지시함. 진서는 책을 바라보다가 책을 집어 책장으로 가져가서 올려놓음
사물이나 그림의 이름을 이야기하면 대상을 가리킬 수 있음	V		2018. 5. 29	"엄마, 아빠, 진서, 진서 언니가 있는 책을 보고 있구나"라고 말하자 진서는 "아빠, 엄마, 언니"라고 하며 사진을 손가락으로 한 명씩 가리킴
대화에서 듣게 되는 단어를 반복해서 말할 수 있음	V		2018. 5. 29	교사는 "진서가 사진에서 웃고 있네, 기분이 좋았어?"라고 물어보자, 진서는 "응! 좋아"라고 대답함
				교사가 "진서가 엄마, 아빠, 언니를 보고 기분이 정말 좋아졌나 보구나"라고 말하자 "헤헤, 좋아"라고 말하며 교사에게 안김

3) 정서 · 사회성발달

영아기는 신체적인 발달이 두드러지게 나타나 신체영역관찰이 상대적으로 쉽지만, 정서와 사회성의 발달 여부를 관찰하는 것은 매우 어렵다. 그러함에도 불구하고, 정서 · 사회성발달emotional · social development은 인간발달에 있어서 중요한 이정표이다. 주로, 정서와 사회성습득은 자기인식발달이 수반되는 것이기 때문에 영아기에 발달 여부를 식별하는 것이 어렵거나 불가능할 수 있다. 하지만 아주 어린 시기부터 정서와 사회성의 기초능력이 형성되고 있고, 이러한 능력은 이후 학교 입학하는 시기에 매우 중요한 역할을 하기에 지속적인 관찰을 하여 지연되고 있다면 조기 개입하여 중재할 필요가 있다. 기관에 맡겨진 영아가 주변 또래나 교사에게 보이는 반응이나 정서상태를 관찰하고, 또래에게 보이는 관심 정도, 원하는 바를 표현하는 방식, 부정적 정서를 어떻게 진정시키는지 관찰하고, 잘못된 행동을 할 때는 올바른 행동을 배울 수 있도록 적극적인 지도를 할 필요가 있다.

생후 첫 3개월은 자기 자신과 주변 환경에 대해 활발하게 학습하고 적응하는 시기이다. 주변 성인들이 영아에게 민감하게 반응하며 상호작용하는 것이 매우 중요하다. 개월 수가 증가할수록 익숙한 성인을 알아보며 선호도를 표현하기 시작하면서 사회적인 행동이 증가한다. 타인의 행동을 모방하기 시작하고, 자신의 욕구나 행동을 조절하는 통제능력이 처음으로 형성되기 시작한다. 생애 첫 1년이 지나고 나면 더 넓은 범위의 사람들과 상호작용하는 시간이 늘어나게 되고, 점차 자기 인식에 대한 감각을 습득해 나가면서 만 2세가 되면 자신의 행동에 대해 더욱 자신감이 생기고 더 창의적인 행동을 하게 된다. 연령별 정서 · 사회성발달의 구체적인 정상행동의 관찰목록은 표 9-6에 제시하였다.

표 9-6 영아의 정서 · 사회적 능력의 관찰목록

연령	행동	Yes	No
0~2개월	사람들을 향해 웃기 시작하는가?		
	스스로 진정하기도 하는가?(예 : 입에 손을 넣고 손 빨기)		
	부모를 쳐다보며 눈을 맞추려고 시도하는가?		
	또래 영아가 옆에서 울면 같이 우는가?		
	소리가 나는 쪽에 반응하는가?		
2~4개월	사람들을 향해서 자발적으로 미소를 보이는가?		
	성인들과 노는 것을 좋아하고, 놀이가 그치면 울기도 하는가?		
	양육자나 교사가 쓰다듬는 자신의 신체 부위를 쳐다보는가?		
	다리와 팔이 어떻게 연결되는지를 이해하는가?		

연령	행동	Yes	No
2~4개월	주변의 사물이나 사람과 자신이 분리된 존재임을 아는가?		
	행동이나 얼굴 표정(예 : 웃거나 찡그리기)을 따라하는가?		
	성인들에 의해 편안해지고 진정되는 것을 아는가?		
	주변인들이 해주는 사회적 자극(예 : 미소, 이야기)을 즐기는가?		
	쓰다듬어 주는 것에 반응하는가?		
4~6개월	낯선 사람이 있으면 알기 시작하고, 익숙한 얼굴을 아는가?		
	다른 사람, 특히 부모 혹은 교사와 노는 것을 좋아하는가?		
	미소 짓고 소리 내어 웃을 수 있는가?		
	다른 사람의 정서에 반응하고, 자주 행복해 하는가?		
	거울에 비춘 자신을 보는 것을 좋아하는가?		
	자신의 이름을 부르면 반응하는가?		
6~9개월	행복, 슬픔, 두려움과 화를 표현할 수 있는가?		
	친숙한 사람, 친구들, 낯선 사람을 구분할 수 있는가?		
	장난감이 치워지면 좌절하는가?		
	말이나 행동에 반응하는가?		
	낯선 사람에게 두려움을 표현하기도 하는가?		
	좋아하는 장난감이 생겼는가?		
9~12개월	낯선 사람에게 수줍어하거나 긴장하는가?		
	엄마 혹은 아빠가 떠나면 우는가?		
	좋아하는 것(사물, 대상)과 사람이 생겼는가?		
	특정 상황에 두려움을 보이는가?		
	이야기를 듣고 싶을 때는 책을 가져다 타인 손에 주는 표현을 하는가?		
	관심을 끌기 위해 소리나 행동을 반복해서 하는가?		

연령	행동	Yes	No
9~12개월	옷을 입을 때 도움이 되도록 손이나 다리를 뻗는가?		
	도움 주는 행동을 하는가?(예 : 컵을 들고 있기)		
	까꿍 놀이 등을 할 수 있는가?		
12~18개월	놀이할 때 다른 사람에게 물건을 건네주는 것을 좋아하는가?		
	성질(temper tantrums)을 내기도 하는가?		
	낯선 사람을 두려워하기도 하는가?		
	친숙한 사람에게 애정을 보이는가?		
	인형에게 수유하는 등 간단한 가상놀이를 하는가?		
	놀이활동을 혼자 시작할 수 있는가?		
	성인의 행동을 모방하기도 하고 혼자 놀이하는가?		
	도움을 주는 행동을 더 하는가?(예 : 장난감 치우기 등)		
	새로운 상황에서는 교사나 양육자에게 매달리기도 하는가?		
	관심이 가는 무언가를 다른 사람에게 보여 주기 위해 가리키는 행동을 하는가?		
	성인이 가까이 있을 때 혼자 탐색할 수 있는가?		
18~24개월	성인이나 나이가 많은 또래를 따라할 수 있는가?		
	다른 또래와 함께 있을 때 신나하는가?		
	더욱 독립적으로 행동하는가?(혼자 할 수 있는 행동)		
	결핍행동이 나타나는가?(예 : 하지 말라고 한 행동을 함)		
	주로 다른 친구들 옆에서 병행놀이를 하지만, 때때로 다른 친구와 함께 하는 놀이를 시작하는가?(예 : 쫓기고 잡는 놀이)		
만 2~3세	다른 친구들과 간단하게 놀이하는가?		
	친구들이 노는 것을 쳐다보는가?		
	성인들(교사와 옆에서)과 노는 것을 좋아하는가?		
	소꿉놀이를 시작하는가?		

연령	행동	Yes	No
만 2~3세	다른 사람들(교사, 친구)에게 무엇을 하라고 말하는가?		
	무언가를 나누고 싶어 하지 않는가?		
	종종 부정적이고 고집스러운가?		
	규칙적으로 할 때 가장 잘 수행하는가?		
	유머를 보이거나 속임수를 쓰기도 하는가?		
	공격적인 행동을 보이는가?		

사례 3 기관에서의 관찰기록 예시 3

만 1세 영아의 기관에서의 정서 · 사회적 능력에 대한 일화기록 예시는 다음과 같다.

정서 · 사회적 능력의 일화기록 : 만 1세

날짜	일화기록
2018. 6. 20	교사가 음률영역에 드럼채를 놓아주자 진주는 "이거!"하고 말하며 드럼채 2개를 들고 채를 서로 부딪친다. 교사는 "진주야, 너무 세게 부딪치면 위험해. 이렇게 살살 치자"라고 하며 진주의 손을 잡은 채로 채를 부딪쳐 보여 준다. 진주는 "어"라고 대답하고 소리가 나지 않게 드럼채를 부딪쳐 본다. 2분 정도 지나자 진주는 드럼 채를 양손에 들고 어깨를 이용하여 휘두르며 교실을 걸어 다닌다. 교사는 "진주야. 채를 그렇게 휘두르는 거 아니야. 친구들이 다칠 수 있어", "여기로 와서 드럼을 칠 수 있어"라고 말하며 진주의 손을 잡고 음률영역으로 데리고 온다. 그러자 진주는 "싫어!"라고 말하며 손을 뺀다. 그리고는 드럼 채 2개를 탕탕 소리가 나게 부딪친다.

위의 내용은 진주를 관찰한 일화기록으로 정서 · 사회적 능력의 정상발달목록(표 9-6)을 참고하여 해당 내용을 다음과 같이 체크해 볼 수 있다.

정서 · 사회적 능력 항목	Yes	No	날짜	관련 관찰내용
놀이활동을 혼자 시작할 수 있음	V		2018. 6. 20	교사가 음률영역에 드럼채를 놓아주자 진주는 "이거!"하고 말하며 드럼채 2개를 들고 채를 서로 부딪침

정서 · 사회적 능력 항목	Yes	No	날짜	관련 관찰내용
결핍행동이 나타남(예 : 하지 말라고 한 행동을 함)	V		2018. 6. 20	진주의 손을 잡고 음률영역으로 데리고 옴. 그러자 진주는 "싫어!"라고 말하며 손을 뺌. 그리고는 드럼채 2개를 탕탕 소리가 나게 부딪침
성인의 행동을 모방하기도 하고 혼자 놀이함	V		2018. 6. 20	교사는 "진주야, 너무 세게 부딪치면 위험해. 이렇게 살살 치자"라고 하며 진주의 손을 잡은 채로 채를 부딪쳐 보여 줌. 진주는 "어"라고 대답하고 드럼채를 부딪쳐 봄

4) 인지적 발달

최근 연구에서 인간은 아주 어린 시기부터 주목받을 만한 인지능력을 타고 난다는 것이 밝혀지고 있다. 신생아부터 정보를 받아들이고 새로운 사물을 능동적으로 학습하여 주변 환경에 대해 끊임없이 생각하고 탐색하며 성장해나간다. 자기를 둘러싼 주변인들과 환경에 대한 새로운 정보를 모으고 자기 스스로에 대한 새로운 부분을 계속 발견하며 성숙해 간다. 이에 교육현장에서 교사는 영아들이 보이는 인지적 발달cognitive(learning, thinking, problem-solving) 상태에 민감하게 다양한 인지적 자극을 개별적으로 제공하고, 능동적인 인지활동을 하지 못하는 영아는 조기 발견하여 적절한 중재를 제공할 수 있어야 한다.

대략 출생 후 3개월 동안에는 기본적인 감각과 신체에 대해서 탐색하고 환경에 적응하며 학습하는 시기이다. 얼굴에 초점을 두어 집중하고, 떨어져 있는 사람들을 알아보며 눈으로 사물을 따라가기 시작한다. 또한 활동이 변화되지 않으면 지루해지며 울거나 보채는 행동을 하기 시작하게 된다. 3~9개월 동안에는 지각능력이 발달하고, 더욱 견고해지는 시기이다. 하지만 영아 시기에는 영아 내부에서 발달하는 바를 이해하고 영아의 마음을 이해하는 것은 쉬운 일이 아니다. 영아에게 직접 물어볼 수가 없기 때문이다. 따라서 영아가 지각하고 있다는 것을 드러낼 수 있는 다양한 방법의 실험과제들을 통해서 관찰할 수 있다. 9~12개월 영아 시기에는 신체적 움직임이 많아지고, 적응하게 됨에 따라 환경에 대한 이해 정도가 깊어진다. 앉고, 기고, 걷는 운동능력은 주변 환경에 대한 이해를 촉진시킨다. 걷는 능력이 개발된 1~2세 시기에는 성인의 행동을 관찰하는 시간이 많아지고, 주 양육자나 교사의 행동이 좋은 본보기가 될 수 있는 중요한 시기이다. 이후 3세까지 독립성을 증가시키며 주변 환경에 대한 더 많은 이해를 할 수 있게 되고, 자기 스스로 경험한 바에 의해 학습하며 인지적 성장을 하게 된다. 교육현장에서 교사가 관찰해야 하는 영아의 정상적인 인지적 발달내용은 표 9-7과 같다.

표 9-7 영아의 인지적 능력의 관찰목록

연령	행동	Yes	No
0~2개월	주 양육자(혹은 교사)의 얼굴에 집중하는가?		
	눈으로 사물을 따라가기 시작하고, 사람들을 먼 거리에서 알아보기 시작하는가?		
	활동이 바뀌지 않으면 지루해하는가?(예 : 울음, 보챔)		
	인간의 시각체계의 색깔을 볼 수 있게 되는가?		
	젖병이나 젖꼭지를 보면 수유활동을 예측하고 빨기 행동을 보이는가?		
2~4개월	영아가 기쁘거나 슬퍼지면, 성인에게 알리는가?		
	애정을 보인는가?(예 : 주 양육자, 교사 등이 다가오면 좋아함)		
	장난감에 한 손을 가져갈 수 있는가?		
	손과 눈의 협응을 통해 장난감을 보거나 손을 대려고 시도하는가?		
	옆에서 옆으로 움직이는 물건을 눈으로 따라갈 수 있는가?		
	얼굴을 가까이 볼 수 있는가?		
	멀리 있는 친숙한 사람들과 사물을 알아볼 수 있는가?		

연령	행동	Yes	No
2~4개월	얼굴 표정으로 주변 환경에 반응하는가?		
	단맛, 짠맛, 쓴맛, 신맛의 차이를 알 수 있는가?		
4~6개월	가까이에 있는 주변 사물을 쳐다볼 수 있는가?		
	입에 물건들을 가져갈 수 있는가?		
	사물에 호기심을 보이고, 손이 닿지 않는 물건들을 가지려고 애쓰는가?		
	손에서 손으로 사물을 옮기기 시작하는가?		
6~9개월	떨어지는 사물이 어디로 떨어지는지 그 경로를 볼 수 있는가?		
	성인이 숨기는 것을 본 사물을 찾을 수 있는가?		
	까꿍 놀이를 할 수 있는가?		
	입에 물건을 넣는가?		
	손에서 다른 손으로 매끄럽게 옮길 수 있는가?		
	엄지와 검지손가락으로 작은 음식(예 : 건포도, 시리얼 등)을 집을 수 있는가?		
9~12개월	흔들어보고, 쾅쾅 바닥에 부딪쳐보고, 던지는 다양한 방식으로 사물을 탐색할 수 있는가?		
	숨긴 사물들을 쉽게 찾을 수 있는가?		
	이름을 말하면 해당 그림이나 사물을 쳐다볼 수 있는가?		
	행동을 따라할 수 있는가?		
	사물을 바르게 사용하기 시작하는가?(예 : 컵으로 사용, 빗으로 머리를 빗음)		
	사물 두 개를 서로 부딪칠 수 있는가?		
	사물을 용기와 같은 통에 넣고, 꺼낼 수 있는가?		
	도움 없이 사물을 사용할 수 있는가?		
	검지손가락으로 찔러볼 수 있는가?		
	'장난감 주워'와 같은 간단한 지시를 따를 수 있는가?		

연령	행동	Yes	No
12~18개월	주변의 일상용품들을 아는가?(예 : 전화기, 칫솔, 빗, 숟가락 등)		
	다른 사람의 관심을 얻기 위해 가리키는 행동을 하는가?		
	동물 인형 등에 먹을 것을 주는 척하며 관심을 보이는가?		
	1개의 신체 부위를 가리킬 수 있는가?		
	자조행동을 하려 하는가?		
	행동설명 없는 1단계 수준의 언어적 지시를 따를 수 있는가? (예 : '앉아'라는 말에 앉을 수 있음)		
18~24개월	두세 겹 천 아래에 숨겨 놓은 사물도 찾을 수 있는가?		
	모양과 색깔을 나누기 시작하는가?		
	유사한 사물을 정의할 수 있는가?		
	나와 너를 구분할 수 있는가?		
	친숙한 책에 나오는 문장들과 라임을 아는가?		
	간단한 가상놀이를 할 수 있는가?		
	4개 이상의 블록으로 탑을 쌓을 수 있는가?		
	다른 손보다 한 손을 이용하려고 하는가?(선호하는 손이 나타남)		
	2단계의 지시를 따르는가?(예 : 신발을 들어서 신발장에 넣으렴)		
	그림책에 나오는 것들을 명명화할 수 있는가?(예 : 강아지, 고양이, 새 등)		
만 2~3세	기본 범주에 따라 사물을 묶을 수 있는가?(예 : 꽃, 동물, 나무 등)		
	크기에 따라(큰 것에서 작은 것) 고리나 사물을 쌓아올릴 수 있는가?		
	다른 사람의 행동을 모방하는가?(소꿉놀이, 음식하는 흉내 등)		
	책 읽는 것을 즐기는가?		
	거울에 비춘 자신의 모습이나 친구의 모습을 알고 이름 부를 수 있는가?		
	성인의 간단한 지시에 반응할 수 있는가?		
	그림책에 있는 사물을 명명할 수 있는가?		
	사물과 사물을 사용하는 용도를 연결할 수 있는가?		

BOX 9-1

교사행동에 대한 관찰

"영아기의 정상적 발달을 위해 교사는 무엇을 해주면 좋을까요?"

신체적, 정서적, 사회적, 인지적, 언어적으로 정상적인 발달을 촉진하기 위해서 성인은 끊임없이 자극을 제공해주어야 한다. 한 명의 교사가 여러 명의 영아를 지도하게 되면 상호작용의 기회가 적어지기 마련이다. 의도적으로 계획된 활동을 마련하기 위해서 지속적인 관심과 노력을 하는 것이 필요하다. 다음 연령별로 필요한 활동목록을 참고로 영아들에게 제공되고 있는 활동이 적절하게 계획되고 있는지 지속적인 점검을 하면 좋다.

♡ 2개월 된 영아

- 수유할 때, 옷을 입힐 때, 기저귀를 갈 때 계속 말을 하고, 쓰다듬어 주고 놀아주기
- 영아 스스로 진정하는 방법을 배울 수 있는 기회 주기, 영아가 자기 손가락을 빠는 행동도 때로는 OK
- 규칙적인 일정을 통해서 영아가 일상에 적응할 수 있도록 하기
- 영아의 선호/비선호하는 바를 파악하기
- 영아가 내는 소리에 적극적으로 반응해주기(예 : 미소, 말로 기쁘게 대응해주기)
- 영아의 소리를 흉내 내주거나 명확한 말로 이야기해주기
- 영아의 다양한 울음소리에 집중해서 영아가 원하는 바를 이해하기
- 이야기하고, 책을 읽어주고 노래해 주기
- 까꿍 놀이 해주기
- 거울을 가끔 보여 주기
- 깨어 있을 때 바닥에 배로 눕혀 주변에 장난감 놓아주기(고개를 들어 눈앞의 장난감을 잡아볼 수 있도록 격려하기)
- 바로 눕혀 영아의 머리 위로 장난감이나 딸랑이를 보여 주어 잡게 하기
- 고개를 가눈 이후에는 바닥에 닿게 똑바로 서 있는 것처럼 안은 상태로 노래 불러주거나 이야기해주기

♡ 4개월 된 영아

- 영아를 안고 웃으며 밝은 톤으로 이야기하기
- 수면과 수유시간을 규칙적인 시간에 하기
- 영아가 좋아하고 싫어하는 것을 민감하게 살피기, 영아가 원하는 욕구를 만족시켜 영아가 계속 긍정적 정서를 경험하도록 하기

- 영아가 말하려고 하는 것이나 가리키는 것을 말로 구성할 수 있도록 지도하기(예 : 자동차를 가리키면 "자동차!", "와~ 파란색 작은 자동차야"라고 말해주기
- 영아에게 크레용과 종이를 주고 자유롭게 난화 그리게 하기, 종이의 아래와 옆으로 선을 긋는 방법을 보여 주고 영아가 따라하면 격려해주기
- 블록, 모양 모형 등을 가지고 놀 때 손을 이용할 수 있도록 격려해주기
- 작은 장난감을 숨기고 찾게 하는 놀이하기
- 영아에게 신체 일부를 명명화해주거나 주변에서 탐색하며 보는 사물을 명명화해주기
- 손유희나 율동과 함께 노래를 불러주기
- 북이나 박스 등 드럼이나 심벌즈 같은 작은 음악도구를 주고 소리를 내도록 격려해주기
- 탐색할 수 있는 안전한 공간을 제공하기(안전장치 여부 확인)
- 밀고 다닐 수 있는 장난감을 제공하기(예 : 인형 + 유모차, 장난감 쇼핑카트 등)

♡ 18개월 된 영아

- 일관적이고 예측 가능할 수 있는 안전하고 흥미로움을 끄는 환경이 중요함
- 잘못된 행동을 벌주기보다는 잘하는 행동을 칭찬하는 것이 매우 중요함
- 영아의 정서를 읽어주기(예 : 자동차가 슈웅~ 지나가는 걸 보니까 신나나보구나)
- 가장놀이를 격려해주기
- 감정이입을 격려해주기(예 : 친구가 울고 있는 것을 쳐다보고 있으면, 가서 쓰다듬어 주거나 안아주도록 격려하기)
- 간단한 단어를 사용하여 그림에 대해 이야기하거나 책을 읽어주기
- 영아의 말을 그대로 따라해주기
- 기분이나 정서를 묘사할 수 있는 단어를 사용해서 말하기
- 간단하고 분명한 구문으로 이야기해주기
- 간단한 질문으로 물어보기
- 방석이나 담요 밑에 물건을 숨기고 찾는 게임하기
- 블록, 공, 퍼즐, 책, 장난감 등을 이용해서 원인과 결과, 문제해결능력을 향상할 수 있도록 놀이하기
- 책의 그림이나 신체 부위 명명화해주기
- 인형, 전화기 등의 장난감으로 가상놀이를 격려하는 놀이하기
- 걷거나 주변을 돌아다닐 수 있는 안전한 영역을 제공하기
- 안전하게 밀거나 잡아당길 수 있는 장난감을 제공하기

- 차거나 굴리고 던질 수 있는 공을 제공하기
- 더러워지는 것을 상관하지 않고, 컵으로 물이나 음료를 마실 수 있도록 격려하고, 숟가락을 사용할 수 있도록 하기
- 비눗방울을 만들어 영아에게 터뜨리게 하기

♡ 만 2세 된 영아

- 간단한 심부름을 해서 교사를 도울 수 있게 격려하고 도움을 칭찬하기(예 : 테이블 닦기, 크레용 통 가져오기 등)
- 이 시기 영아는 아직 병행놀이를 하고 공유하지 않음. 자유놀이시간에 다른 영아와 함께 놀이를 할 수 있도록 격려하기. 아이들끼리 다툴 때에는 가까이 지켜보다가 교사가 적절하게 개입하기(예 : 감정을 읽어주고, 다투지 않는다는 일반적 규칙을 단호히 알려주며 영아가 스스로 진정하고 다른 행동으로 전환할 때 격려해주기)
- 영아에게 자기 자신에 대해 인식할 수 있도록 지도하고 신체 부위, 동물, 다른 일반적인 사물에 대해 인식하도록 지도하기
- 영아가 틀리게 말할 때 고쳐주지 않고 그냥 바르게 다시 말해주기(예 : 공을 보고 "이 자동차 주세요'"라고 말하면, "OO가 이 공이 필요하구나")
- 가리키는 대신 말을 하도록 격려하고, 전체 단어(예 : 우유)를 말할 수 없을 때에는 첫 음절(예 : 우)을 주어 도움을 주기. 그 이후에는 전체 문장으로 이야기할 수 있게 읽어주기(우유 마시고 싶어요)
- 교실에 장난감 등을 숨기고 찾는 놀이하기
- 모양, 색깔이나 가축, 동물 등의 퍼즐을 할 수 있게 하고, 각 퍼즐의 이름을 말하고 끼워 넣는 놀이하기
- 블록놀이를 격려하기. 탑을 쌓아 올리고 그걸 무너뜨리는 것을 하며 놀기
- 크레용, 물감, 색종이 등으로 미술활동하기. 영아들이 만든 것을 설명하도록 하고, 벽에 전시해두기(교사가 영아가 말한 내용을 그림에 간단한 문장으로 써 놓아주어도 좋음)
- 문이나 서랍을 열거나 책장을 넘기는 것을 영아가 하도록 격려해주기
- 영아가 잘 걷게 되면 작은 것을 운반하는 활동도 요구하기
- 영아와 마주 서서 공을 차는 활동하기. 영아가 이 활동을 잘하면 뛰면서 공을 차도록 격려하기
- 실외활동을 자주하여 뛰고 놀이기구에 오르고 공원 등의 울퉁불퉁한 길을 걷는 기회를 제공하기. 교사는 근거리에서 지켜보기

연습문제

기관에서 일화기록방법으로 관찰된 기록들을 살펴보고, 현준이의 발달상태를 평가해 보자. 각 발달영역별로 제시된 정상발달규준의 목록을 보고, 현준이는 어떠한 발달상태이고, 어떠한 자극이나 지도가 필요한지 토론해 보자.

대상 아동 : 최현준, 남아, 만 1세(19개월)

***일화기록 1**

날짜	일화기록
2018. 3. 14	현준이는 바닥에 있는 소꿉놀이용 과일장난감을 손으로 집어 들고, 한쪽 손으로 옮긴다. 다시 바닥의 다른 과일 장난감을 집어 든다. 바로 옆에 앉아 있는 지민이도 그릇을 손에 쥐고 자기 앞에 있는 과일장난감을 담는다. 현준이는 갑자기 일어나서 영준이의 손에 들려 있던 그릇을 잡아당기고, 영준이는 바구니를 반대방향으로 확 잡아당긴다. 영준이는 벌떡 일어나서 그릇을 들고 교실 다른 방향으로 뛰어간다. 현준이도 바로 일어나서 영준이의 목을 뒤에서 팔로 잡아당기며 안긴다. 영준이는 현준이의 팔을 빼려고 하며 얼굴을 찡그린다. 현준이는 계속 영준이의 목 뒤에서 영준이를 잡아당기며 따라간다. 영준이는 “아니야~아앙”하며 울음을 터뜨린다. 현준이는 아무 말도 하지 않고 표정도 없이 계속 잡아당기며 매달린다.

***일화기록 2**

날짜	일화기록
2018. 4. 20	현준이는 눈 맞춤이 없이 멍하니 바닥에 누워 있다가, 벌떡 일어나 진열장에 오른발을 올리고 팔에 힘을 주어 상체를 올리고, 왼발까지 진열장에 올려 올라간다. 교사가 “현준아, 내려와!”라고 하자 반응 없이 그대로 있다. 교사가 “현준아!”라고 하자, 다시 반응이 없다. 교사는 현준이에게 다가가 현준이를 들어서 바닥에 내려놓는다. 현준이는 발을 버둥거리고, 얼굴을 찡그리지만, 교사를 쳐다보거나 교사에게 아무런 말이나 표정을 짓지는 않는다. 그 자리에서 현준이는 멍하니 있다가 바닥에 머리를 대고 눕는다. 그 상태로 3분 정도 멍하니 있다.

***일화기록 3**

날짜	일화기록
2018. 3. 26	점심시간에 현준이는 멍한 표정으로 포크를 가지고 밥을 찌르고 있다. 숟가락으로 밥을 푸려고 하는데, 왼손으로 밥을 숟가락에 올려놓고, 밥을 국에 넣는다. 그렇게 두 번 정도 반복한다. 옮길 때마다 밥을 식판에 떨어뜨렸고, 손으로 주워 국에 넣고, 손에 묻은 밥풀은 옷에 문지른다. 교사가 "현준아! 밥 먹어야지! 장난치지 말고, 숟가락을 입에 넣고 냠냠 이렇게 먹는 거야"라고 말하며 숟가락질하는 걸 보여 준다. 현준이는 쳐다보지 않고 있다가, 뒤로 드러눕는다. 왼쪽으로 굴러서 일어난 다음 자리에서 일어나 다른 곳으로 가버린다.

2. 교사가 주목해야 하는 관찰내용

교육현장에서 교사가 민감하게 관찰하고 발견해야 하는 또 다른 부분은 영아의 건강과 안전이며, 각 연령별 발달규준들을 만족시키지 못하고 지연되는지 그 여부를 살펴보아야 한다. 체계적인 관찰은 영아들의 행동 변화와 위험 신호 등을 빠르게 인식하여 질병이나 발달 지연을 예방할 수 있도록 돕는다. 특히, 영아기는 기관의 바닥을 기어 다니고 손이나 사물을 입으로 가져가서 탐색하는 구순기이거나 호기심이 상승하여 주변 환경을 끊임없이 탐색하는 시기이므로 질병 위험 수준이 높은 편이다. 또한 영아기의 질병은 뇌 발달이나 이후 시기의 건강과 면역체계에 치명적인 영향을 미칠 수 있기에 교사는 민감하게 관찰하고 빠른 대처를 할 필요가 있다. 특히, 영아는 언어발달이 미숙한 상태로 언어적인 정보를 교사에게 주지 않기 때문에 겉으로 드러나는 증상을 관찰하여 평소와의 차이를 발견하고 예측할 필요가 있다. 해당 건강 징후는 BOX 9-2, 표 9-8과 같으며 이러한 증상은 영유아

모두 공통적인 증상으로 드러난다.

BOX 9-2

건강 취약성의 징후

- 수면 이상
- 좋지 않은 자세(예 : 구부리거나 누워 있음)
- 열이 올라가거나 떨어짐
- 연령에 맞지 않는 미성숙한 행동
- 다친 상처 혹은 학대 흔적
- 극심하게 건조한 얼룩진 피부
- 가려움증, 얼룩 혹은 물집
- 설사 혹은 소변 색깔
- 건강하지 않은 머릿결과 두피
- 타인에게 무반응
- 저체중 혹은 과체중
- 지나친 울음(달래주거나 수유해도 울음)
- 발달 지연
- 피곤해함
- 고통 혹은 부정적 기분 불만
- 창백한 얼굴색
- 식욕부진(수유를 거부)
- 근육상태 부진(흐느적거림)

감염 징후

- 토하기
- 설사
- 배변활동의 변화
- 목 통증(부은 목)
- 울음
- 기침
- 가려움증
- 피부색 발색
- 움푹 파였거나 부풀어 오른 폰타넬(머리의 부드러운 지점)
- 지친 기색
- 귀 분비물
- 열이 올라감
- 식욕부진

표 9-8 반드시 전문가나 의사에게 의뢰해야 할 영아의 위험 징후

연령	행동	Yes	No
0~2개월	큰 소리에 반응하지 않는다.		
	움직이면서 사물을 보지 않는다.		
	사람들에게 웃지 않는다.		
	입으로 손을 가져가지 않는다.		
	바닥에 배로 눕혔을 때 머리와 몸을 들어 올릴 수 없다.		
2~4개월	움직이면서 사물을 보지 않는다.		
	사람들을 향해 웃지 않는다.		
	머리를 안정적으로 유지하지 못한다.		
	쿠잉이나 소리를 내지 않는다.		
	입으로 사물을 가져가지 않는다.		
	딱딱한 바닥에 발을 놓을 때 다리를 밀어올리지 않는다.		
	한쪽 혹은 양쪽 눈을 모든 방향으로 움직이는 데 문제가 있다.		
4~6개월	다가오거나 닿을 수 있는 사물을 잡으려고 하지 않는다.		
	양육자에게 애정을 보이지 않는다.		
	주변에서 나는 소리에 반응하지 않는다.		
	입으로 사물 등을 가져가지 못한다.		
	'아', '에', '오' 등의 모음 소리를 내지 못한다.		
	바로 눕혔을 때 어느 한쪽으로도 몸을 뒤집지 못한다.		
	웃거나 깔깔거리는 소리를 내지 않는다.		
	근육이 매우 단단하고 뻣뻣해 보인다.		
	봉제인형처럼 느슨하고 헐렁해 보인다.		

연령	행동	Yes	No
6~9개월	성인이 도움을 주어도 다리에 힘을 실어 유지하지 못한다.		
	도움을 주어도 앉지 못한다.		
	'맘마', '빠빠', '다다'와 같은 옹알이를 하지 않는다.		
	왔다-갔다 하는 놀이 같은 게임을 하지 않는다.		
	자기 이름에 반응하지 않는다.		
	친숙한 사람들을 알아보는 것 같지 않다.		
	가리키는 곳을 함께 보지 않는다.		
	장난감을 한 손에서 다른 손으로 옮기지 않는다.		
9~12개월	기지 않는다.		
	성인이 도움을 주는데 서지 못한다.		
	영아가 보이는 데서 숨기는 사물을 찾지 않는다.		
	'엄마', '아빠'와 같은 한 단어를 말하지 않는다.		
	고개를 흔들거나 끄덕이는 자세를 배우지 못한다.		
	사물을 가리키지 않는다.		
	한 번 할 수 있었던 행동이나 기술(예 : 걷기, 열기 등)을 잊는다.		
12~18개월	다른 사람들에게 사물을 보여 주기 위해 가리키지 않는다.		
	걷지 못한다.		
	익숙한 사물이 어디에 쓰이는지 모른다.		
	다른 사람들을 따라하지 않는다.		
	새로운 단어를 배우지 못한다.		
	적어도 6단어를 알지 못한다.		
	양육자가 떠나거나 돌아온 것을 알아채거나 신경을 쓰지 않는다.		
	한 번 할 수 있었던 행동기술을 잊는다(퇴행행동).		

연령	행동	Yes	No
18~24개월	두 단어의 구문을 사용하지 않는다(예 : 물 주세요).		
	칫솔, 전화기, 포크, 숟가락과 같은 일반적인 사물로 무엇을 하는지 모른다.		
	말이나 행동을 따라하지 않는다.		
	간단한 지시를 따르지 못한다.		
	안정적으로 걷지 않는다.		
	한 번 할 수 있었던 행동기술을 잊는다(퇴행행동).		

CHAPTER

10

기관에서의 유아관찰

3~6세 유아의 사회기술, 또래관계, 정서적 상태, 언어와 의사소통기술, 신체적인 발달 등에 대한 이해는 유아의 다양한 행동기술의 변화, 이해하는 정도, 학습에 참여하는 정도, 유아가 주로 선택하는 활동의 종류, 유아의 관심도와 집중도, 또래 혹은 교사와의 관계, 듣고 보는 집중이 필요한 활동에서의 유아행동 패턴 등의 민감한 관찰을 통해서 이루어진다. 본 장에서는 교육기관에서 앞장에서 제시한 일화기록법, 행동목록법, 시간표집법 등의 방법으로 유아를 관찰할 때 교사가 숙지해야 하는 각 발달영역의 정상발달규준과 주목해야 하는 이상 징후 등의 정보를 제공하고자 한다.

1. 발달영역별 정상발달 관찰하기

1) 자아존중감 관련 발달

인간은 출생부터 다양한 역동과정에 참여하며 자기를 발달시킨다. 그 과정에서 타고난 기질과 경험의 상호 영향으로 성격, 가치관 등이 형성되며 사회성, 정서성, 언어능력, 인지능력, 신체발달 등을 형성하여 독특한 개인이 된다. 교육현장에서 교사는 일상활동에서 유아가 자신감을 보이고 긍정적인 인식을 가지는지, 자기 자신에 대해 부정적인 인식을 가지며 위축되어 참여하지는 않는지 살펴볼 필요가 있다. 등원할 때 부모와 헤어지는 것을 어려워하는지, 교사와 적절한 애착관계를 형

BOX 10-1

관찰해야 하는 주요 내용

- 등원할 때, 가족들과 헤어질 때 어떻게 반응하는가? 만약 힘들어한다면, 진정하는 데 걸리는 시간은 어느 정도이며 어떤 방법으로 편안해지는가?
- 옷을 입고 벗는 것을 할 수 있는가? 도움이 필요한가?
- 스스로 밥을 먹을 수 있는가? 식습관은 어떠한가?
- 자신의 위생에 대한 인식이 있으며 이를 행동으로 보여 주는가? 위생관리를 어떻게 하는가?
- 주변 환경에 어떻게 반응하는가? 주변 환경에 대해서 주의를 기울이고 조심하고, 선택을 할 때 잘 조절하며 관리할 수 있는가? 주변의 물건들이나 준비물들을 구성적으로 사용하고 조심해서 다룰 수 있는가?
- 과제수행을 위해 필요한 준비물을 가져오고 치우는 일들을 혼자서 할 수 있는가?
- 교사의 중재 없이도 또래와의 갈등을 해결할 수 있는가?
- 놀이하거나 과제를 할 때 스스로 조직화하는가?
- 다양한 활동을 할 때 집중하는 시간이 늘어나고 있는지, 스스로 성취와 학습을 하고자 하는 욕구가 있는가?

성할 수 있는지, 과제를 성공적으로 완수해내는지, 교사 도움이 없이도 스스로 활동을 선택해서 활동하는지, 자신의 권리행사를 분명히 하는지, 자신의 활동에 열정적인지 등을 관찰함에 따라 자아존중감self-esteem이나 자기인식을 평가할 수 있다.

표 10-1 자아존중감의 관찰목록

	항목	Yes	No
1	어려움 없이 등원 시 부모와 떨어질 수 있는가?		
2	교사와 안정된 애착 형성을 보이는가?		
2-1	문제해결을 위해 교사에게 물어보는가?		
2-2	교사가 주는 도움과 지원을 받아들이는가?		
2-3	스트레스받을 때 교사가 달래주면 편안해지는가?		
2-4	교사에게 애정을 보이는가?		
2-5	교사와 가까이 있으려고 하는가?		
2-6	교사에게 주목하고 교사 말을 경청하는가?		
2-7	교사의 요구에 순응하는가?		
2-8	교사와 대화나 놀이와 교수활동을 주고받는가?		
3	과제를 성공적으로 완수할 수 있는가?		
4	교사의 도움 없이 활동을 선택할 수 있는가?		
5	권리 행사를 하는가?		
5-1	친구가 차례를 지키지 않아 장난감이나 교구를 사용하지 못할 때 자기 소유권을 주장할 수 있는가?		
5-2	활동에 참여하기 위한 선택을 할 수 있는가?		
5-3	독립적으로 과제를 완료할 수 있는가?		
5-4	자기 물건을 지킬 수 있는가?		
5-5	괴롭힘에 대한 두려움 없이 놀이할 수 있는가?		
6	자기가 하는 일에 열정을 보이는가?		

사례 1 기관에서의 자아존중감 관찰 예시

자아존중감 관련하여 관찰한 내용의 사례는 다음과 같다.

대상 아동 : 김지수 관찰자 : 김관찰 관찰일자 : 2018년 5월 3일

Yes	No	항목	근거행동기록
	V	어려움 없이 등원 시 부모와 떨어질 수 있음	엄마한테 매달리고 울음
V		교사와 안정된 애착 형성	엄마가 떠나자 교사에게 와서 안기고 진정됨
	V	과제를 성공적으로 완수함	영서가 오자 색칠하는 작업을 도중에 그만둠
	V	교사의 도움 없이 활동을 선택함	배회하던 지수를 교사가 언어영역에 앉힘
V		권리 행사를 함	영서가 크레용을 가져가는 것을 못하게 함
	V	자기가 하는 일에 열정을 보임	멍하니 친구들 활동을 보고 함께 놀지 않음

BOX 10-2

교사행동에 대한 관찰

"유아기의 자아존중감 향상을 위해 교사는 무엇을 해주면 좋을까요?"

교실에서 유아의 자아존중감 행동이 나타나지 않으면 유아를 지원하고 자극할 의도적으로 계획된 활동을 제공하며 지속적인 관심과 노력을 하는 것이 필요하다. 지원할 수 있는 활동목록을 참고로 유아들에게 제공되고 있는 교육과 보육활동이 적절하게 계획되고 있는지 지속적으로 점검하면 좋다.

♥ 부모와의 분리 어려움

- 처음 등원하는 날보다 먼저 사전에 어린이집 혹은 유치원을 방문해서 익숙한 기억을 만들어 놓거나 교실의 사진 등을 찍어 가정에 붙여 익숙하게 함
- 학기가 시작되고 적응기간에 모든 원아를 첫날에 시작하기보다는 반(1/2)으로 나누어 A그룹은 오전에, B그룹은 오후에 오는 것도 고려하기(교사 대 영아 비율 줄이기), 교사의 지원이 분리에 도움이 됨
- 적응기간에는 교실의 환경을 최대한 적은 활동을 두고 안정되면 점차 늘려가기
- 부모의 방문을 허용하고, 초반에는 부모가 교실에 함께 있도록 허용하기

♥ 교사와의 애착 형성

- 유아에게 신체적 거리를 좁히도록 노력함. 교실에 들어왔을 때 가까이 다가가고, 때때로 유아에게 웃어주고 함께 걸어가고 격려의 말을 해주기, 적은 시간이라도 함께 놀이하기
- 개별적인 긍정적인 관심을 보여 주기
- 유아와 함께 놀이할 때 도와줄지 물어보고 함께 생각을 공유하는 대화하기

♥ 성공적으로 과제 수행하기

- 유아가 좋아하는 활동으로 과제를 묶어서 제공하기
- 책 읽어주기

♥ 교사 도움 없이 활동 선택하기

- 3세 때에는 선택사항이 방대하지 않도록 적은 수의 활동영역과 활동내용을 제공하기, 4~5세가 되면 점차 복잡한 활동들을 다양하게 제공하기
- 활동할 수 있는 충분한 시간을 제공하기, 활동영역을 함께 다니면서 활동을 소개하고 선택할 수 있는 충분한 시간을 주기
- 유아가 항상 보이는 자리에 교사가 서 있거나 앉아 있기, 눈을 마주쳐주고, 웃음으로 지원해주며 옆에 있다는 것을 알게 하기

♥ 권리 행사

- 유아가 따라 할 행동의 모델을 보여 주기, 안 되는 것은 단호하게 알려주고 왜 그래야 하는지 이유를 알도록 설명하기
- 유아 스스로 선택을 하게 함으로써 올바른 권리행사를 학습하게 하기, 특히 주도적으로 선택한 놀이를 하게 하기

♥ 자신이 하는 일에 열정을 보이기

- 독립성을 충족시켜줄 활동이 충분한 교실환경인지 점검하기
- 지퍼 올리기, 단추 채우기 등 소근육운동 협응이 될 수 있도록 연습시키기
- 교사 스스로 열정적으로 활동을 소개하고 참여하는 모델을 보여 주기
- 독립성 촉진 활동사례 : 옷을 입고 벗기, 붓으로 그리기, 신발 쪼이기(찍찍이), 본인의 사물함 사용하기, 장난감 꺼내기, 장난감 정리하기, 변기 사용, 인형 옷 입히기, 칫솔질하기, 테이블 세팅하기, 가위질하기, 음료수 따르기, 안전 칼로 자르기, 찰흙 섞기, 먹고 나서 뒷정리하기, 퍼즐 맞추기 등

연령	행동	Yes	No
4세	성인(예 : 교사, 부모)이 보여 주는 행동을 역할 모델로 모방하는가?		
	성인(예 : 교사, 부모)의 승인을 추구하는가?(성인의 인정을 받고자 하는가?)		
	다른 사람들과 대화를 하는가?		
	복잡한 역할놀이를 할 수 있는가?		
	충고받는 것을 좋아하지 않는가?(예 : 교사의 지적)		
	자율성, 독립성을 갖기 원하는가?		
	장난감을 그냥 가져가기보다는 가기 전에 물어보는가?		
	권위와 제한을 지속해서 시험하는가?		
5세	다른 또래 친구들과 협동적으로 놀이할 수 있는가?		
	성인(예 : 교사, 부모)과 노는 것보다 또래와 노는 것을 선호하는가?		
	가장 친한 친구와 특별한 친구가 생겼는가?		
	그룹에 특정 친구들을 끼워주지 않는 경우가 있는가?		
	다른 친구들에 대해 뒷이야기(예 : 험담 등)를 하기도 하는가?		
	성인(예 : 교사, 부모)의 도움 없이 대부분 갈등을 해소할 수 있는가?		
	다른 사람의 기분을 더 잘 인지할 수 있게 되었는가?		
	대부분 순서를 지키는가?		
	대부분 규칙을 잘 따르는가?		
	가장 의상을 입고 역할놀이하는 것을 좋아하는가?		
	무엇이든 가장 먼저 하기를 좋아하는가?		
	협력하고자 하는 의지가 있는가?		
	자기 주도적으로 결정하기를 원하는가?		
	주목(관심)받는 것을 좋아하는가?		

사례 2 기관에서의 사회적 발달 관찰 사례

사회적 발달과 관련하여 관찰한 내용의 사례는 다음과 같다.

대상 : 이혁민(만 4세)　　관찰자 : 김관찰　　관찰일자 : 2018년 9월 2일

일화기록법

혁민이는 자동차 박스에서 자동차 2개를 꺼내 한 손에 하나씩 들고 블록놀이영역 바로 옆 바닥에 앉아 있다. 오른손으로 자동차를 바닥에 굴리면서 자동차 소리를 "부르릉, 부르릉" 낸다. 자동차를 굴리는 놀이를 5분 동안 혼자서 하고 있다. 잠시 뒤를 돌아 블록놀이영역 쪽을 바라본다. 30초 정도 바라보다가 민서와 영준이가 놀고 있는 블록놀이영역으로 걸어간다. 혁민이는 민서와 영준이가 쌓아 놓은 블록 빌딩에 차를 굴리기 시작한다. 민서와 영준이가 혁민이를 민다. 혁민이는 주저앉아 민서와 영준이를 쳐다보다가 다시 차를 굴리기 시작한다. 그러자 민서가 혁민이가 굴리던 자동차를 집어 다른 쪽으로 던진다. 영준이는 혁민이를 밀친다. 혁민이가 울기 시작한다. 교사가 혁민이에게 다가와서 묻는다. "무슨 일이야? 혁민이 왜 울어?" 민서가 "혁민이가 우리가 만든 빌딩을 차로 무너뜨리려고 했어요"라고 하고, 영준이는 "혁민이랑 놀기 싫은데 자꾸 와서 방해해요"라고 말한다.

행동목록과 근거 찾기

항목	Yes	No	근거
혼자서 장난감을 가지고 놀 수 있음	V		자동차를 굴리며 바닥에 혼자 앉아 놀았음
같은 장난감을 가지고 다른 친구들과 병행놀이를 할 수 있음	V		자동차를 가지고 블록놀이영역 옆에서 놀았음
친구들과 집단놀이를 할 수 있음			관찰내용 없음
긍정적인 방식으로 진행하는 놀이를 계속할 수 있음		V	친구들이 올린 블록 빌딩에 허락 없이 자동차를 굴리는 행동을 함
다른 유아와 친구를 만들 수 있음			관찰내용 없음
긍정적인 방식으로 갈등을 해결할 수 있음		V	친구들이 원하지 않을 때 계속 자동차를 굴리는 행동을 시도하고, 두 번째 밀었을 때 울음으로 반응함

BOX 10-4

교사행동에 대한 관찰

"유아기의 사회적 발달 향상을 위해 교사는 무엇을 해주면 좋을까요?

교실에서 유아의 사회적 행동이 나타나지 않을 때는 의도적으로 계획된 활동으로 유아를 자극하고 지원해주는 지속적인 관심과 노력이 필요하다. 지원할 수 있는 활동목록을 참고로 유아들에게 제공하는 교육활동이 적절하게 계획되고 있는지 지속해서 점검하면 좋다.

♡ 아동 2명이 할 수 있는 활동으로 세팅하기

- 또래 친구와 활동하는 경험에 자연스럽게 노출되는 기회를 마련하기
- 두 친구가 함께 물감을 사용해야 하는 미술활동이나 서로 말하는 것을 녹음하는 활동 등 둘이서 해야 하는 활동을 계획하기

♡ 집단놀이를 하는 기회 마련하기

- 견학활동이나 야외 소풍활동의 전후에 관련된 주제의 역할극을 마련하기
- 집단으로 책을 읽어주기, 체육활동, 음악활동 등

♡ 손인형을 통해 사회적 기술(예 : 놀이참여를 시작하는 말 등)을 가르쳐주기

- 손인형극을 보여 주기
- 손인형을 통해 사회적 기술이 부족한 아동에게 질문하여 대답하는 연습하기

♡ 인원수를 정해 놓은 영역을 만들어보기

- 놀이영역에 인원 제한을 때로는 최소 인원을 정해놓기(예 : 이 영역에서 놀려면 적어도 5명은 있어야 놀 수 있음 → 친구에게 놀이를 제안해야 하는 기회 증가)

♡ 갈등을 자꾸 유발하는 아동이 있을 때, 교사 옆에 앉혀 다른 친구들이 노는 모습을 보며 다른 친구의 행동에 대해 함께 토론하기

다른 친구들의 행동을 보며 스스로 나쁜 점을 이야기하며 자기반영을 하고, 모델링해볼 기회가 생김

♡ 직접적인 코칭하기

아동이 정확하게 어떻게 이야기하면 좋은지, 어떻게 행동하면 좋은지 이해할 수 있도록 구체적인 말과 행동을 알려주는 것도 필요함

♡ 집단 역할극하기

- 교육환경에서 자주 일어나는 상황에 대해 역할극을 만들어 역할극 하기
- 아이들이 하는 역할극을 녹화하여 다시 보여 주기

3) 정서적 발달

아동의 정서발달emotional development은 다른 영역의 발달과는 조금 다른 방식으로 이루어진다. 정서발달은 신체, 사회성, 인지, 언어 등의 발달과 동시에 이루어지기도 하지만, 어린 시기에는 아직 발달하지 못한 채로 유지되며 다른 발달영역으로부터 독립적으로 발달한다. 자극에 대한 정서적 반응이 지속해서 반복되면 이러한 반응을 통제하는 능력이 형성된다. 정서능력은 정서 표현성, 정서지식, 정서조절 등 타인과 상호작용하고 관계를 형성할 수 있는 능력의 주요 핵심 요소로 역할을 한다(Nissen & Hawkins, 2012). 행복, 사랑, 흥분 등을 포함하는 긍정적 정서와 좌절, 분노, 두려움 등을 포함하는 부정적 정서 등을 타인에게 표현하는 능력은 정서 표현성이다. 다른 사람이 가진 정서상태가 무엇인지를 구별할 수 있는 능력은 정서적 지식이다. 교육현장에서 교사들이 유아를 지도하기 위해 파악해야 하는 가장 중요한 아동의 능력은 정서조절능력으로 사회적인 다양한 상호작용에서 유발되는 행동이나 정서를 조절하는 능력이다. 특히, 어린 연령의 아동은 정서를 조절할 수 있는 자원이 제한되어 있기에 친구들과 혹은 교사와 긍정적인 관계를 맺는 데 어려움을 가질 수 있다. 뇌발달의 성숙은 연령별 정서능력의 차이를 가져오기 때문에 교육현장에서 교사가 대상 아동의 정서능력수준을 정확하게 이해하는 것이 매우 중요하다. 교사는 아동이 느끼는 부정적인 정서의 원인을 없애주거나 줄여주고, 아동이 울거나 말을 하도록 표현에 대해 수용적인 태도로 부정적인 반응을 상쇄시켜주는 역할을 해야 한다. 스스로 조절할 수 있도록 정서적으로 지지를 하거나 편안함을 제공하며, 행동을 통제하는 것을 모델링해주는 역할이 필요하다. 구체적인 연령별 사회적 발달행동 관찰내용은 표 10-3에 제시하였다.

BOX 10-5

관찰해야 하는 주요 내용

- 정서를 이해하고 표현하며 자기 기분을 이야기할 수 있는가?
- 유아의 정서적 안녕감이 학습에 긍정적 혹은 부정적으로 영향을 미치는가?
- 자신의 감정을 인식하고 적절한 방법으로 표현할 수 있는가?
- 교사에게 편안하게 질문을 하러 다가오는가?
- 다른 사람들의 기분과 정서에 어떻게 반응하는가?
- 정서적 갈등을 어떻게 해결하는가?
- 기분과 행동 간의 관계를 이해하고, 다른 사람이 느끼는 감정을 이해하는가?
- 또래 친구나 교사와 환경에 존중감, 애정, 보살피고자 하는 마음을 보이는가?
- 실망했을 때도 얼마나 잘 반응할 수 있는가? 대안으로 해결할 수 있는가?
- 또래와 교사와 어떻게 관계를 맺는가?

교실에서 나타나는 원인과 정서에 의한 결과

- 좌절 : 애착 대상으로부터의 분리 → 울음, 보챔, 매달림
- 분노 : 신체적 · 심리적인 저지 → 얼굴 붉어짐, 큰 소리, 소리 지름, 공격성
- 두려움 : 위협 → 근육 위축, 떨기, 매달림, 울음
- 관심 : 변화, 낯선 대상 → 쳐다보기, 눈(동공) 커짐
- 애정 : 애정을 받음 → 교사 옆에 앉기, 신체접촉, 안기, 미소, 손잡기
- 기쁨 : 기쁜 경험, 행복한 생각, 우정 → 미소, 웃음, 눈이 반짝임, 행복한 듯 말하기

표 10-3 정서적 발달능력의 관찰목록

연령	행동	Yes	No
3세	다른 친구들이나 교사 등 주변 사람들에게 애정을 보이는가?		
	두려움을 보이는가?(예 : 괴물, 어둠 등)		
	스트레스를 받으면 손톱을 물어뜯거나 유사한 긴장행동을 보이는가?		
	기분에 대해 언어적으로 표현할 수 있는가?		
4세	사랑받고 누군가의 애정을 받게 행동할 수 있는가?		
	위험한 상황을 상상하며 두려움을 느낄 수 있는가?		
	다른 사람의 기분을 알아차릴 수 있는가?		
	나쁜 말을 사용하거나 으스대는 행동을 하는가?		
	잘못하는 행동을 하고 고집부리기도 하는가?		
	종종 인내심을 보이는가?		
	화가 날 때, 왜 화가 나는지 알아차리려는 시도가 나타나는가?		
	행동으로 화난 걸 보여 주거나 똑같이 해주려고 위협을 하기도 하는가?		
	긴장되는 기분을 다스릴 줄 알게 되었는가?		
5세	다른 사람의 기분을 더 잘 알아차릴 수 있는가?		
	다른 사람의 기분에 민감한가?		
	경쟁적인 행동을 보이는가?(경쟁을 느끼는가?)		
	새로운 기술을 습득하고 잘하게 되면 자기존중감이 높아지는가?(예 : 뿌듯해함)		

사례 3 기관에서의 정서적 발달 관찰 사례

정서적 발달과 관련하여 관찰한 내용의 사례는 다음과 같다.

대상 : 김정서　　관찰자 : 김관찰　　연령 : 만 4세

항목	Yes	No	주요 내용
적절한 방식으로 스트레스 기분을 풀어냄(없앰)	V		진영이가 정서가 사용하던 가위를 가져갔을 때 교사가 진정시켜주자 다시 활동에 집중함
부정적인 행동보다는 언어로 분노를 표현함	V		진영이가 가위를 가져가자 "진영이가 가져갔어요. 이건 나쁜 행동이에요"라고 말함
놀라는 상황에서 차분할 수 있음			관찰내용 없음
다른 사람에게 사랑, 애정을 보임	V		선생님 옆에 앉아 선생님 손을 만짐
교실에서의 활동에 관심과 흥분을 보임	V		교실에 준비된 활동을 하기 위해 교실 전체를 돌아다님
대부분 행복해하고 미소를 짓고 있음			미소는 보이지만, 가끔 부정적 정서를 보임

ABC 기록법

시간	선행사건	행동	결과
11 : 15	영미가 서영이의 머리핀을 반복적으로 떼는 행동을 하며 놀리기 시작함	서영이가 무척 화가 나 영미를 때림	교사가 다가가 싸움을 그만하게 하자 영미가 "서영이가 먼저 시작했어요!"

BOX 10-6

교사행동에 대한 관찰

"유아기의 정서적 발달 향상을 위해 교사는 무엇을 해주면 좋을까요?"

교실에서 유아의 정서가 부정적인 경우, 유아를 지원하고 중재할 수 있는 의도적으로 계획된 활동을 마련하기 위해서 지속적인 관심과 노력을 하는 것이 필요하다. 지원할 수 있는 활동목록을 참고로 유아들에게 제공되고 있는 교육활동이 적절하게 계획되고 있는지 지속적으로 점검하면 좋다.

♡ 부정적인 정서를 진정할 수 있는 공간을 마련하기

- 혼자서 편히 앉아 있거나 화난 감정을 진정할 수 있는 소파, 쿠션 등을 준비하기
- 부드러운 인형, 담요 등이 필요함

♡ 감정에 대한 이야기를 많이 하기

감정에 대한 단어를 공부하며 감정에 대해서 이야기하기

♡ 때로는 울도록 수용하기

- 스트레스는 눈물로 해소될 수 있기에 울음을 허용하는 것이 감정해소에 좋음
- 지속해서 부드럽게 이야기하며 울음을 수용

♡ 호기심 유발하는 활동을 제공하여 교실활동에 집중하도록 하기

아동은 일상과 다르고 특이한 활동을 선호함(예 : 커스텀 복장, 손만 넣을 수 있는 상자 안의 사물 손감각)

4) 인지발달

유아들은 점차 복잡한 방법으로 주변 환경을 분석하며 수용하게 된다. 사물을 바라볼 때 사물을 분류하고 도식화하여 서로 다른 범주로 분류를 하며 인식하게 된다. 이 시기에 학습의 폭은 넓어지고 유아 스스로 능동적으로 학습 욕구가 매우

높아지게 된다. 주변 세계에 대한 호기심으로 끊임없는 질문을 하며 정보를 얻는다. 학교 입학을 앞둔 시기에 가까워지면 어휘력이 폭발적으로 증가하고, 논리적 사고가 확장됨에 따라 사고력과 사물에 대한 이해력이 높아진다. 유아의 인지적 발달은 각자 경험한 바에 따라서 개별 차이가 두드러지게 나타나므로, 기관에서 교사는 유아의 개별적 차이를 지속해서 관찰하여 유아의 수준에 맞춰 인지적 자극을 적절하게 제공할 필요가 있다. 구체적인 연령별 인지발달cognitive development능력의 정상행동의 관찰목록은 표 10-4에 제시하였다.

BOX 10-7

관찰해야 하는 주요 내용

- 스스로 생각을 하는가? 활동과 교구를 선택하는데, 스스로 어떻게 문제해결을 하는가? 어떤 도움이 필요한가?
- 기억력이 어느 정도로 발달하고 있는가? 회상할 수 있는가?
- 교구들과 환경에 관심을 보이는가? 새로운 교구를 탐색하고 경험하는 것을 즐기는가?
- 사물의 짝짓기(matching), 배열과 범주화 등을 얼마나 잘할 수 있는가?
- 순서 매기기와 배열하기 등을 얼마나 잘할 수 있는가? 논리적인 방식으로 사건의 순서를 나열할 수 있는가? 이러한 기술이 얼마나 숙련되었는가?
- 학습에 얼마나 참여하는가? 선호하는 학습 유형은 무엇인가?
- 사고력이 발달하고 있는가? 논리적으로 사고하기 시작했는가?
- 문제해결을 위해서 어떤 방식으로 접근하는가? 해결을 위해서 이야기 나누고 토론하는가?
- 현실과 가상을 구분할 수 있는가?
- 시간 개념이 어느 정도로 발달하고 있는가?
- 활동하면서 발견한 것을 이야기하고 또래나 교사와 함께 논의할 수 있는가?
- 새로운 상황을 학습할 수 있는가? 얼마나 자신이 있는가?

표 10-4 인지발달능력의 관찰목록

연령	행동	Yes	No
3세	색깔과 모양대로 나눌 수 있는가?		
	몇 가지 색깔을 아는가?		
	숫자 5까지 셀 수 있는가?		
	짧은 이야기를 말할 수 있는가?		
	간단한 라임을 반복하거나 노래를 부를 수 있는가?		
	안, 밖, 위, 아래 등을 이해할 수 있는가?		
	어제, 오늘, 내일, 아침, 오후, 밤과 같은 시간 개념을 이해하는가?		
	'왜', '어떻게'로 물어보는가?		
	간단한 문제에 대해 생각할 수 있는가?		
	두 가지 관련된 지시를 따를 수 있는가?		
4세	손유희, 라임과 노래를 기억할 수 있는가?		
	과거에 한 경험으로 미래에 일어날 일을 예측할 수 있는가?		
	이야기를 만들 수 있는가?		
	조금 더 긴 주의력을 보이는가?		
	누가, 무엇을, 어디로, 언제로 물어볼 수 있는가?		
	대부분의 색깔과 모양을 구분할 수 있는가?		
	글자와 숫자 간의 차이를 알 수 있는가?		
	같은 어두로 시작되는 단어를 구분할 수 있는가?		
	숫자 9까지 셀 수 있는가?		
	6개 이상의 대상을 정의할 수 있는가?		
	같고 다름을 이해할 수 있는가?		
	부분과 전체, 더 큰지 똑같은지 등의 관계를 이해할 수 있는가?		

연령	행동	Yes	No
	꼭대기와 바닥, 옆과 위와 같은 공간관계를 이해할 수 있는가?		
	세 가지 관련된 지시를 따를 수 있는가?		
5세	이름과 주소를 아는가?		
	유머를 좋아하는가?		
	사건이 왜 발생했는지에 대한 신념이 있는가?		
	상상 이야기를 만들 수 있는가?		
	자신의 경험을 이야기할 수 있는가?		
	단어의 뜻을 물어보는가?		
	관심 있는 영역의 단어를 더 학습하려고 하는가?		

사례 4 기관에서의 인지발달 관찰 사례

인지발달과 관련한 행동목록법 관찰 사례는 다음과 같다.

행동목록과 근거

항목	Yes	No	주요 내용
모양, 색깔, 크기 기준으로 배열할 수 있음	V		색깔을 알고, 원과 사각을 그릴 수 있음
사물을 서열에 따라 배열할 수 있음	V		인형을 작은 것에서부터 큰 것으로 배열할 수 있음
20까지 셀 수 있음	V		20 이상을 셀 수 있음
사물을 이용하여 문제를 해결할 수 있음	V		편지봉투가 없자, 색종이로 접어서 만듦
유머를 좋아함	V		웃긴 수수께끼를 가져와 교사를 웃기려고 함
단어의 뜻을 물어봄		V	책을 읽다가 '수면'이라는 말이 나오자, "수면?"하고 혼잣말을 하고 넘어감

5) 언어발달 및 의사소통기술

언어로 이야기를 하는 것은 인간으로서 습득해야 하는 가장 중요한 기술 중의 하나이다. 언어적 습득기제는 타고나는 것으로 언어 사용의 기회가 풍부한 환경에 노출되면 자연스럽게 모국어 형성이 어렵지 않게 이루어진다.

유아는 언어를 이해하고 표현하는 기술이 지속해서 발달한다. 연습을 통해서 새

BOX 10-8

관찰해야 하는 주요 내용

- 이야기 내용, 라임 등을 이해하는가?
- 지시를 따르는가? 상세한 지시를 따라할 수 있는가?
- 자신의 생각, 아이디어, 필요한 요구사항과 기분 등을 어떻게 표현하는가?
- 친구들이 이야기한 생각들을 쉽게 이해할 수 있는가? 친구들과 의사소통하는 데 자신감을 보이는가?
- 얼마나 유창하게 말하는가? 얼마나 효과적으로 또래와 교사와 이야기할 수 있는가?
- 자신의 욕구를 얼굴 표정, 행동 등으로도 표현하는가(간접적 의사소통)? 그렇다면 얼마나 자주 어떤 방식으로 하는가?
- 다른 또래나 교사의 얼굴 표정/행동 등에 반응하는가?
- 효과적인 의사소통을 위해서 명확하고 유창하고 재미있는 언어의 중요성을 인식하는가?
- 다른 또래나 교사가 하는 이야기에 적절하게 반응하는가?
- 토론하고 있는 문제를 명확하게 이해할 수 있도록 질문하고 답하는가?
- 읽기 능력이 어느 정도로 발달하였는가? 읽는 활동을 어떤 식으로 하는가?
- 쓰기 능력이 어느 정도로 발달하였는가? 그 단계는 어느 정도인가?
- 듣기는 하는데 말을 하지 않는가?
- 한 마디나 짧은 구문으로 반응하는가?
- 대화에 참여하며 역할을 하는가?
- 질문을 하는가?

로운 단어를 분명하게 알게 되고, 적절한 문법을 구사하는 방법을 학습한다. 유아의 언어발달language development 수준은 질문하고 대답하는 과정, 지시를 따르는 과정, 이야기하는 과정, 친구나 교사에게 자신의 생각을 설명하는 과정에서 드러난다. 교육현장에서 유아의 언어적 기술을 관찰하기에는 유아가 말한 내용을 직접 인용할 수 있는 표본식 기록법이 효과적일 수 있다. 언어적으로 어려움을 겪는 유아를 발견하면 그 유아를 더 잘 이해하기 위해서 기록하고, 발음문제인지 단어수준이 떨어지는지 등 주된 원인을 파악할 필요가 있다.

표 10-5 언어적 발달능력의 관찰목록

연령	행동	Yes	No
3세	4개 이상의 단어로 구성된 문장을 이야기할 수 있는가?		
	낯선 사람도 충분히 이해할 수 있을 만큼 명확하게 이야기하는가?		
	기본 문법규칙을 사용할 수 있나?		
	3인칭 대명사를 이해할 수 있는가?		
	5~10개의 한글(ㄱㄴㄷ 등)을 아는가?		
	한글을 이해하고, 한글을 이용해서 단어를 만들기도 하는가?		
	하루에 4~6개의 새로운 단어를 학습할 수 있는가?		
	짧은 이야기를 말할 수 있는가?		
4세	더 상세한 정보가 들어 있는 긴 문장을 이야기할 수 있는가?		
	대부분의 단어를 정확하게 발음해서 이야기하는가?		
	미래시제와 대명사를 사용하여 이야기하는가?		
	다양한 과거시제 표현을 이용해서 이야기하기 시작하는가?		
	이야기를 만들 수 있는가?		

연령	행동	Yes	No
5세	모든 사람이 이해할 수 있게 이야기할 수 있는가?		
	더 길고 더 복잡한 문장을 사용할 수 있는가?		
	한글과 한글로 만들 수 있는 다양한 소리(예 : 된소리, 센소리 등)를 아는가?		
	간단한 책을 읽을 수 있는가?		
	눈에 보이는 글자를 읽을 수 있는가?		

사례 5 기관에서의 언어발달 관찰 사례

유아의 언어발달에 대한 평정척도법 관찰 사례는 다음과 같다.

행동에 대한 평정척도법

1	2	3	점수
듣기 어려운 작은 목소리로 이야기함	목소리는 들리지만, 몇 단어가 분명하지 않음	분명하고 큰 목소리로 이해하기 쉬움	3
단어와 내용이 유아가 이해하는 단계보다 적절하지 않음	몇 단어와 내용이 유아에게 혼란스러우나 그 연령대에 익숙한 주제로 이야기함	단어와 내용이 익숙하고 유아에게 어려운 수준으로 이야기함	2
책을 읽을 때 표현이나 흥분이 보이지 않고 한 톤으로 읽음	어느 정도의 흥분을 보여 다양한 목소리를 간혹 이용함	이야기의 주인공과 내용을 적절하게 반영하여 목소리를 다양하게 사용하여 읽음	2
친구가 이야기할 때 질문을 하지 않음	이야기할 때 질문을 하지만, 친구의 이야기 흐름을 끊어 놓음	중간중간 대화와 관련된 질문을 함. 질문의 내용은 대화를 잘 이해하고 예측함	3

BOX 10-9

교사행동에 대한 관찰

"유아기의 언어적 발달 향상을 위해 교사는 무엇을 해주면 좋을까요?"

교실에서 유아의 언어발달이 지연되거나 부정적인 방식으로 나타날 때 유아를 지원하고 자극할 수 있는 의도적으로 계획된 활동을 마련하기 위해서 지속적인 관심과 노력을 하는 것이 필요하다. 지원할 수 있는 활동목록을 참고로 유아들에게 제공되고 있는 교육활동이 적절하게 계획되고 있는지 지속해서 점검하면 좋다.

♡ 언어 확장을 위한 전략 이용하기

- 아동이 말한 내용을 반복해주되 단어를 추가해서 확장해서 말해주기
- 아동의 진술에 반응하고, 정보를 더 추가해서 설명하기
- 아동이 하는 행동을 소리 내어 읽어주고 말로 묘사하기
- 교사가 자기언어(self-talk)하며 모델링하기(교사가 하는 활동을 말로 말하면서 행동하기)
- 질문을 계속해서 끊임없이 말을 할 수 있도록 격려하기

♡ 대화를 늘려주기

- 아동의 과거 경험을 이야기하기
- 교사가 어떤 말을 하거나 행동을 하면 왜 그렇게 말하거나 행동했는지를 이유를 설명해주기
- 교사가 이야기하고 있는 두 사물을 비교하기
- 기분을 이야기하기
- 아동의 기분을 물어보기

♡ 소그룹 대화시간을 계획하기

- 말을 할 기회를 늘릴 수 있도록 소그룹 대화시간 가지기
- 친구들끼리 편안하고 친근한 분위기에서 이야기할 기회를 늘리기

6) 신체적 발달

(1) 소근육운동능력발달

유아기의 소근육운동능력은 영아기에 비해서 급속도로 정교해진다. 기관에서 유아들은 신발 끈을 묶거나 급식판 등을 운반해야 하는 등 더욱 섬세한 기술을 필요로 하는 과제에 직면하게 된다. 유아기는 유아의 뇌에서부터 각 손가락까지 복잡한 명령을 효과적으로 전달하기 위해 여전히 중추신경계가 성숙하고 있는 시기이다. 또한 소근육은 대근육보다 더 쉽게 지치고, 유아들의 짧고 뭉툭한 손가락들은 정교하고 섬세한 과제수행을 더욱 어렵게 만든다. 전반적으로 소근육을 쓰는 활동은 인내심이 필요한 활동이 대부분이기 때문에 소근육운동능력발달은 연령별로 혹은 개별적으로 차이가 나타난다. 따라서 기관에서 교사는 연령별 소근육운동의 발달내용을 이해하고, 같은 연령집단 내에서 나타나는 개별적 차이도 민감하게 파악해서 적절한 자극을 제공하는 것이 좋다. 발달상태에 못 미치거나 혹은 지나친 작업은 유아들에게 지루함이나 좌절감을 제공할 수 있기에 소근육운동발달상태에 적합한 활동을 제공하는 것이 중요하다.

유아기의 소근육운동능력의 대표적 활동은 그리기와 글씨 쓰기이다. 3세가 되면 대부분 연필을 통제할 수 있다. 그리는 내용은 아직 원시적으로 원의 형태를 그릴 수 있다. 4세가 되면 가위를 사용하거나 기하학적 모양과 글자를 모방해서 그릴 수 있고, 두세 부분으로 점토 형태를 만들 수 있다. 이 시기부터는 자신의 이름을 따라 그릴 수 있게 되는 등 손가락 근육을 통제하여 의도된 선을 그릴 수 있게 된다. 구체적인 소근육운동능력의 정상적인 발달행동은 표 10-6에 제시하였다.

표 10-6 소근육운동발달능력의 정상행동

연령	행동	Yes	No
3세	9~10개의 블록을 쌓을 수 있는가?		
	큰 구슬을 실에 꿸 수 있는가?		
	종이를 반으로 자를 수 있는가?		
	크레파스를 손바닥 대신 손가락으로 잡을 수 있는가?		
	동그라미를 따라 그릴 수 있는가?		
	수직선을 따라 그릴 수 있는가?		
	수평선을 따라 그릴 수 있는가?		
	십자선을 따라 그릴 수 있는가?		
	사람의 세 부분의 신체 부위를 그릴 수 있는가?		
	대상의 얼굴을 그릴 수 있는가?		
	3~6개의 조각으로 된 퍼즐을 완성할 수 있는가?		
	찰흙으로 모양을 만들 수 있는가?(예 : 뱀, 공 등)		
	책 페이지를 한 번에 넘길 수 있는가?		
	거의 흘리지 않고 혼자 먹을 수 있는가?		
	나이프로 잼이나 버터를 바를 수 있는가?		
	음료나 물을 따를 수 있는가?		
	싱크대나 세면대 물을 틀 수 있는가?		
	큰 단추를 풀 수 있는가?		
	도움 없이 외투를 벗을 수 있는가?		
4세	세 개의 블록으로 다리를 세울 수 있는가?(세로 둘, 가로 둘)		
	사각형을 따라 그릴 수 있는가?		
	네 개 이상의 신체 부위를 가진 사람을 그릴 수 있는가?		

연령	행동	Yes	No
4세	가위로 직선을 자를 수 있는가?		
	크레파스를 두 손가락과 엄지로 잡을 수 있는가?		
	밀대로 플레이도우(찰흙)를 밀어 납작하게 만들 수 있는가?		
	찰흙에 모양 틀로 눌러 찍어낼 수 있는가?		
	6~8개의 퍼즐을 완성할 수 있는가?		
	작은 그릇에 음료를 부을 수 있는가?		
	끈을 묶을 수 있는가?(예 : 신발, 장난감)		
	분리된 지퍼를 올릴 수 있는가?		
5세	블록으로 집이나 다른 구조물을 지을 수 있는가?		
	선을 따라 그림 모양을 자를 수 있는가?		
	삼각형을 따라 그릴 수 있는가?		
	자기 이름의 일부 글자를 쓸 수 있는가?		
	몸, 머리, 다리, 팔을 가진 사람을 그릴 수 있는가?		
	10~15개의 퍼즐을 완성할 수 있는가?		
	사물을 분리했다가 다시 합칠 수 있는가?		
	대부분의 음식을 먹을 때 숟가락과 훈련용 젓가락(혹은 포크)을 사용할 수 있는가?		
	신발 끈을 묶을 수 있는가?		
	혼자서 쉽게 옷을 입을 수 있는가?		
	옷의 단추를 잠글 수 있는가?		

(2) 대근육운동능력

대근육운동발달 습득 여부에 대한 양육자나 교사의 관심은 영아기를 지나 첫 걸음을 뗀 이후 유아기에 접어들수록 줄어든다. 그러나 대근육운동능력은 아동의 전인적인 발달에 중요한 역할을 하고, 활발한 신체활동을 좋아하는 유아들의 본능적 특성에 따라 건강과 체력 유지를 위해 중요한 기여를 하는 필수조건이다. 기관에서 교사는 유아들의 대근육운동능력을 촉진할 수 있는 활동이 충분히 이루어지고 있는지를 점검하고, 유아들의 대근육운동기술이 연령에 적절하게 발달되고 있는지 관찰할 필요가 있다. 실내 생활을 하는 시간의 비율이 높고 실외 활동의 기회가 적을 수밖에 없는 교육현장의 어려움을 고려할 때, 유아가 대근육운동기술을 충분히 연습하지 못해 발달이 지연되고 있지는 않은지 민감하게 관찰해야 한다.

3세가 되면 발을 보지 않고도 좋은 자세로 걸을 수 있고, 뒤로도 걸을 수 있으며 갑작스러운 정지나 방향 전환을 위해 충분히 자신의 움직임을 통제할 수 있다. 깡충깡충 뛰고 한 발로 설 수 있으며 계단을 교대로 걸어가는 시도를 하기도 한다. 이 시기에 세발자전거를 타거나 공을 던지는 운동기술도 습득할 수 있지만, 아직까지는 공이 어떤 방향에서 오든 팔을 내밀어 잡는 것은 어렵다. 4세가 되면, 한 발로 균형을 잡고 뛰어다닐 수 있으며 한 발로 번갈아 계단을 오르는 것에 익숙해지며 일부 유아는 계단을 건너뛰기도 한다. 유아 시기에는 새로운 운동기술을 습득하게 되면 자부심을 느끼고 성취했다는 느낌을 주는 운동활동에 자긍심을 느낀다. 반대로 운동활동에 실패하게 되면 불충분한 부정적 감정을 일으키기 때문에 교사는 기관에서 유아들이 시도하는 다양한 운동활동에 대한 성취를 경험할 수 있도록 지속적인 관찰을 하면서 적절하게 지도해야 한다. 또한 자신의 운동능력에 자신감을 얻어 간혹 능력 밖의 과감한 활동을 시도하기도 하기에 주의 깊게 관찰하며 안전에 유의해야 한다. 구체적인 유아기의 대근육운동능력의 관찰내용은 표 10-7에 제시하였다.

표 10-7 대근육운동발달능력의 관찰목록

연령	행동	Yes	No
3세	발을 보지 않고 걸을 수 있는가?		
	잘 뛸 수 있는가?		
	음악에 맞춰 행진할 수 있는가?		
	한 발로 뛸 수 있는가?(hopping)		
	두 발로 점프할 수 있는가?		
	한 발로 대략 균형을 잡을 수 있는가?		
	미끄럼틀의 사다리를 올라갈 수 있는가?		
	계단을 손잡이를 잡지 않고 발을 바꾸어가며 계단을 올라가는가?		
	타는 장난감을 혼자 밀 수 있는가?		
	세발자전거 페달을 돌릴 수 있는가?		
	허리를 구부려 사물을 집을 수 있는가?		
	팔을 곧게 뻗어 팔로 큰 공을 잡을 수 있는가?		
	큰 공을 발로 찰 수 있는가?		
4세	똑바른 선대로 걸을 수 있는가?		
	뒤로 쉽게 걸을 수 있는가?		
	사물을 피해서 잘 걸을 수 있는가?		
	한 발로 뛸 수 있는가?(hopping)		
	8~10초 동안 한 발로 균형을 잡을 수 있는가?		
	위와 아래로 점프할 수 있는가?		
	서 있는 자세에서 앞으로 점프할 수 있는가?		
	놀이터 놀이기구를 올라갈 수 있는가?		
	손잡이를 잡지 않고 발을 바꾸어가며 계단을 올라갈 수 있는가?		
	손을 위로 볼을 던질 수 있는가?		

연령	행동	Yes	No
4세	튀는 공을 잡을 수 있는가?		
	그네를 타면서 다리로 구를 수 있는가?		
5세	균형대 위에서 걸을 수 있는가?		
	10번 앞으로 깡충 뛸 수 있는가?(hopping)		
	발을 바꿔가면서 건너뛰기를 할 수 있는가?(skipping)		
	10초 이상 동안 한 발로 균형을 유지할 수 있는가?		
	사물 위로 점프할 수 있는가?		
	줄넘기를 시도할 수 있는가?		
	발을 바꾸어가면서 계단을 내려갈 수 있는가?		
	작은 공을 던질 수 있는가?		
	손으로 작은 공을 잡을 수 있는가?		
	재주넘기를 할 수 있는가?		
	보조 바퀴를 달고 자전거를 탈 수 있는가?		
	스케이트를 탈 수 있는가?		

사례 6 기관에서의 신체적 발달 관찰 사례

유아의 신체적 발달에 대한 행동목록법 관찰 사례는 다음과 같다.

3세 유아의 대근육운동능력에 대한 관찰 : 행동목록법 활용

대근육운동기술	Yes	No	날짜	주요 내용
깍지 발로 뛰고 걷기				관찰내용 없음
자신 있게 계단 오르기	V		2018. 4. 1	계단 옆 손잡이를 잡고 올라감
자신 있게 계단 내려오기				관찰내용 없음

대근육운동기술	Yes	No	날짜	주요 내용
뛸 때 방향을 바꾸기				관찰내용 없음
기구에 오르고 미끄러지는 것을 즐김	V		2018. 4. 1	가장 앞에 줄 서 처음으로 탐
자신 있게 기구에 오르고 미끄러지기	V		2018. 4. 1	주저함 없음
움직이는 공 앞으로 차기	V		2018. 4. 1	공 차는 것을 즐김
공 튀기기, 공 받기, 조준하기		V		공을 찰 때 조준을 잘 하지만 공 튀기기나 받기는 안 보임
자신 있게 페달과 운전을 하며 큰 바퀴 장난감(예 : 자전거, 자동차) 타기		V		자신 없어 보임, 종종 안타겠다고 이야기함. 직진방향일 때만 타는 것이 보임. 페달에서 발 떼고 방향 바꿈

2. 교사가 주목해야 하는 관찰내용

1) 교사가 관찰해야 하는 유아의 행동 변화

교육현장에서 교사가 아동의 행동을 관찰해야 하는 중요한 이유 중 하나는 아동의 문제행동이 발생할 때 조기 개입하여 아동의 문제가 고착되지 않도록 사전에 방지하는 것이 중요하다는 점이다. 어린 시기에 발생하는 발달의 어려움은 이후 시기의 심각한 문제와 상관이 있기에 교사는 지속해서 관찰하고 다음과 같은 위험 신호표 10-8를 발견하면 반드시 가정과의 협력하에 개선하기 위해 적극적으로 노력해야 한다. 앞 장에서 살핀 기록법과 본 장에서 언급한 발달규준에 따라 아동의 행동을 올바르게 관찰하고 이해하되 영역별로 이해하기보다는 다양한 영역에서의 발달수준을 통합적으로 관찰하고 해석하는 노력이 필요하다.

표 10-8 교사가 관찰해야 하는 유아의 연령별 발달적 위험 신호

연령	행동	Yes	No
3세	자주 넘어지고 계단 오르기에 어려움을 가진다.		
	아주 분명하지 않은 말을 하거나 말을 흐린다.		
	간단하고 손쉬운 장난감(예 : 간단한 퍼즐, 손잡이 돌리기 등)을 가지고 놀지 않는다.		
	문장으로 말하지 않는다.		
	간단한 지시를 이해하지 못한다.		
	역할극이나 가상놀이를 하지 않는다.		
	다른 친구들과 놀거나 혹은 장난감을 가지고 놀고 싶어 하지 않는다.		
	눈맞춤을 하지 않는다.		
	한 번 할 수 있었던 행동기술을 잊는다(퇴행행동).		
4세	제자리에서 점프할 수 없다.		
	낙서하지 못한다.		
	가상놀이나 친구들과 함께 하는 게임에 관심을 보이지 않는다.		
	가족 이외의 사람들에게 반응하지 않거나 다른 친구들을 무시한다.		
	옷 입기, 잠자기, 변기 사용 등에 저항한다.		
	좋아하는 이야기를 다시 말할 수 없다.		
	3가지 포함의 지시문(예 : "자동차, 기차, 비행기를 가리켜봐", "방에 가서 컵을 가지고 나와 그 컵에 주스를 따라 마실래?")에 따를 수 없다.		
	같은 것과 다른 것을 이해하지 못한다.		
	나와 너를 옳게 사용하지 않는다.		
	불분명하게 이야기한다.		
	한 번 할 수 있었던 행동기술을 잊는다(퇴행행동).		

연령	행동	Yes	No
5세	다양한 정서를 보이지 않는다.		
	두려워하거나 공격적이거나 부끄럽거나 슬픈 행동을 극심하게 보인다.		
	비활동적이거나 회피하는 행동이 주로 나타난다.		
	쉽게 산만해져서 5분 이상 한 가지 활동에 집중하는 데 어려워한다.		
	사람들에게 반응하지 않거나 피상적으로만 반응한다.		
	무엇이 현실이고 무엇이 가상인지 말할 수 없다.		
	다양한 게임과 활동을 하면서 놀이하지 않는다.		
	자신의 성과 이름을 말할 수 없다.		
	과거형이나 복수형을 적절하게 이용하지 않는다.		
	그림을 그리지 않거나 아예 못 그린다.		
	도움 없이는 양치질하지 못하거나 손을 씻지 못하거나 옷을 입지 못한다.		
	한 번 할 수 있었던 행동기술을 잊는다(퇴행).		

2) 아동행동관찰의 통합적 접근 사례

친구관계 파악하기

유아기 아동은 다양한 방식으로 친구관계를 형성한다. 아직은 자기 삶의 중요한 부분이 아닌 수준의 놀이 친구로 어울리다가 점차 함께 놀이하려고 특정 친구를 선호하며 같이 다니는 것을 즐기게 된다. 대부분의 유아는 또래와 긍정적인 반응을 보이며 긍정적인 정서로 놀이시간을 채운다. 그러나 간혹 친구관계가 원만하지 않아 부수적인 다른 잘못된 행동 패턴을 보이는 유아를 발견하게 된다. 교사가 이러한 문제를 소유한 유아를 지도하기 위해서는 유아의 친구관계를 파악해야 한다. 그러기 위해서는 일정 기간 동안 다양한 상황에서 관찰해야 한다. 이 시기에는 친구관계가 빨리 변화하기 때문에 지속적인 관찰이 필요하다. 유아의 친구관계와 사회기술을 파악하기 위한 관찰전략의 예는 다음과 같다.

- 1단계 : 교실에서 다른 친구와 놀이하는 3~5세 아동친구관계에서 어려움을 겪는 대상 아동을 정하기
- 2단계 : 대상 아동의 전반적인 발달영역별 정상 여부를 체크하기본 장에서 제시한 발달규준표 참고, 지연되고 있는 부분이 있는지, 있다면 어떤 항목에서 지연되고 있는지 파악하기
- 3단계 : 친구와의 상호작용을 관찰하기 위한 세 가지의 다른 놀이상황예 : 놀이터, 자유선택놀이, 소그룹 활동시간 등을 선택하기약 15~20분 정도
- 4단계 : 관찰할 방법을 계획하기예 : 일화기록, 시간표집법, 사건표집법, 행동목록 등
- 5단계 : 행동목록법으로 관찰하기의 예를 들면,

  5-1 : 아동을 관찰하기 전에 관찰하고자 하는 행동의 목록예 : 사회성, 친구관계척도 등을 사전 준비하기

  5-2 : 관찰시간 동안 아동이 목록에 있는 행동을 보일 때마다 체크하고 구체적인 활동내용 설명 적기

  5-3 : 대상 아동이 상호작용하는 두 번째 아동이 생기면 다음 칸에 따로 적어 내려가기

  5-4 : 분명한 친구 관계를 드러내는 행동은 구체적으로 묘사하기

사례 7 관찰양식의 예

1. 상황별 관찰(4~5단계 해당 사례)

A. 관찰상황 1~3 : 각 놀이 상황마다 다음 기록지 한 개씩 작성함

친구관계 행동목록(내용서술 혹은 약자 표시)	함께 놀이한 친구 이름의 약자			
대화를 시작한다.				
친구에게 놀자고 물어본다.				
한 영역에서 다른 영역으로 갈 때 그 친구를 기다린다.				
친구와 신체적 접촉(예 : 안기, 손을 잡기, 어깨동무를 하기)				
친구를 도와준다.				
친구의 문제를 함께 해결한다.				
장난감을 함께 사용한다.				
추가 정보 메모 :				

B. 어떤 친구가 관찰 대상의 친구로 생각되는가? 그 이유는(근거 상황 제시)?

– 일화기록법 혹은 표본기록법으로 관찰한 내용을 활용하여 근거상황 제시하기

C. 관찰한 아동과 다른 아동들이 친구끼리 상호작용하는 행동의 차이는 무엇인가?

2. 행동목록법

- 언어와 의사소통의 연령별 발달규준 행동목록 체크와 관련 근거 제시
- 사회적 기술의 연령별 발달규준 행동목록 체크와 관련 근거 제시

[관찰자료를 활용하여 대상 아동의 친구관계 이해하기]

➡ 1과 2에서 관찰한 내용을 근거로 대상 아동의 친구 관계와 사회적 행동을 해석하기
➡ 아동관찰 요약서, 부모면담지 등에 활용하기
➡ 교사가 소그룹활동을 계획할 때 소그룹활동 형성, 친구관계의 갈등 등을 파악하여 활동의 역동성을 반영하는 데 활용하기

1. 개념과 특성

1) 포트폴리오의 개념

포트폴리오란 라틴어 '나르다'의 portare와 문서라는 뜻의 'folio'의 합성어로(박성희, 배상확, 2008), 아동발달에 대한 기록에 있어서 가장 대중적인 평가체계 중의 하나이다. 포트폴리오는 아동의 발달과 그 성과에 대해서 목적을 가지고 모은 자료로, 아동의 발달과 성과를 측정하는 데 있어서 다양한 평가도구로부터 정보를 수집한 것이다. 포트폴리오는 한 개인의 독특한 능력뿐만 아니라 타인과 공유된 성취에 대한 경험, 노력, 과정을 목적 있게 수집한다.

포트폴리오는 아동의 학습에 대한 근거를 모아둔 폴더, 파일, 박스 등을 모두 포함한다. 또한 포트폴리오는 정해지거나 정확한 정의가 있는 개념이기보다는 지속적으로 진화하는 개념이다.

발렌시아와 플레이스Valencia & Place(1994)는 다음과 같은 4가지 유형을 언급했다.

- 쇼케이스showcase 포트폴리오는 아동이 가장 잘하거나 선호하는 작품을 모아둔 포트폴리오다.
- 평가assessment 포트폴리오는 구체적이며 누적된 자료의 포트폴리오다.
- 기록document 포트폴리오는 아동의 작업이나 과정에 대한 증거로 각 아동의 종합적인 설명을 취합하는 데 사용하는 포트폴리오다.
- 프로세스process 포트폴리오는 큰 프로젝트의 지속적인 과정을 포함하고 흔히 연대기적으로 누적된 포트폴리오다.

포트폴리오는 아동발달의 여러 측면에 대한 자료를 저장하고, 보존하는 비형식적이며 진실한 자료를 구성하는 데 적합하다. 포트폴리오의 특성은 유연하고 적응적이며, 아동의 발달과 학습에 대한 다양한 측면을 포함한다. 특히, 아동이 실제로 '할 수 있는 것'에 초점을 두는 것으로 아동이 자신의 학습에 대해서 책임감을 갖도록 한다. 뿐만 아니라 포트폴리오는 집단의 모든 아동에게 적용할 수 있는 정보를 담고 있을 뿐만 아니라 각 아동의 독특함을 동시에 담을 수도 있어 유용하다. 그리고 아동의 발달에 대해서 부모나 다른 또래와 대화할 수 있는 기초적인 정보를 제공한다.

2) 포트폴리오의 특성

포트폴리오의 특성에 관해서는 다양한 학자들의 관심에 놓여 있으며 이를 정리하면 표 11-1과 같다.

표 11-1 포트폴리오의 특성

저자	포트폴리오 특성
맥아피와 레옹 (McAfee & Leong, 1994)	• 포트폴리오는 유동적이고 적응적이다. • 포트폴리오에 포함되는 내용, 조직방법, 활용 등은 아동의 연령과 발달적 수준, 현재 교사가 생각하는 주요한 문제나 발달영역, 기관의 목적, 그 밖의 다른 요인들에 따라 다양하게 변화 가능하다. • 포트폴리오는 아동의 발달과 학습에 대한 많은 자료를 제공한다. • 포트폴리오는 특히 아동의 독특한 관심, 지식, 기술, 기질, 발달과 학습 양식을 찾아내고 기록하는 기회를 제공한다. 그러나 포트폴리오에는 각 아동의 독특성과 집단에서 수집된 정보도 포함된다. • 포트폴리오는 아동의 능력에 초점을 둔다. • 포트폴리오는 다양한 방법으로 긴 시간에 걸쳐 자료를 수집하기 때문에 아동의 다양한 능력을 측정할 수 있다. • 아동은 포트폴리오에 포함시키기에 적합한 항목을 선정하고 반영하는 데 참여 가능하다. 따라서 교사와 아동이 학습에 관해 함께 의사소통하는 장이 될 수 있다.

저자	포트폴리오 특성
우스터호프 (Oosterhof, 1994)	• 포트폴리오는 개별화 수업목표에 쉽게 적용할 수 있다. • 포트폴리오는 성과나 결과의 평가에 초점을 두고 있다. • 포트폴리오는 일반적으로 학습자의 약점보다는 강점을 발견하는 데 중심을 둔다. • 포트폴리오는 평가과정에서 학습자의 적극적 참여를 격려한다. • 포트폴리오는 학습자의 성취결과를 다른 학습자들과 의사소통할 수 있는 기회를 제공한다. • 포트폴리오를 활용하는 것은 시간적으로 경제적이다. • 포트폴리오 평가의 신뢰성에 대해서 이루어진 연구들이 아직까지는 체계성이 부족하다.
김지은 등 (2017)	• 포트폴리오에서는 부모 및 가족의 참여가 중요하다. • 포트폴리오는 통합적으로 이루어져서 신체, 언어, 사회성 등 특정한 한 영역에만 초점을 맞추어 수집하기보다는 전 영역에 걸쳐 통합적으로 이루어져야 한다. • 포트폴리오는 교육과정의 운영에서 융통적으로 적용 가능하다. • 포트폴리오는 아동의 발달과정을 강조하고 활동 중에 나타난 여러 가지 행동에 대해 변화과정을 관찰하며 그에 따르는 적절한 피드백을 제공하여 이를 바탕으로 새로운 계획을 수립 가능하다.

2. 포트폴리오의 목적

아동을 평가하는 데 있어, 포트폴리오의 기본 목적은 다음과 같다. 우선 아동의 현재 상태와 진행과정에 대한 정보를 제공하고 앞으로의 교수전략 혹은 교수방법을 알려주는 역할을 한다. 포트폴리오는 교사뿐만 아니라 아동을 위해서도 필요하며 포트폴리오를 통해서 교사, 부모, 아동 간의 의사소통을 더 원활하게 할 수 있다. 포트폴리오는 다양한 목적에 의해 이루어지며 정해진 목적에 따라서 무엇을 포트폴리오에 넣을 것인지 혹은 어떻게 포트폴리오를 조직할 것인지가 달라진다.

첫째, 포트폴리오의 목적이 아동의 성장을 보여 주기 위한 것이라면 가장 우수하거나 대표적인 작품 위주로 포트폴리오를 구성한다.

둘째, 포트폴리오의 목적이 아동이 어떻게 프로젝트를 계획하고 수행하는지를 알기 위한 것이라면 모든 활동, 과제, 현장학습, 전시 등의 모든 활동이 포함되어야 한다. 포트폴리오는 아동과 교사 모두에게 중요한 것으로 포트폴리오를 통해서 교사는 아동의 발달을 증진시킬 수 있으며 아동과 교사, 부모 간의 의사소통을 원활하게 만들어 준다.

구체적으로는 교사나 부모는 아동의 생각을 알 수 있으며, 포트폴리오는 그동안의 아동의 발달과정을 보여 준다. 또한 어린이집이나 유치원의 경험을 반영하고 부모와 교사 모두에게 아동의 발전된 모습에 대한 필수적인 정보를 제공한다.

3. 포트폴리오의 유형

쇼어와 그레이스Shores & Grace(1998)의 분류에 의한 포트폴리오 유형은 다음과 같다.

- 개인 포트폴리오는 유아 및 부모에 대한 신상정보, 의료기록같이 아동 개인의 정보를 수집하는 포트폴리오이다.
- 학습 포트폴리오는 교육과정 운영 중에 나타나는 아동의 활동과정 및 결과에 대한 다양한 정보 수집을 하는 포트폴리오이다.
- 인수 포트폴리오는 1년 동안의 활동을 정리하고 후임교사가 참고할 수 있는 포트폴리오이다.

샤켈포드Shackelford(1996)의 분류에 의한 포트폴리오 유형은 다음과 같다.

- 전시 포트폴리오는 가장 우수한 학습결과 또는 행동의 자료이다.
- 기록 또는 기술 포트폴리오는 학습과정에서 진보를 관찰해서 기록하는 방법이며 관찰한 기록물이나 유아의 대화 및 이야기 기록이다.
- 평가 포트폴리오는 미리 결정된 준거를 사용하여 미리 선정된 과제로 유아를 평가하기 위한 것으로 일화기록, 체크리스트 평정척도, 활동평가기록 등이 해당된다.
- 과정 또는 구성 포트폴리오는 일정한 기간 동안 다양한 프로젝트를 통해 능동적으로 참여한 학습과정이다.

비렌바움과 도치Birenbaum & Dochy(2012)의 분류에 의한 포트폴리오 유형은 다음과 같다.

- 전시 포트폴리오는 전시할 목적으로 만드는 포트폴리오로 창의적인 쓰기 샘플, 작업결과물, 유아의 활동 및 작품사진 등이 해당된다.
- 과정 포트폴리오는 학기 말까지 행동과 변화과정을 알 수 있도록 하는 것이다.
- 결합 포트폴리오는 총체적 평가를 목적으로 만든 산출물 또는 검사결과 등이다.

4. 포트폴리오의 구성

1) 적절한 포트폴리오 항목의 선정

포트폴리오 항목 선정 시 주의할 점은 각 항목이 아동에 대한 정보를 제공해야 하고informative items, 수집하기 쉬워야 하며easy to collect, 활동 시 의미 있는meaningful

BOX 11-1

포트폴리오에 포함될 수 있는 항목

- 종이를 활용한 모든 작품 : 자르기, 그리기, 연습한 것, 글씨 쓴 것 등
- 자료 수집 기록 : 수학, 과학, 쓰기 등에 대한 아동의 경험
- 작품에 들어가기 전 아동의 계획이나 스케치
- 아동이 놀이나 작업을 하는 사진
- 오디오와 비디오 기록
- 인터뷰 자료 : 아동이 좋아하는 활동, 책 등에 대한 인터뷰
- 포트폴리오 영역에 따라서 남긴 일화기록
- 상 받은 것, 인증서 등
- 아동에 대해서, 부모가 아이의 작품에 대해서 남긴 메시지나 그림 등

활동을 대표할 수 있어야 한다(Meisels, Jablon, Marsden, Dictelmiller, & Dorfman, 1994).

정보를 제공하는 항목은 아동의 학습과 발달을 제공한다. 각 항목은 보육활동 시 수시로 혹은 정기적으로 확인이 가능하여 쉽게 수집되어야 한다. 또한 보육활동 시에 가치 있는 결과물로 아동에게 있어서 흥미롭고 의미 있던 활동이어야 한다.

2) 포트폴리오 항목의 선정 주체

포트폴리오에 들어갈 적절한 항목을 선정하는 것도 중요한데, 포트폴리오 항목은 아동의 연령과 발달수준, 활동의 목표, 보육과정이나 발달영역 등에 따라서 달라진다. 아동의 경우 교사가 대부분의 항목에 대해서 결정을 하게 된다. 또한 영아기보다는 유아기에 읽고 쓰는 것이 가능한 경우 그렇지 않은 아동과는 다른 포트폴리오 항목을 선정하게 되는데, 읽고 쓰는 것이 가능한 경우 자기평가나 반성적 사고를 더 정확하게 표현할 수 있기 때문이다.

BOX 11-2

포트폴리오에서 자기평가나 반성적 사고를 촉진하는 교사 발문의 예

- 네가 한 것에 대해서 설명해 주렴.
- 그것을 어떻게 했는지 말해 주렴.
- 왜 그렇게 결정하게 되었는지 이야기해주렴.
- OO이가 ~를 그릴 때 어떤 생각을 했었을까요?
- 이 그림(이야기, 작품 등)에 대해서 어떤 점이 마음에 드나요?
- 만약에 이것을 다시 한 번 더 한다면 어떤 것을 다르게 하고 싶어요?
- 이것을 하는 동안 힘든 것이 있었나요? 그래서 어떻게 했어요?

3) 발달영역별 선정 항목

(1) 신체 및 표현영역

- 율동, 실외놀이, 게임 등의 시간에 아동의 움직임을 체계적으로 관찰한 기록
- 아동이 제일 좋아하는 운동, 게임 등의 실외 활동에 대한 자기 보고
- 대근육활동에 참여하는 정도에 대한 증거 및 활용의 예
- 노래를 듣거나 영상을 보면서 율동이나 손유희 등을 따라하는 것을 기록한 것
- 기관 외에서 혹은 주말에 하는 운동에 대해 기록한 것
- 손유희, 점토, 조작놀이, 쓰기 도구 등을 사용할 때 체계적으로 관찰한 것
- 가위질한 샘플
- 아동이 그림을 디자인할 때 여러 가지 자료나 도구를 사용한 것의 예나 콜라주
- 끼적거리기, 글자나 숫자를 쓴 예
- 레고, 패턴 블록, 꼭지 블록 등 작품의 예
- 온라인 활동을 통한 그림을 그린 것의 출력물

- 실 꿰기, 바느질한 것
- 자화상학기 초와 학기 말
- 숟가락질, 신발끈, 단추, 지퍼 잠그기 등 자조기술 관찰한 것
- 독특하게 만든 구성물이나 프로젝트 결과물

(2) 언어영역

- 의사소통능력을 보여 주는 체계적 관찰
- 이해력, 개념, 어휘력에 대한 증거
- 책을 읽거나 보는 데 보내는 시간
- 아동이 관심 있는 책의 목록
- 인쇄물 기능에 대한 아동의 이해
- 아동이 끼적이거나 글을 쓴 예
- 아동과 부모가 함께 읽은 책의 목록
- 아동이 자신의 일이나 활동에 대해 쓴 글이나 코멘트
- 동화나 음악을 듣고 그린 그림이나 묘사
- 아동이 자신이 썼거나 교사에게 써 달라고 부탁한 이야기를 다시 읽은 자료
- 아동의 글에서 뽑은 예
- 아동이 구성한 표시판이나 라벨의 복사본
- 아동이 한 이야기, 시, 노래의 복사본
- 책 읽기, 동극, 주말 지낸 이야기 등 사진이나 비디오로 남긴 것

(3) 탐구영역

- 아동의 사고과정을 볼 수 있는 주제 조직망

- 도표나 그림으로 정보를 표현하는 능력을 나타내는 작품의 예
- 퍼즐, 해결된 문제, 문제해결과정을 보여 주는 예나 체계적인 관찰
- 분류, 패턴, 서열, 상징 부호의 사용, 순서, 수 개념 등의 기본적인 사고과정을 나타내는 수행결과물의 예
- 기억 전략에 대한 자기 보고나 유도된 반응
- 사물의 변화 혹은 일이 진행되는 순서에 대한 이해를 나타내는 자기보고
- 프로젝트 접근법으로 얻어진 보고서, 전시한 것, 그림, 모델 등의 결과물
- 자신의 생각이나 의사결정을 지지해주는 보조전략
- 아동이 혼자 문제해결 시에 조언해 준 힌트의 예
- 아동이 가장 좋아하는 게임이나 퍼즐 등
- 요리활동 시 요리재료를 재거나 셀 때의 사진
- 아동이 교실이나 놀이터에서 기록한 차트**물 주기, 그림자 길이 등**
- 수 개념을 이해했음을 보여 주는 활동의 예
- 수 개념 이해를 진보적 형태로 나타내는 작업 견본, 교사기록, 인터뷰 결과
- 아동의 개념적 이해, 탐구, 가설 세우기, 문제 해결하기 등을 기록한 사진, 혹은 체크리스트나 면접에서 얻어진 자료

(4) 사회영역

- 또래와 상호작용한 것에 대한 체계적인 관찰기록
- 친구 관계에 대한 기록
- 소집단 프로젝트 시 협동을 잘 하는지 여부
- 아동이 주로 선택하는 활동
- 또래와의 상호작용이 필요한 다양한 활동에 참여하고 기여한 내용

• 아동의 독특성, 성격, 성향에 대한 증거
• 사회적 문제를 해결하는 능력
• 다른 사람과의 관계에서의 주도성 혹은 추종자 역할의 예
• 자아개념에 대한 자기 보고
• 다양한 형태의 활동을 하는 동안 나타나는 아동의 동기
• 부모면담을 통해 얻은 사회성 관련 내용

출처 : 김희진, 박은혜, 이지현(2011).

사례 1 표현 및 언어영역의 연령별 포트폴리오의 예

작품 설명 놀이동산인 에버○○에 매년 가족과 놀러가고 난 후 만 5~7세가 될 때까지의 작품을 연속적으로 포트폴리오에 담았다. 연령이 높아질수록 놀이동산의 풍경이 정교화되었고, 설명을 더 구체적으로 하고 있다는 것을 알 수 있다.

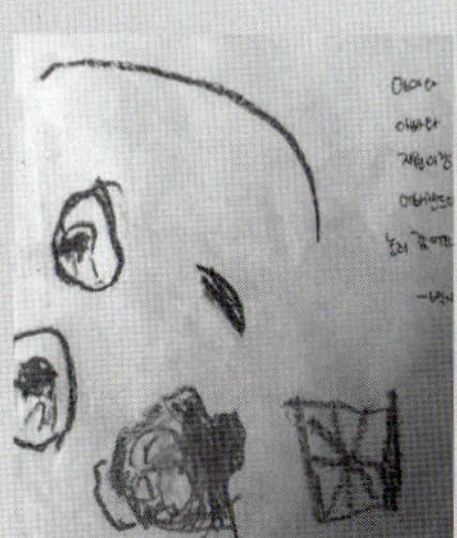

만 3세

"엄마랑 아빠랑 에버○○에 놀러갔어요"

만 4세

"아빠랑 엄마랑 에버○○에 가서 자동차 타고, 회전목마 타고 했어요"

만 5세

"에버○○에 가서 새도 보고 나비도 보고 피터팬도 보고, 매직스윙도 탔어요"

사례 2 탐구영역의 연령별 포트폴리오의 예

활동 설명 기초적인 수의 측정이 가능함을 알 수 있고, 연령이 높아지면서 수에 대한 이해와 수 세기가 가능하다는 것을 알 수 있다.

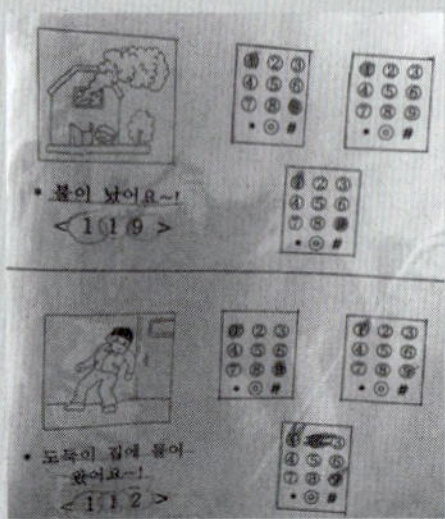

만 3세

"일… 일… 이… 또 일"이라고 말하며 색칠한다.

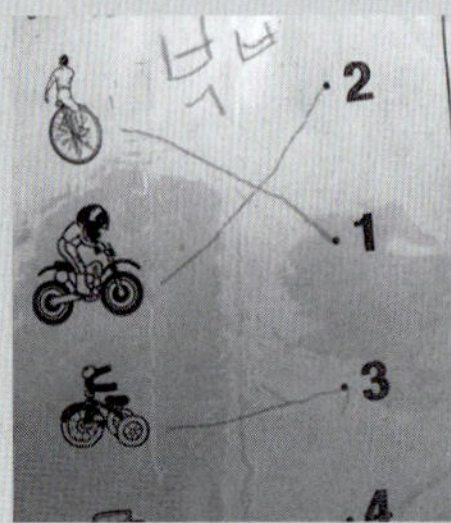

만 4세

"자동차… 오토바이 하나, 둘…"이라고 말하며 선을 긋는다.

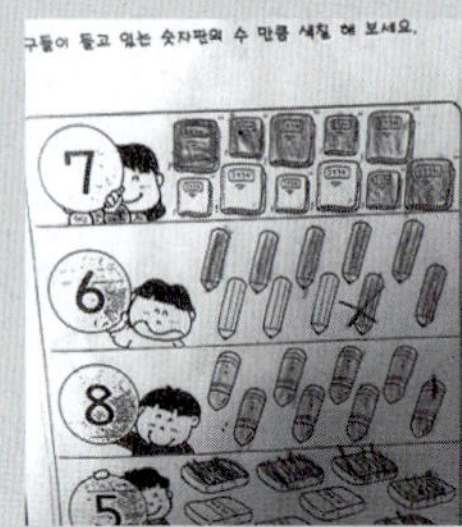

만 5세

"초록색, 칠, 오, 하나, 둘, 셋, 넷, 다섯, 여섯, 칠해야지"라고 말하며 첫줄은 왼쪽에서 오른쪽으로 둘째 줄은 오른쪽에서 왼쪽 순서로 칠한다.

5. 포트폴리오 작성과정에서 아동–부모–교사의 역할

1) 역할

포트폴리오 과정에서 아동–부모–교사 간의 파트너십은 매우 중요하다. 이들 간의 관계에 따라서 아동의 작품을 이해하고 평가하는 것이 달라질 수 있기 때문이다. 각 구성원은 포트폴리오의 준비, 소요시간, 구성 등에 있어서 주요한 책임을 갖는다. 그리고 아동과 부모, 교사 간의 역할은 명확히 구분되기보다는 서로를 지지하는 관계에 있으므로 중복되기도 한다.

2) 비전

교사는 아동이 무엇을 배웠으며 이를 어떻게 평가할 것인지에 대한 명확한 비전 the big picture을 가지고 있어야 한다. 교사는 아동을 위한 적절한 규준과 보육활동을 이해하고 있어야 하고, 이러한 규준이나 보육활동은 아동의 발달적 요구와 맞아야 한다. 이러한 경우에만 포트폴리오는 아동의 전체 활동에 있어서 발전하고 있는 모습을 알 수 있게 된다. 포트폴리오는 아동으로 하여금 자신의 개성을 표현하고, 일정 기간의 성장에 대한 정보를 알 수 있게 한다. 특히, 다른 평가와 달리 포트폴리오는 아동, 부모, 교사 모두에게 단순한 성취결과가 아니라 그동안의 과정을 설명한다는 점에서 중요하다.

3) 자료 수집과 발표회

자료를 수집collection하는 것과 최종 발표회에서 아동-부모-교사의 역할을 나열하면 표 11-2와 같다.

표 11-2 발표회에서 아동-부모-교사의 역할

구분	교사	아동	부모
역할	• 촉진하기 • 복습하기 • 협력하기 • 평가하기 • 자원 제공하기	• 복습하기 • 수집하기 • 반영하기 • 협력하기 • 평가하기 • 학습하기	• 복습하기 • 지지하기 • 격려하기 • 협조하기 • 경청하기 • 자원 제공하기
비전	• 명확한 목적 제시 • 교사와 아동의 목적 준비 • 진행과정에 대한 의사소통하기 • 내용, 보육과정에 대한 설명하기	• 지식 구성하기 • 자기평가하기 • 목표 세우기 • 설명하기	• 아동의 지식과 능력에 대해 알기 • 포트폴리오 과정 이해하기 • 아동 지지하기
수집	• 경험 기록하기 • 학습기회 촉진하기 • 작품 수집하기 • 아동의 반성적 사고 지지하기 • 아동의 능력과 강점 반영하기 • 관찰과 평가하기	• 학습기회 참여하기 • 작업한 것 혹은 다른 작품에 대한 수집 • 학습에 대한 반영 • 작품 통합하기 • 작품 조직하기	• 보육활동에 대한 지지적인 기록 수집하기 • 가정 혹은 기관에서 아동 관찰하기
발표회	• 최종 산출물 준비를 돕기 • 발표기술 알려주기 • 경험의 조직화 • 발표에 대한 안내하기	• 발표 연습하기 • 포트폴리오 발표하기 • 학습의 결과 반영하기	• 발표회 참석하기 • 발표 중에 도움주기 • 경청하기 • 질문하기 • 작품 감상하기

6. 포트폴리오 작성지침

포트폴리오의 요건을 충족하기 위해서는 포트폴리오는 아동이 만들어 낸 것이면서 동시에 활동 중 아동이 스스로 발견한 것을 포함해야 한다. 다음은 '무엇이 포트폴리오를 포트폴리오답게 만드는가?'에 대한 설명이다.

- 포트폴리오를 제작하는 것은 아동으로 하여금 학습에 대해 학습하는 상위 인지적 기능을 제공한다. 그러므로 최종 결과물은 아동이 자기-반성적 사고에 도달했음을 나타내야 한다.
- 포트폴리오는 아동에게 과업으로 주는 것이 아니라 능동적으로 아동에 의해서 이루어지는 것이다. 포트폴리오를 평가할 때는 아동이 자기 작품에 대한 가치를 느끼면서 동시에 자신이 배운 것도 인식할 수 있어야 한다. 그러므로 아동이 포트폴리오에 들어갈 작품을 선택하는 데 있어서 참여하는 것이 바람직하다.
- 포트폴리오는 단순히 아동의 작품을 누적한 것과는 다르다. 아동의 활동결과에 대해서 당시에 얻게 된 새로운 활동의 의미가 표현되기 때문이다.
- 포트폴리오는 아동의 활동결과에 대한 구체적인 내용뿐만 아니라, 모호한 내용도 포함한다. 포트폴리오를 구성한 목적, 의도, 실제 활동의 내용, 규준, 평가 등을 포함한다.
- 포트폴리오는 처음 포트폴리오를 만들기 시작한 시점과 포트폴리오를 완성했을 때의 목적이 다를 수 있다. 예를 들어, 포트폴리오 제작 초반에는 미완의 작품을 포함할 수 있으나, 아동의 의견에 따라서 마지막에는 완성된 작품만을 넣을 수도 있다.

- 포트폴리오는 체계성을 가져야 한다. 즉, 교육과정에 근거한 체계적인 평가가 가능해야 한다.
- 포트폴리오의 조직기준은 발달영역, 흥미영역, 생활영역별 등으로 포트폴리오를 조직하는 기준을 결정할 수 있다.
- 포트폴리오의 수집기간은 1년을 기간별로 나누어 작품 수집의 기간을 결정할 수 있다.
- 포트폴리오를 보관할 상자, 파일 등 계획에 맞게 작품들을 담아둘 것을 결정하고, 평가항목은 교육과정상의 중요한 활동, 내용 등을 고려하여 아동 수행의 발전을 쉽게 볼 수 있는 항목들에 대해 계획을 세워야 한다.

연습문제

다음은 포트폴리오에 대한 내용이다.
다음에 대해서 옳으면 ○, 틀리면 ×하고 그 이유를 밝혀보자.

No	연습문제	○, ×	이유
1	포트폴리오는 사진첩과 다름없다.		
2	포트폴리오는 스케치북과 같다.		
3	포트폴리오는 단순히 작품을 나열한 것이다.		
4	포트폴리오에 들어갈 작품은 교사와 부모가 결정한다.		
5	포트폴리오에는 가장 좋은 평가를 받은 작품만 포함한다.		

7. 장점과 단점

포트폴리오를 활용하는 장점과 단점은 다음과 같다.

1) 장점

- 아동이 자신의 작품을 선택하고 이를 통해 반성의 기회를 가짐으로써 자신의 발달과정을 확인할 수 있다.
- 자신에 대한 성취감을 경험할 수 있다.
- 집단의 일원으로 소속감을 느낄 수 있다.
- 교사는 아동의 능력을 평가하는 데 필요한 명확하고 구체적인 다양한 증거를 확보할 수 있다.
- 매일의 친숙한 환경 속에서 평가가 이루어져 아동의 행동을 총체적으로 파악할 수 있다.
- 평가의 결과가 교수계획에 바로 반영될 수 있다.
- 동료 평가를 통해 협동적 학습능력을 기를 수 있다.
- 아동이 무엇을 할 수 없는가가 아닌, 무엇을 할 수 있는가에 관심을 갖게 해주고, 개별 아동에게 가장 적절하고 정밀한 평가를 실시할 수 있다.

2) 단점

- 지속적인 수집이 필요하기 때문에 시간과 노력이 많이 든다.
- 자료정리를 위한 공간 확보가 어려울 수 있고, 수집의 준거가 다소 불분명하다.

• 포트폴리오 평가의 목적이나 방법에 대한 이해가 선행되지 않으면 단순히 아동의 작품만을 모아둔 자료집이 될 수 있다.
• 포트폴리오 내용의 타당성의 확보가 쉽지 않기 때문에 평가결과에 대한 신뢰도 및 객관성 확보가 어렵다.
• 교사의 개별 아동에 대한 기대가 영향을 미치게 되어 교사의 편견이 작용할 가능성이 있다.

알 / 아 / 두 / 기

평가와 운영 시 유의사항

• 해석을 위한 준거를 마련하기 위해서 포트폴리오에 대한 사전 계획을 세운다.
• 포트폴리오가 평가자료로 활용되기 위해, 교사의 짧은 설명이나 해석을 첨부한다.
• 포트폴리오 수집과 포트폴리오 평가를 구분한다.
• 조직하는 기준(발달영역별, 흥미영역별)을 어떻게 정할 것인가를 미리 정한다.
• 작품 수집기간을 정하고, 날짜를 기입한다.
• 아동의 수행을 적합하게 평가할 수 있는 시기를 결정한다.
• 내용물을 넣을 장소 도구로 적합한 것을 결정한다.
• 일관적으로 내용을 조직하고 현재의 경험을 유지하도록 한다.
• 평가를 일상생활에서 일부가 되어 정기적으로 이루어지도록 한다.
• 중요한 유아의 작품을 학기 초부터 수집해 놓는 습관을 들인다.

8. 포트폴리오의 적용

1) 포트폴리오 양식

<table>
<tr><td>영역</td><td>미술활동</td><td>평가일</td><td>년 월 일</td><td>이름</td><td></td></tr>
<tr><td>활동내용</td><td colspan="5"></td></tr>
<tr><td>활동결과물
(사진 또는
활동장면)</td><td colspan="5"></td></tr>
<tr><td>교사 분석</td><td colspan="5"></td></tr>
<tr><td>교수전략</td><td colspan="5"></td></tr>
<tr><td>참고사항</td><td colspan="2">[만들기 평가 관점]
• 다양한 재료를 사용하였는가?
• 표현방법이 다양하며 창의적인가?
• 만들기에 관심을 갖고 적극적으로 참여하는가?
• 시작한 작품을 완성하는가?
• 자신의 작품에 대해 이야기할 수 있는가?
• 다른 친구의 작품을 감상할 줄 아는가?</td><td colspan="3">[그리기 활동 발달단계]
• 제1단계(낙서의 단계) : 의미가 없으며 하나, 여러 개의 선을 사용
• 제2단계(형상화 단계) : 통제된 긁적거림이며 모양에 대한 인식
• 제3단계(디자인 단계) : 추상적이지만 균형 잡힌 그림이 나타나는 단계
• 제4단계(인물화 단계)
• 제5단계(초기회화 단계) : 사실적인 그림을 그리기 시작하는 단계</td></tr>
</table>

표 11-3 영아반 포트폴리오의 예 : 표현활동

영역	미술활동	평가일	2019년 월 일	이름	
활동내용	나뭇잎을 문질러 보아요.				
활동결과물 (사진 또는 활동장면)	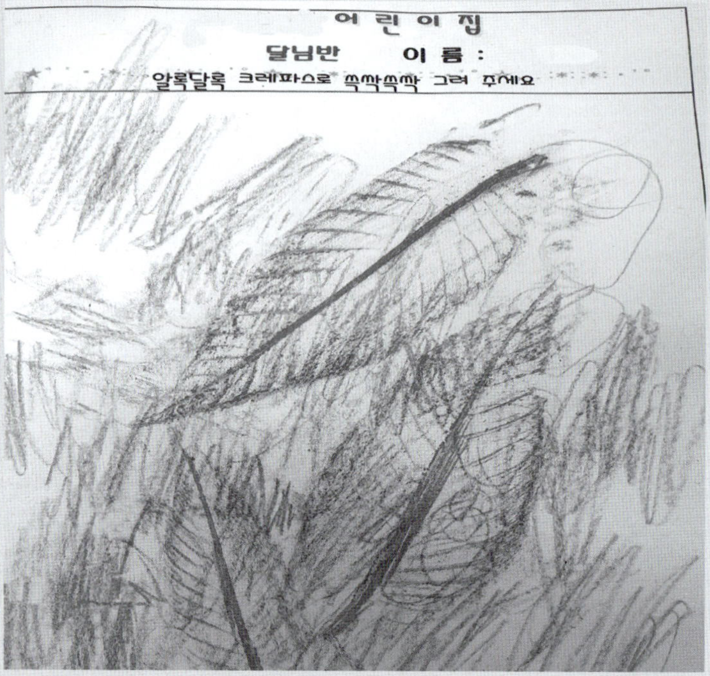 				
교사 분석	실외활동 시 나뭇잎을 주워보고 종이 밑에 놓고 문지르기 활동을 실시하였다. 나뭇잎의 잎맥을 중심으로 문지르는 것으로 나뭇잎 형태가 뚜렷이 보이게 활동을 하였다. 특히, 활동 과정에서 나뭇잎의 이름을 이야기하고 각기 다른 색으로 칠하였으며 색의 이름을 명확하게 이야기하였다. 그리고 나뭇잎을 모두 문질러서 그린 후에 주변에도 색을 칠하는 것으로 그림의 배경을 채웠다. 이러한 아동의 활동으로 보아 특정 색의 명칭을 정확하게 알고 있으며, 종이 밑에 어디쯤에 나뭇잎을 두어야 잘 문질러지고 그림이 나올 수 있는지를 알고 있다.				
교수전략	공간에 대한 이해가 나타나고 있으므로 앞으로도 다양한 활동을 통해서 이에 대한 이해를 강화할 수 있도록 해야 한다. 색에 대해서도 단순히 색의 이름을 물어보거나 대답하는 활동 외에도 이후에는 색을 겹치면 어떠한 색이 되는 것으로 보이는지 등에 관하여 이야기를 나누어 보도록 한다.				

표 11-4 유아반 포트폴리오의 예 : 의사소통 및 표현활동

영역	미술활동	평가일	2019년 월 일	이름	
활동내용	1년 동안 달라진 내 모습을 알아보아요.				
활동결과물 (사진 또는 활동장면)	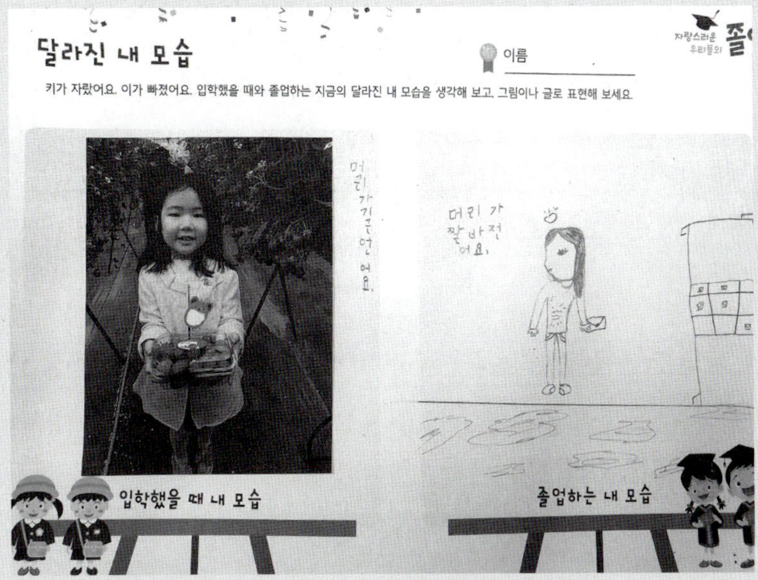				
교사 분석	기관에 입학을 했을 때와 졸업을 할 때의 모습에 대해서 사진과 그림을 통하여 알아보았는데, 자신의 외모 중에서 머리카락의 길이가 길었다가 짧아졌다는 점을 예로 들어서 변화를 표현하였다. 또한 사진에는 앞모습이 나왔으나 그림에는 옆모습으로 자신의 머리카락의 길이를 더 정확히 표현하려 하였으므로 앞과 옆의 위치를 알고 있음을 알 수 있다. 이를 통하여 아동이 길이에 대한 기초적인 지식이 있다는 것을 알 수 있으며, 표현에 있어서는 말과 글로 표현할 수 있음을 알 수 있다.				
교수전략	현재 길이나 위치에 대한 기초적인 개념이 있으므로 이에 대해서 더 확장된 경험을 할 수 있도록 자신의 발달적 결과와 연관시켜서 생각할 수 있는 기회를 제공한다. 또한 아동이 그림이나 글로 표현하는 것을 적극적으로 수행하고 있으므로 이와 관련된 경험도 추가적으로 제공하도록 한다.				

2) 다양한 포트폴리오 양식

(1) 사진 포트폴리오 양식 예시

사진 기록지

아동 이름 ______________ 성별 ______________

생년월일 ______________ 날짜 ______________

활동영역 ______________

사진을 붙이세요

장면 설명

교사 분석

(2) 아동의 자기평가양식 예시

아동 이름 ______________
날짜 ______________
작품명 ______________

- 이 작품은 무엇을 나타내고 있나요?

- 이 작품에서 어떤 점이 마음에 드나요?

- 이 작품 다음에는 어떠한 것을 더 하고 싶나요?

(3) 교사 분석자료양식 예시

아동 이름 ______________ 성별 ______________
생년월일 ______________ 날짜 ______________
활동영역 ______________

□ 교사 주도 □ 유아 주도

기술/개념 :

참고 :

□ 시작 □ 발달 □ 숙달 □ 확장

기록 :

(4) 포트폴리오 요약서 양식 예시

포트폴리오 요약서

아동 이름 ______________________ 성별 ______________________

생년월일 ______________________ 날짜 ______________________

활동영역 ______________________

- 전체 발달에 대한 요약

- 주요 발달적 결과
  - 기본생활영역 :
  - 신체운동 · 건강영역 :
  - 의사소통영역 :
  - 사회관계영역 :
  - 예술경험영역 :
  - 자연탐구영역 :

(5) 특정 활동(동극)의 포트폴리오 양식 예시

아동 이름		관찰방법	체크리스트, 일화기록, 사진기록
생년월일		관찰일	
동극명		주제	
일화기록과 사진			

범주		수준	내용	비고
예술적 표현	극놀이로 표현하기	1	일상생활에서 경험한 내용의 역할놀이에 적극적으로 참여한다.	
		2	다양한 역할, 사물, 행동이나 상황이 설정된 극놀이에 참여한다.	
		3	다양한 방법으로 사전에 계획을 세우고, 역할을 분담하여 협동적으로 참여할 수 있도록 한다.	
		1	간단한 이야기나 상상한 것을 극화해본다.	
		2	공간, 시간, 캐릭터를 표현하기 위해 소품, 배경, 의상 등을 사용하여 극놀이를 해본다.	
		3	극놀이를 촉진하기 위해 음악, 미술, 춤과 같은 다양한 예술적 형태들을 이용해본다.	
예술감상	극놀이 감상하기	1	극놀이를 보고 즐긴다.	
		2	극놀이를 보고, 생각과 느낌을 서로 나눈다.	
듣기	동요, 동시, 동화 듣기	1	동요, 동시, 동화를 다양한 매체를 통하여 듣는다.	
		2	동요, 동시, 동화를 듣고 자신의 느낌을 다양하게 표현한다.	
	바른 태도로 듣기	1	다른 사람이 이야기할 때 주의 깊게 듣는다.	
		2	다른 사람의 이야기를 조용하게 눈을 맞추며 끝까지 듣는다.	
			주의 깊게 듣고 있음을 나타내는 반응을 보이며 이야기의 내용을 이해하려 집중하여 듣는다.	
말하기	낱말과 문장으로 말하기	1	일상생활의 경험을 낱말과 문장으로 말한다.	
		2	낱말과 문장을 문맥에 맞게 말한다.	
		3	여러 가지 상황을 다양한 어휘로 말한다.	
	바른 태도로 말하기	1	듣는 사람을 쳐다보며 말한다.	
		1	말할 차례를 지켜 말한다.	
		2	상대방을 향해 단정한 자세와 바른 태도로 차례를 지켜 말한다.	
	동요, 동시, 동화 읽기	1	동요, 동시, 동화를 다양한 매체를 사용하여 읽어본다.	
		2	동요, 동시, 동화를 읽고 자신의 느낌을 다양하게 표현한다.	

(6) 포트폴리오 안내문 예시

포트폴리오 평가의 필요성

포트폴리오에 수록된 한해의 결과물은 아동의 성장과 발달을 알게 해주는 소중한 증거자료로 아동개별화 수준별 교육을 위한 기초를 제공합니다.

포트폴리오의 구성방향은 이렇습니다.

표준보육과정과 유아교육과정의 목표에 대한 이해로부터 출발합니다.

포트폴리오는 이런 것입니다.

아동의 성장 및 발달, 능력, 성취, 노력에 대한 자료들의 의도적이고 체계적인 수집입니다.
어린이집의 포트폴리오는 장시간, 즉 1년에 걸친 아동의 성장과 학습이 나타나며, 이것은 하루아침에 만들어지거나 이용될 수 없으며, 보육과정의 영역별로 하나 또는 그 이상의 항목을 보여 주고 있습니다.
아동이 무엇을 경험하고 배웠는지/어떻게 그 학습을 이루어 냈는지/어떻게 질문하고 분석하고 창조해 냈는지/타인의 지적 · 정서적 · 사회적 상호작용은 어떠했는지 등 유아들의 학습과정에 대한 의미있는 기록입니다.

포트폴리오는 이러한 목적을 가지고 있어요.

포트폴리오를 운영하는 데 있어 가장 중요한 것은 보육 · 교육과정의 운영에 대한 이해와 체계적인 관찰입니다. 관찰과 포트폴리오는 서로의 한계를 보완해주는 평가도구로 상호보완적 관계입니다. 담임교사와 아동의 목적에 따라 만들어졌으며, 아동의 활동에 대한 생각의 기회를 제공합니다.

아동작품이 이렇게 모아졌어요.

아동의 발달과정을 확인할 수 있고 활동과정의 진행을 살펴볼 수 있는 영역에서 핵심항목을 정해 그 중에서 다수의 정기적인 작품 수집을 합니다. 교육과정을 진행하면서 작품에 아동의 생각이나 의견을 적어 자기 참여를 반영하였습니다. 관찰에 따른 아동의 발달은 각 영역별로 선행연구의 이론적 배경을 참조하여 교사가 판단하여 작품이 수집되었습니다.

포트폴리오의 효과

포트폴리오에 들어갈 작품들을 선정할 때는 다양한 영역의 발달적 측면을 보여 주는 아동의 수행 정도에 관심을 가질 수 있게 됩니다. 이러한 과정에서 아동 개인의 내적인 변화뿐만 아니라 다른 아동간의 관계에 대한 발달 정도도 알 수 있습니다.

(7) 포트폴리오 표지양식 예시

♥ ○○이의 사랑반 이야기 ♥

✻ 사랑하는 ○○이에게
본 자료는 기관에서의 1년 동안의 ○○이의 작품과 이야기를 모아놓은 것입니다. ○○이의 활동을 한눈에 볼 수 있고, 그동안 얼마나 발달하였는지 알 수 있는 소중한 자료입니다.

1. 부모면담의 목적

부모면담은 교사와 부모가 만나서 아동에 대한 정보를 주고받음으로써 아동발달 및 지도방향을 정하고 어린이집과 가정에서 일관성 있는 교육 및 양육을 하는 계기를 마련하기 위함이다. 특히, 교사와 부모는 아동에게 많은 영향을 미치는 중요한 환경으로써, 두 환경 간에 일관성 있는 교육과 양육을 증진할 필요가 있다. 부모면담을 통한 교사와 부모, 그리고 어린이집과 가정의 유기적인 협력은 아동의 건강한 발달을 이끌고 다양한 발달상의 문제행동을 사전 예방하며 치료하기 위해 매우 중요하다. 부모면담은 1학기와 2학기에 정기적으로 진행되는 경우 외에도, 아동의 발달과 관련하여 교사나 부모의 필요에 의해서 이루어지기도 한다. 부모면담은 교사와 부모가 아동의 성장에 관한 지원을 공유하기 위한 것으로, 부모는 자녀에 대한 가정에서의 생활을 그리고 교사는 원에서의 생활을 공유하고 나눔으로써 아동의 건강한 성장과 발달을 위한 방향을 결정할 수 있다.

따라서 부모면담의 목적은 첫째, 교사나 부모는 면담을 통해 아동에 대한 기대나 특별한 사항들을 공유할 수 있다. 둘째, 어린이집 및 가정에서의 생활을 이해할 수 있다. 셋째, 부모면담을 통해 교육활동에 대한 부모의 협력을 이끌어 낼 수 있다. 넷째, 교사와 부모가 협력적인 관계를 도모함으로써, 기관과 가정의 일관성 있는 지도방향을 결정할 수 있다.

부모면담의 목적을 성공적으로 달성하기 위해서 교사는 부모와 협력적인 관계를 형성할 필요가 있는데, 이러한 관계가 깨어지면 부모면담이 원활하게 이루어지기가 힘들다. 교사가 부모에 대한 존중감이 전달될 때, 부모는 보다 면담에 적극적이고 수용적인 자세를 취하게 되며, 교사에 대한 신뢰감을 바탕으로 교사의 지도에 더욱 협조적인 태도를 보이게 된다. 따라서 부모면담을 앞두고 있을 경우, 이를 효과적으로 진행하기 위해 교사가 숙지하면 좋을 몇 가지를 제시하면 다음과 같다.

- 교사는 부모면담 전에 아동에 대한 가정에서의 생활이나 원에서의 생활에 대해 잘 이해하고 있어야 한다.
- 부모면담을 위한 다양한 평가자료를 통해 객관적인 정보를 모아둘 필요가 있다.
- 부모가 아동을 어떻게 지각하고 인식하는지 이해할 필요가 있다.
- 아동에 대한 강점과 약점, 그리고 아동의 성장과 발달을 위한 바람직한 지원 방법에 대해 알고 있어야 한다.
- 이러한 자료를 바탕으로 부모면담을 시작할 때 부모 앞에서 문제점을 지적하며 시작하는 대신에, 아동의 강점을 이야기하는 것으로 시작한다.
- 아동에 대한 약점을 나열하는 대신에, 가정이나 원에서 앞으로 해야 할 방향성에 대해서 이야기 나눈다.
- 아동을 포기하는 대신에 계획을 함께 세운다.
- 함께 세운 계획은 잊지 않고, 면담 후에도 관심을 가진다.

따라서 부모면담을 하기 전에는 객관적인 관찰기록을 하고, 그 기록자료들을 효율적인 방식으로 평가한 후에 정리 보관하는 것이 필요하다. 또한 교사는 부모면담의 목적과 필요성을 분명히 알고, 면담에 대한 지식 및 기술을 갖출 필요가 있다.

2. 효과적인 부모면담기술

효과적인 부모면담을 위해서 교사는 아동에 대한 면담을 받으러 오는 부모의 마음을 고려할 필요가 있다. 부모가 아동에 대한 문제점을 인식하고 있다고 하더라도 교사로부터 아동에 대한 부정적인 평가를 받고 싶지 않은 이중적인 마음이 있다는 것을 염두에 둘 필요가 있다. 면담과정에서 교사나 부모 양쪽 간에 아동에 대한 견해가 일치한다면 면담이 원만하게 마무리될 수 있으나, 둘 간의 견해차가 발생한다면 교사는 부모와 협조적인 관계를 유지하기 위한 노력을 기울여야 한다.

면담은 내용과 과정이라는 두 가지 요소로 구성되는데, 면담하는 상호 간에 말하는 내용보다 전달하고자 하는 내용을 어떻게 전달하는가에 따른 과정 또한 매우 중요하다. 교사가 부모에게 전달하고자 하는 내용이 아동의 성장과 발달에 매우 필요한 내용을 담고 있더라도, 교사의 언어적 · 비언어적 메시지와 같은 다양한 정보는 부모와의 상호작용에 더 많은 영향을 미치기도 한다. 따라서 교사는 부모가 편안하게 이야기할 수 있도록 경청하고, 공감하는 가운데 아동에 대한 객관적인 관찰을 토대로 한 면접자료가 함께했을 때, 부모와의 면담은 성공적으로 이루어질 수 있게 된다. 따라서 효과적인 부모와의 면담을 위한 기술을 살펴보면 다음과 같다.

1) 의사소통기술

의사소통은 사람들 간에 감정, 태도, 사실, 믿음, 생각을 전달하는 과정으로, 상호 대화를 통해 서로에게 영향을 주고 서로를 이해하는 모든 수단을 포함한다(Gross, Crandall & Knoll, 1980). 의사소통은 상대방을 이해하기 위하여 자기 생각과 느낌을 언어적 · 비언어적인 메시지를 통하여 타인과 상호교류하는 과정이므로, 언어적 의사소통과 비언어적 의사소통을 모두 포함한다. 특히, 전달하는 내용이 아무리 좋다고 하더라도 전달의 방식이 적절하지 않으면 효과적인 의사소통이 될 수 없다. 의사소통과정에서 언어적 의사소통인 말(내용)이 차지하는 비중은 7%, 그 외 목소리, 음조, 억양, 크기 등의 비언어적 의사소통이 미치는 영향력은

90% 이상에 달한다고 보았다(Mehrabian, 1981). 따라서 성공적인 교사–부모 간 의사소통이 되기 위해서는 상대에게 전달하는 언어적 · 비언어적인 의사소통이 일치될 필요가 있다.

(1) 부모의 비언어적 메시지를 경청할 필요가 있다

부모의 이야기를 유능하게 듣는 교사는 부모의 비언어적 메시지에 민감하게 반응할 수 있는 경우이다. 비언어적 메시지를 통해 전달되는 메시지를 이해하는 데에는 예민한 관찰력을 비롯해서 풍부한 문화적 대인관계 경험을 요한다. 부모가 보이는 비언어적 메시지로는 몸의 자세, 손발의 제스처, 얼굴 표정, 목소리, 자율신경계의 생리적 반응, 기타 복장예 : 화장, 두발상태 등이 속한다. 따라서 교사는 부모가 보이는 자세나 목소리 등에 민감하게 반응할 필요가 있으며, 이에 따라 부모면담을 적절하게 조율할 필요가 있다. 예를 들면, 면담과정에서 부모가 가지고 있는 에너지 수준이 낮아서 아동에 대한 지도가 어렵다고 생각이 들 때는 가정에서 부모가 해야 할 일을 나열하기보다, 부모의 이야기를 경청하고 공감해 줌으로써 부모 스스로가 적절한 역할을 할 수 있는 에너지를 키울 수 있도록 격려하는 것도 필요하다.

(2) 부모의 언어적 메시지를 경청할 필요가 있다

① 부모가 이야기하는 사실이나 사건

부모가 자신의 직업이나 자녀의 어린 시절 경험, 자녀의 친한 친구관계 등을 이야기한다면, 이는 어떤 사실을 말한 것이다. 사실이나 사건events은 현재 또는 최근에 반복적으로 발생하는 것, 가까운 혹은 먼 과거에 한번 혹은 몇 회 발생했던 것,

과거에 반복적으로 발생했던 것 등으로 분류할 수 있다.

예 "우리 아이는 어린이집을 올해 처음 보냈어요" 또는 "우리 아이는 일주일에 2번 정도 친구들과 놀이터에서 놀아요"

② 부모의 생각

자녀에 대한 부모의 입장이나 관점, 이해하고 있는 내용 등을 말할 때 해당된다. 생각에도 사실이나 사건이 포함된 경우가 있으나, 사실이나 사건보다는 화자의 특성이 포함된 경우로 볼 수 있다. 또한 생각에는 시제를 통해 현재 그렇게 생각한다는 것과 이전에 그렇게 생각했었다는 것으로 나누어 볼 수 있다.

예 "A라는 또래 친구가 우리 아이를 무시한다" 또는 "A라는 아이는 못된 행동을 많이 한다"

③ 부모의 감정

부모의 감정, 정서, 느낌 등을 말로 표현하는 것으로, 감정 역시 말하는 시제를 통해 부모가 현재 느끼는 감정과 전에 느낀 감정을 구분할 수 있다.

예 "나는 그때 정말 화났었어요", "우리 아이를 아침에 깨울 때마다 힘들어요", "우리 아이가 배변 훈련이 되어서 정말 기뻐요"

2) 신뢰관계 형성하기

교사와 부모의 성공적인 상담을 위해서는 신뢰관계를 형성하는 것이 매우 중요하다. 신뢰는 건강한 관계 형성을 위한 필수적인 요소로, 부모들이 자신의 의견이나 감정을 교사와 나누는 데 있어 안전하다고 느낄 수 있는 편안한 분위기를 형성하는 데서부터 시작된다. 따라서 교사는 솔직하고 진솔한 태도로 부모와의 상담에 임할 필요가 있으며, 부모와 나누는 이야기는 비밀 유지가 됨을 전달할 필요가 있다. 더불어, 부모에게 관심을 집중하고 있다는 메시지를 전할 필요가 있는데, 이를 위해 다음의 몇 가지를 알아둘 필요가 있다.

- 상대방을 향해서 앉는다.
- 팔짱을 끼거나 다리를 꼬는 등의 폐쇄적인 몸자세가 아닌 마음의 문을 열고 있다는 개방적인 몸자세를 취한다.
- 때때로 상대방을 향해 몸을 기울여 앉는다.
- 눈맞춤을 통해 시선접촉을 적절히 한다.
- 긴장을 푼다.

3) 적극적 경청

적극적 경청은 부모의 말에 귀를 기울이고 그의 의견에 판단을 내리지 않는 것으로, 상대방을 인정하는 반응이다. 또한 '당신은 존중을 받을 만한 사람이야. 당신의 말에 나는 공감을 할 수 있고, 경청할 거야. 당신은 그럴 자격이 있어'라는 메시지를 전달하는 것이다. 그러나 초보교사나 부모면담의 경험이 부족한 교사는 가능하면 부모에게 도움이 되는 조언이나 해결방법을 알려주어야 한다는 책임감으로 인해, 부모의 이야기를 적극적으로 경청하는 것이 힘든 경우가 있다. 부모의 말에 귀를 기울이지 않으면 주어진 상황에 어떤 문제가 있는지, 또 다른 좋은 해결책은 없는지를 알기가 쉽지가 않다. 부모의 입장에서는 교사가 자신의 이야기를 적극적으로 경청해 주는 것만으로도 큰 힘이 되는 경우가 많으며, 대화를 하는 과정

BOX 12-1

적극적 경청을 위한 자세

- 부모의 눈을 바라보며, 다정한 표정으로 집중해서 듣는다.
- 주의 깊게 듣고 있다는 것을 행동으로 보여줘라. 즉, 부모가 표현하는 말에 적절하게 고개를 끄덕이거나 웃거나 슬픈 표정 등을 짓는다.
- 감정이입된 감탄사를 사용한다. "음~", "아~", "그렇군요", "속상하셨겠어요"와 같은 부모의 마음을 이해하고 있음을 말로 표현해 준다.
- 관심과 존중, 배려를 위한 언어적 · 비언어적 메시지를 모두 사용한다.
- 부모가 말하는 도중에 끼어들지 마라.

에서 부모 스스로 문제를 해결하는 경우도 많다. 따라서 경청은 부모면담과정에서 의사소통을 위한 기본자세라 할 수 있다.

4) 질문

질문은 부모가 어떤 이야기를 했을 때 교사가 부모가 언급한 내용 이상의 정보를 얻고자 하는 경우 사용한다. 교사가 더 알고자 하는 내용을 직접 물어볼 수도 있고, 부모가 한 이야기를 좀 더 자세하게 말해 달라고 할 수도 있다. 교사의 질문에는 '예', '아니오'와 같은 구체적이고 제한된 정보를 얻고자 하는 폐쇄형의 질문과 부모의 느낌과 견해를 표현하도록 요청하는 개방형의 질문이 있다. 그러나 부모면담장면에서 질문을 할 때, 교사는 가정의 상황이나 부모의 정서를 고려할 수 있는 민감성이 매우 필요하다.

예 어머니 : 수연이가 외부놀이를 나갈 때 하는 짝이 싫다고 해요.
교사 : 언제 그런 이야기를 했나요?

어머니 : 일주일쯤 되었어요.

교사 : 수연이가 그런 말을 할 때 어머니는 어떻게 하셨어요?

5) 공감적 반영

공감은 부모의 감정과 경험을 마치 교사가 경험하는 것처럼 이해하고 전달하는 것으로, 현재 부모의 심정을 있는 그대로 알아주고 헤아려 주는 것이다. 반영은 부모가 표현한 말과 행동에서 표현된 기본적인 생각, 감정 및 태도를 언어적으로 부연해 주는 것이다. 따라서 공감적 반영은 부모가 느끼는 생각이나 감정에 대해 부정하거나 반박하는 대신에 느끼는 것을 그대로 인정해 주고 표현하는 것이다. 공감은 면담과정에서 매우 핵심적인 요소이며 동정과는 다른 것이다. 공감은 반드시 언어적 표현일 필요는 없으며, 교사가 보이는 태도, 몸짓, 어투, 목소리 톤, 시선, 표정, 미소, 손 움직임 등과 같은 비언어적인 요소가 더욱 중요할 수 있다. 부모의 입장에서 바라보고 이해하는 경험을 통해서 부모와 앞으로 어떻게 하면 좋을지에 대한 대화를 나누는 것이 좋다. 따라서 부모가 가진 문제를 해결하기 위한 대화를 나누기 위해서는 교사가 먼저 마음의 문을 여는 공감이 선행될 때 가능할 수 있다.

예 어머니 : 우리 경수는 친구들과 사이좋게 지내지를 못해요. 어쩌죠?

교사 : (속상한 마음을 담아) 그랬군요. 친구들과 사이좋게 지냈으면 하는데, 그러지 못해서 많이 속상하시겠어요.

6) 나-전달법

부모의 이야기를 듣고 말을 할 때는 '나-전달법I-message'이 가장 보편적인 방법이다. 나-전달법은 면담과정에서 부모의 생각이나 행동을 교사가 수용하기 어려울 때 사용할 수 있는 방법이다. 즉, 아동이나 부모의 행동으로 인해 교사가 불편한 마음이 들 때, 전달할 수 있는 메시지라고 볼 수 있다.

예 어머니 : 우리 지민이가 다른 친구들을 방해하는 행동을 하지는 않죠?

교사 : 지민이가 선생님이 동화를 들려주는 시간에 친구와 이야기를 해서, 동화의 내용이 제대로 전달되지 않아 힘들 때가 있습니다.

"지민이는 수업시간에 선생님이 동화를 들려줄 때마다 방해하는 행동을 합니다"라고 표현하는 너-전달법(You-message)보다 위의 반응이 더 적절함

7) 명료화

부모는 보통 자녀의 문제에 대해 객관적인 입장에서 이야기할 수 없으며, 안정된 감정상태를 유지하기가 어렵다. 이런 경우 교사는 자신이 경청한 내용에 대해 객관적인 입장에서 문제의 요지를 단순하게 정리해줄 필요가 있다. 이렇게 함으로써 부모는 자녀의 문제에 대해 통찰을 얻게 될 수 있게 된다.

예 어머니 : 나윤이는 친구랑 노는 건 잘하는데, 글씨 쓰기를 영 싫어하네요. 집에서 학습지는 하고 있는데 하는 걸 너무 싫어해서… 계속 해야 하는 건지… 아니면 하기 싫다고 내버려두어야 하는 건지… 그러다가 너무 놀기만 하는 건 아닌지… 요즘은 자기주도적인 학습을 하게 해야 한다고 하는데… 뭐가 옳은 것인지.

교사 : 글씨 쓰기와 관련해서 어떻게 하는 것이 좋을지 궁금하시군요.

8) 해석

부모면담을 하다 보면 아동이 현재 겪고 있는 어려움이 어떤 과정을 거쳐서 어떤 요인들에 의해서 발생하게 되었는가를 부모보다 교사가 먼저 알게 되는 경우가 있다. 이런 경우 교사는 나름의 추리를 부모에게 설명해줌으로써 부모의 이해를 돕는 것이 문제해결에 큰 도움이 될 수 있는데, 부모와의 유대감이 형성되지 않은 상태에서 성급하게 해석을 하면 오히려 부모에게 해를 미칠 수 있다.

예 어머니 : 요사이 아이들에게 자주 짜증을 내고 있어요. 남편은 아이들 돌보는 일에 참여하지도 않고. 제가 힘이 드니까… 아이들이 자꾸 눈치보고 그래요. 걱정이 돼요.

교사 : 대개 남편과 어려움을 겪게 되면 마음이 혼란스러워지고 그러다 보면 편하고 만만한 애들에게 날카롭게 대하기 쉬워지기도 합니다.

9) 지도 및 조언

교사와의 상담을 통해 부모 스스로 답을 얻어갈 수 있도록 도와주는 것이 가장 효과적인 상담이지만 경우에 따라 그렇지 못할 때가 있다. 부모가 올바른 선택과 결정을 하기 어려운 경우에 교사는 가장 적극적인 상담기술을 사용하여 상담자가 자신의 가치판단기준을 제공할 수 있다.

예 어머니 : 원준이와 한없이 놀아주다 보면 버릇이 없어지는 것 같고, 너무 엄하게 하면 눈치만 보고, 그래도 엄하게 하는 게 나을 것 같아요.

교사 : 요사이 원준이가 많이 위축되어 보이는데, 어머니께서 원준이와 함께 이야기 나누시고 약속을 정하셔서 꼭 지켜야 할 것은 지키도록 하되

다른 일에 대해서는 많이 격려해주시면 좋겠어요. 단호하고도 친절하면 도움이 될 것 같아요.

3. 부모면담 시 고려사항

부모와의 면담을 진행하고자 할 때는 체계적인 준비가 필요하다. 면담을 위한 자료 준비를 포함하여 면담 대상은 누구인지, 면담 장소는 어디서 할 것인지, 그리고 면담의 시기와 방법 등에 대해 사전에 준비할 필요가 있다.

- 면담 대상은 대부분은 부모가 대상이 되지만, 부모가 아닌 조부모나 대리양육자도 면담의 대상이 될 수 있으므로 이에 대한 준비가 필요하다.
- 면담 장소는 일과에 방해를 받지 않는 조용한 장소로 선택하여 면담에 집중할 필요가 있다.
- 면담 시기는 학기에 따라 정해진 면담 기간에 대부분 진행하지만, 그 외 부모나 교사의 필요에 의해 수시로 진행될 수도 있다. 이럴 경우, 부모가 면담을 요청했느냐 교사가 면담을 요청했느냐에 따라 교사가 준비해야 할 자세는 다소 차이가 있다. 먼저, 교사가 아동의 문제행동이 염려되어 상담을 요청하는 경우는 구체적인 자료를 바탕으로 접근을 할 필요가 있다. 다양한 상황에서 발생하는 아동의 행동을 객관적인 관찰을 통해 평가하여 부모면담 시에 활용하는 것이다. 상담과정에서 아동의 행동특성을 설명할 때는 병리적인 것으로 묘사하기보다는 발달적으로 보았을 때, 어떤 단계에 있으며 어떤 부분이 보완되면 좋을지에 대한 앞으로의 개선방안에 대해 이야기 나누는 것이 부모로

하여금 더욱 협조하게 만들 수 있다. 다음으로, 부모가 직접 상담을 요청하는 경우는 부모의 이야기를 적극적으로 경청하고 공감하는 자세가 필요하다. 이 경우에는 부모의 어려움을 충분히 공감하고 경청하는 것만으로도 부모는 많은 경우 교사와 협력하여 문제를 해결할 방안을 모색할 수 있게 된다.

- 면담방법은 부모가 어린이집에 방문하여 대면한 상태로 정보를 교환하는 개인면담이 가장 보편적이나, 최근 맞벌이 가정이 늘면서 부모가 직접 오기 어려운 경우 전화상담이나 홈페이지 및 이메일 등을 통해 면담이 이루어질 수도 있다. 대면하여 진행하는 개인면담은 부모와 교사 간에 언어 및 비언어적인 소통이 가능하므로, 신뢰감이나 친밀감이 생긴다. 또한 가정이나 어린이집에서의 생활에 대해서 더 많은 정보를 공유할 수 있으며, 앞으로의 해결방안에 대해서도 적극적인 자세를 취할 수가 있다.

부모면담과정에서 교사가 지켜야 할 몇 가지 주의사항을 소개하면 다음과 같다.

- 비밀보장을 지킬 의무가 있다. 부모와의 면담과정에서 아동, 부모 및 가족의 내외부적인 사정이나 사적인 정보를 알게 되는 경우가 있다. 이런 경우, 전문기관과의 연계를 위한 경우가 아니라면, 절대적인 비밀을 유지할 필요가 있다. 아동의 절대적인 위험상황예 : 학대이 아니라면 동료교사나 원장에게도 비밀보장의 원칙은 우선시되어야 한다.
- 어설프게 아는 지식으로 전문가인 척해서는 안 된다. 아동의 문제행동과 관련한 몇 가지 단서만으로 자폐스펙트럼장애나 주의력결핍과잉행동장애ADHD 등과 같은 진단을 내리는 것은 주의가 필요하다. 아동이 보이는 문제행동은 다양한 원인에 따른 결과이기에 정확한 평가가 필요하고, 영유아기 아동은 아직 발달하는 과정에 있기에 교사가 섣부른 평가로 아동에 대한 부정적인 평가

를 하게 되면 부모의 불안감만 일으킬 수 있다. 만약, 의심되는 문제가 있다면 객관적인 관찰자료들을 충분히 수집한 후, 부모가 전문적인 기관의 도움을 받을 수 있도록 유도하는 것이 더욱 바람직하다.

- 모든 문제를 부모의 탓으로만 돌리는 경우는 부모 또한 죄책감으로 인해 긍정적인 역할을 하기가 어려워진다. 아동의 문제행동은 대부분 부모로부터 귀인한 경우가 많다. 그러함에도 불구하고 에너지가 없는 부모의 경우, 모든 문제를 부모에게 돌리거나 부모의 노력을 과도하게 요구하는 경우는 부모가 적절한 기능을 상실할 수도 있다. 이런 경우는 부모의 역할이 매우 중요하지만, 양육에 대한 지식이나 기술보다는 부모 자신의 정서적인 안정감이 더 우선시되어야 함을 알려줄 필요가 있다. 또한 지나친 개입이나 정보를 주는 것은 부모를 무력하게 만들 수 있으므로 이에 대한 주의도 필요하다. 이런 경우에는 부모의 긍정적인 에너지를 발휘할 방법에 대해 함께 고민하고 격려하는 것이 필요하다.
- 해결할 수 있는 것과 해결할 수 없는 것에 대한 통찰력을 키우는 것도 필요하다. 아동의 문제로 상담을 하다보면, 아동의 독립적인 문제라기보다 가정 내의 부부관계나 부모의 원가족문제와 같은 다양한 문제들이 복합적으로 드러날 수 있다. 이런 경우 교사가 지나치게 개입하거나 잘못된 방향으로 지도나 교육을 하려다보면, 예기치 못하게 부부갈등, 고부갈등 및 모녀갈등의 가족불화문제로 확장될 수 있으므로 주의하여야 한다.
- 교사 자신의 한계를 알고 필요한 경우에는 다른 전문상담기관을 소개하거나 의뢰하는 것이 필요하다. 부모면담과정에서 교사 자신의 능력이나 지식으로는 해결도움이 불가능할 것으로 판단된다면, 다른 전문기관으로 의뢰하는 것이 효과적이다. 이를 위해 사전에 인근 지역의 전문아동상담기관에 대한 정

보를 알아두는 것도 필요하다.

4. 면담의 실제

부모면담을 위한 계획 및 준비가 잘 되어 있다면, 교사도 부모를 만나는 데 편안함을 유지할 수 있게 된다. 이를 위한 구체적인 내용을 살펴보면 다음과 같다.

1) 계획

부모면담은 대부분 학기 초에 이루어지지만, 학기 중간이나 말 혹은 필요에 따라서 실시하게 된다. 아동의 건강한 성장과 발달을 위해 이루어지는 면담이니만큼, 부모들이 적극 참여할 수 있도록 배려할 필요가 있다. 정기적으로 이루어지는 면담의 경우는 교사나 부모가 어느 정도는 예측하고 있을 수 있으나, 필요에 따라 이루어지는 면담의 경우는 양측 모두 예측이 어려워서 구체적인 계획과 준비가 필요하다. 특히, 아동의 문제행동이나 발달적 이상으로 인한 면담이 이루어질 경우는 계획, 준비 및 실시하는 과정에서 교사의 전문성과 민감성이 많이 요구된다.

면담이 이루어지는 형태도 부모와 교사가 1 : 1로 만나는 개인면담과 어린이집에 재원 중인 아동의 부모들을 단체로 만나는 집단면담의 형태가 있기에, 어떤 형태로 진행할지를 계획해야 한다. 정기적으로 이루어지는 개인면담은 교사가 면담 일정을 계획한 후 부모에게 대면, 전화, 이메일, 메신저, 가정통신문 등을 통해 면담일시 및 장소를 알리고 부모와 협의하여 정할 수 있다. 그러나 비정기적인 면담의 경우는 교사와 부모 중 어느 쪽이 먼저 면담을 신청했느냐에 따라 계획이 다를 수 있다. 교사의 필요에 의해 면담이 이루어지는 경우에는 가급적 부모에게 전화를 걸어서 면담 주제와 함께 시간과 장소를 정할 필요가 있다. 부모가 교사에게 면담을 요청하는 경우에는 부모가 자녀의 발달이나 문제행동에 대해 면담을 하고 싶을 때 이루어진다. 이러한 경우에는 부모와 교사가 논의하여 가능한 일정을 정할 수 있다.

집단면담의 경우는 자녀가 어린이집에 재원하는 부모들이 함께 모여 공개적으로 면담이 이루어지므로 기관에서 면담일정을 정해서 부모들에게 공지한 후, 부모들과 협의하여 정하게 된다. 집단면접은 부모들의 전체 의견을 함께 나누고 수렴할 수 있다는 점에서 강점이 있다. 보통 기관에서 행사가 끝난 후에 원장, 교사 및 전체 부모가 함께 하는 경우도 있고, 담임교사와 반 단위로 집단면담이 이루어질 수도 있다.

2) 준비

(1) 아동에 대한 관찰기록

개인 면담의 경우, 부모면담 전에 아동에 대한 교사의 객관적인 관찰기록을 잘 정리해 두어야 한다. 목적에 따라 진행된 표본식 기록, 일화기록, 사건표집법, 행동목록법, 시간표집법, 평정척도법 등을 검토하여, 아동의 발달과정을 잘 분석하여 정리할 필요가 있다.

(2) 면담자료

아동의 문제와 관련해서 부모면담을 진행할 때는 아동에 관한 건강기록부, 종합생활기록부, 관찰일지 등을 모두 검토하여 아동에 대한 이해를 충분히 하고 있어야 한다. 관찰기록이 정리되고 나면 아동의 발달상태를 종합평가한 후에, 아동의 포트폴리오 안에 체계적으로 보관되어 있던 기록물과 아동이 그동안 해 왔던 작업들을 정리할 필요가 있다. 교사가 그동안 체계적으로 포트폴리오를 작업해 왔다면, 면담준비과정에 많은 도움을 줄 수 있다. 또한 아동의 강점, 약점, 관심사나 또래관계뿐 아니라 교육과정 – 신체운동, 의사소통, 사회관계, 예술경험, 자연탐구 영역–에 근거한 관찰 및 의견을 정리해 둘 필요가 있다. 교사는 이러한 자료들을 토대로 한 부모면담용 아동관찰 요약서를 만들어 둔다면, 면담과정에 유용하게 활용할 수 있다. 이 외에도 가정에서 부모가 면담 시 함께 공유하고 싶은 내용을 작

표 12-1 부모면담용 아동관찰 요약서의 예

아동 이름		생년월일	20○○년 ○○월 ○○일 (만 ○세)
교사		면담일	
아동의 강점			
아동의 현재 관심사			
아동의 또래관계			
구분	관찰 및 의견	보육과정 반영	
신체 운동 · 건강			
의사소통			
사회관계			
예술경험			
자연탐구			
상담 시 부모 의견			

성해서 올 수 있도록 질문 몇 가지를 가정으로 보내어 공유하는 것도 도움이 될 수 있다. 또한 집단면담의 경우는 아동에 대한 자료, 기관에 대한 자료, 기관의 운영 계획, 아동에 대한 통계치에 대한 각종 자료와 함께 집단면담일지를 준비하는 것이 필요하다.

3) 실시

(1) 교사의 자세

부모면담을 효과적으로 하기 위해서는 아동의 건강한 성장과 발달이라는 목표 하에, 면담을 받으러 온 부모의 입장을 잘 알아둘 필요가 있다. 부모나 교사가 아동에 대한 의견이 일치하고, 아동의 성장이 원만할 경우에는 면담이 무리 없이 마무리될 수 있다. 아동에 대해 상담을 해야 할 경우가 발생하더라도 부모나 교사의 견해가 일치한다면 협조적인 관계를 통해서 이를 해결해 나갈 수 있다. 그러나 아동에 대한 부모나 교사의 견해에 차이가 발생할 경우에는 우선 교사는 부모의 생각을 잘 듣고, 부모의 마음을 이해할 필요가 있다. 그리고 부모의 입장에 대한 공감과 더불어 객관적인 평가자료를 토대로 부모와의 견해를 좁혀나갈 필요가 있다.

부모가 편안하게 아동에 대해 이야기할 수 있도록 교사가 너무 많은 말을 하기보다는 경청하는 자세가 필요하며, 부모의 개인적 특성과 처해 있는 상황에 대해 민감하게 이해하고 공감하는 자세가 필요하다. 또한 따뜻한 인상과 함께 신뢰감을 줄 수 있는 단정한 자세와 말투도 면담에서 중요한 요소가 된다.

(2) 면담시간

부모면담시간은 대부분 30분 전후가 보통이지만, 1시간을 넘기지 않는 것이 바람직하다. 더 많은 논의가 필요한 경우에는 다음에 다시 만날 약속을 정하는 것도 필요하다.

(3) 면담 실시

- 부모와의 면담 전에 관찰자료, 포트폴리오, 부모면담지 등의 준비한 자료를 점검하고, 차를 미리 준비해 둔다.
- 부모가 오면 따뜻한 인사를 나누고 면담을 하기로 한 장소로 이동한다.
- 부모는 준비된 자리에 앉게 하고, 교사는 시계가 보이는 곳에 앉는 것이 좋다.
- 간단한 인사말과 함께 면담의 목적을 알린다.
- 아동의 강점에 대해 몇 가지 사례를 들어서 이야기를 한 후에, 교사가 준비한 면담자료를 부모에게 보여 준다. 예를 들면, 포트폴리오, 관찰 요약서 및 아동평가자료 등
- 부모가 면담 시에 교사와 공유하고 싶었던 이야기나 질문을 듣고, 이에 대한 답변을 해 준다.
- 아동이 문제를 소유하고 있다면, 이에 대해 부모와 교사의 생각을 공유하고 함께 해결책을 모색해 본다. 이 과정에서 교사는 부모면담과정에서 필요한 면담기술을 잘 이해하고 활용할 필요가 있다.
- 정해진 면담시간 내에 면담을 마치도록 한다.
- 면담이 끝나면, 교사는 부모와의 면담내용을 면담지에 기록하고 보관한다.
- 부모와의 면담과정에서 추후 기억해야 할 내용이 있다면, 이를 잊지 않고 실천하도록 한다.

(4) 추후 관리

부모와의 면담이 진행된 후에는 면담 때 공유했던 내용에 대해 잊지 않고, 추후 관리를 할 필요가 있다. 예를 들어, 부모와 가정에서의 식습관에 대해 이야기를 나누었다면, 면담 이후 식습관지도는 어떻게 되어가고 있는지 관심을 가져야 한다. 1년 내내 부모와 솔직하고 협조적인 관계를 유지할 수 있다면, 그 혜택은 아동의 성장과 발달로 이어질 수 있다.

4) 평가

부모와의 면담이 끝난 후에 교사는 다음과 같은 질문을 해봄으로써, 상담에 대한 평가를 진행할 필요가 있다(이정환, 박은혜, 2009).

- 면담의 분위기는 긍정적이었는가?
- 부모가 편안해 하였는가?
- 교사와 부모가 서로의 입장을 이해하였는가?
- 부모**교사**가 교사**부모**의 의견을 경청하였는가?
- 부모의 의견이 면담에서 충분히 받아들여졌는가?
- 유아의 장점과 단점이 모두 논의되었는가?
- 교사는 면담을 위해 자료들을 적절하게 준비하였는가?
- 교사가 준비한 자료들을 충분히 잘 활용하였는가?
- 면담결과에 따라 아동을 위한 활동계획의 목표가 정해졌는가?
- 면담을 다시 한다면 보충하거나 수정해야 할 점은 무엇인가?
- 면담 후에 부모와 상호협력하에 아동의 행동에 대해 살펴보아야 할 점은 무엇인가?

표 12-2 부모면담지 예 1

아동 이름		아동과의 관계	
면담 교사		면담 일시	

1. 면담을 통해서 바라는 점은?

2. 부모나 가족이 아이에게 바라는 점은?
   1) 아버지 :
   2) 어머니 :
   3) 기타 가족 :

3. 양육상의 특이사항(발달사, 교육사 등)

4. 아이의 강점

5. 자녀가 가지고 있는 면 중에서 변화했으면 하는 점

6. 현재 건강상태나 과거에 앓았던 질병

7. 교사가 알아야 할 특이사항

표 12-3 부모면담지 예 2

아동 이름		아동과의 관계	
면담 교사		면담 일시	
면담자료			
면담 동기	부모 요청 ( ), 교사 요청 ( ), 정기면담 ( ), 기타 ( )		
면담방법	대면 ( ), 전화 ( ), 서면 ( ), 기타 ( )		
면담 주제			
면담내용			
보육계획에 반영			

표 12-4 부모면담지 예 3

<table>
<tr><td colspan="3">면담 일시</td><td></td><td colspan="2">면담교사</td><td></td></tr>
<tr><td colspan="3">아동 이름</td><td></td><td colspan="2">생년월일(성별)</td><td></td></tr>
<tr><td colspan="3">면담 참여자</td><td></td><td colspan="2">면담 형태</td><td>대면 (V), 전화 ( ),
서면 ( ), 기타 ( )</td></tr>
<tr><td colspan="3">면담자료</td><td colspan="4"></td></tr>
<tr><td colspan="3">구분</td><td colspan="2">교사 의견</td><td colspan="2">부모님 의견</td></tr>
<tr><td rowspan="6">현재 발달 수준</td><td colspan="2">기본생활</td><td colspan="2"></td><td colspan="2"></td></tr>
<tr><td colspan="2">신체운동</td><td colspan="2"></td><td colspan="2"></td></tr>
<tr><td colspan="2">의사소통</td><td colspan="2"></td><td colspan="2"></td></tr>
<tr><td colspan="2">사회관계</td><td colspan="2"></td><td colspan="2"></td></tr>
<tr><td colspan="2">예술경험</td><td colspan="2"></td><td colspan="2"></td></tr>
<tr><td colspan="2">자연탐구</td><td colspan="2"></td><td colspan="2"></td></tr>
<tr><td colspan="2">면담 중심 내용</td><td colspan="3">○○의 발달과 변화</td><td colspan="2">○○의 기본 생활과 사회관계</td></tr>
<tr><td colspan="2">부모 의견</td><td colspan="5"></td></tr>
<tr><td colspan="2">교사 의견</td><td colspan="5"></td></tr>
<tr><td colspan="2">보육과정에
반영</td><td colspan="5"></td></tr>
</table>

표 12-5 부모면담지 예 4

구분		1학기	2학기
아동 이름			
면담자료			
학기		1학기	2학기
면담 일시		201 년 월 일 시 분	201 년 월 일 시 분
면담자		반 교사	반 교사
피면담자			
아동의 원생활	기본 생활습관		
	놀이 형태		
	대인관계		
	대그룹 활동		
	발달특징		
면담내용			
총평			

5. 교사가 알고 있어야 할 상황별 대처법

아동에게 발생할 수 있는 다양한 문제상황에 대해 부모면담 이전 또는 이후에도 교사와 부모가 함께하는 일관성 있는 대처방법은 매우 중요하다. 따라서 교사는 부모와 전문적인 협력관계에 들어가기 위해서는 아동에게 발생할 수 있는 다양한 상황별 대처방법에 대한 지식과 기술을 알아둘 필요가 있다(도현심, 2012 ; 이사라 외, 2017). 그리고 부모면담과정에서 관련 정보를 공유함으로써, 유아교육기관과 가정에서 일관성 있게 지도할 수 있도록 관심을 가지는 것이 필요하다.

1) 자율성이 부족하고 의존적인 경우

: 교사의 관찰내용 : 만 4세, 남아

미술활동을 하기 위해 교사는 아이들에게 소매를 걷으라고 이야기하였다. 소매가 걷어지지 않는 아이들은 교사에게 "안 돼요"라고 말을 하였다. 그런데 동현이는 팔을 걷지 않고 가만히 있다가 교사가 다가가자 팔을 교사에게 내밀었다. 교사가 "도와줄까?"하자 고개를 끄덕였다.

미술활동을 하기 전 교사가 먼저 시범을 보여 주고, 손으로 핸디코트를 만져 액자 틀에 바르는 활동을 했다. 개별 또는 집단으로 활동을 진행하고 있는데, 동현이는 하려고 하지 않아, 교사가 동현이의 손을 잡고 핸디코트를 만져주었다. 이후 동현이는 교사가 도움을 주지 않자 가만히 기다렸다.

(1) 주요 원인

- 부모나 교사가 지나치게 간섭이 심하고 과잉보호를 하는 경우에는 아동의 자율성발달을 방해하여 독립적이지 못한 아이로 성장하게 된다. 특히, 자율성이

생기는 2~3세 즈음 아동이 충분히 혼자서도 할 수 있는 일을 부모나 교사가 대신 해줄 경우 아동은 이후에도 주도성이나 자신감에 문제가 생기게 된다.

- 부모나 교사가 사소한 일에도 심한 처벌을 하는 경우에는 주눅이 들어 자신감이 없어지고 타인에게 의존하는 아이로 성장하게 된다.
- 부모의 일관적이지 못한 양육태도는 아동을 혼란스럽고 불안하게 만든다. 동일한 상황에서도 부모의 기분에 따라 어떤 때는 된다고 했다가 어떤 때는 안 된다고 버럭 화를 내게 되면, 아동은 부모의 태도에 적응하기 어려워하고 부모의 눈치만 살피게 되어 더욱 의존적으로 되기 쉽다.
- 부모의 성격이 지나치게 깔끔하고 급한 경우, 아동은 천천히 또는 미숙하지만 혼자서 할 수 있음에도 불구하고 부모가 참지 못하고 대신해줄 때가 종종 있다. 이러한 행동은 부모의 마음을 편하게 할 수는 있지만, 아동은 의존적으로 자라게 한다.

(2) 바람직한 지도방안

- 아동이 실수하거나 혼자서 서투르게 하더라도 교사나 부모가 도와주고 참견하기보다는 아동의 능력을 믿고 스스로 할 수 있도록 인내심을 가지고 기다려 주는 것이 필요하다.
- 부모가 과잉보호를 하거나 모든 것을 대신해 주어서는 안 된다. 우리 자녀가 '좌절할까봐' 또는 '어리니까' 등의 이유로 자녀가 해야 할 일을 부모가 대신해 주다보면, 아동은 더욱 의존적으로 변하게 된다. 또한 아동은 부모나 성인만큼 잘 하지 못할 것 같아 시도하지 않게 되며, 이는 결국 자신감 저하와 의존성을 더욱 키우게 된다.
- 아동이 이룬 작은 성과라도 그 노력과 과정에 대해 칭찬해 주는 것이 필요하

다. 예를 들면, "네가 동그라미를 그쪽에도 그려주었구나"와 같이, 아동이 해낸 일에 초점을 두어 말해 주는 것이다. 아동이 자신의 일을 스스로 해냈을 때는 바람직한 칭찬으로 보상해주는 것도 필요하다.

- 아동이 쉽게 할 수 있는 작은 일에서부터 도전하여 성취감을 경험하게 한다. 스스로 할 수 있는 범위가 넓어져갈 때는 격려를 통해 더 높은 단계로 나아갈 수 있도록 하는 것이다.
- 아동에게 또래와 어울릴 수 있는 기회를 만들어 주는 것이 필요하다. 또래와 어울리는 경험을 통해 아동은 친구와 어떻게 관계를 맺어야 하는지 자연스럽게 알게 된다. 또한 또래와의 놀이를 통해 주도적인 경험도 하게 된다. 주변에 친한 또래들과 주 2~3회 정도 아동의 집이나 친구 집에서 함께 놀이하는 경험을 제공해 주는 것인데, 이를 통해 아동은 놀이를 선택하고 구성하는 기회를 가질 수 있게 된다. 이 과정에서 부모가 아동의 놀이에 참견하거나 주도하는 것은 바람직하지 않다.
- 가정에서는 놀잇감이나 과자 등을 살 때, 아동이 고를 수 있도록 경험시켜 주는 것도 좋다. 부모는 아동에게 위험하지 않은 범위를 설정해주고 그 범위 내에서는 아동이 자유롭게 선택할 수 있도록 격려해준다. 작은 부분일지라도 자녀가 먹고 싶은 과자나 놀고 싶은 놀잇감을 선택해보는 경험은 아동의 자율성 발달을 돕는다.
- 다른 형제나 또래들과 비교하지 않아야 한다. 이러한 비교는 아동에게 아무런 도움이 되지 못하며, 오히려 아동에게 열등감을 부추기고 심리적으로 위축되며 자신감이 없게 만들 수 있다. 따라서 부모는 각 아동이 가진 독특한 특성을 존중해줄 필요가 있다.
- 부모의 감정기복은 아동에게 많은 영향을 미친다. 부모가 자신의 감정에 따라

일관성 있는 양육을 제공하지 않으면 아동은 부모의 눈치를 살피게 되고, 이는 아동의 정서나 사회성에도 부정적인 영향을 미치게 된다. 자신감이 낮은 아동은 어른의 도움을 청할 때 안전하다고 생각하게 되어, "이거 뭐예요?" 또는 "이거 해 주세요" 등의 표현을 많이 하게 된다. 따라서 부모는 자신의 감정을 조절하는 연습을 통해서, 일관적인 모습으로 아동을 대하는 것이 중요하다.

2) 식습관에 문제가 있는 경우

: 교사의 관찰내용 : 만 4세, 여아

점심시간 교사가 반찬 배식을 하던 중 도토리묵을 나누어주기 시작하자, 윤서가 "오늘 반찬은 뭐예요?"라고 물었다. 교사가 "맛있는 도토리묵"이라고 하자 윤서는 "엄마가 먹지 말랬어요"라고 하며 도토리묵 배식을 거부했다. 교사가 도토리묵이 얼마나 맛있는지 설명해주고, "한 개만 줄게. 먹어볼까?"라고 하자 윤서는 "네"라고 대답하였다.

한참 식사를 하던 중에 윤서는 친구들이 앉은 책상 밑에 무언가 떨어져 있는 것을 발견하였는데, 씹다 버린 도토리묵이었다. 도토리묵은 책상 밑 정중앙에 있었고, 교사가 누가 버린 것인지를 묻자 아이들 사이에서 의견이 엇갈렸다. 윤서가 도시락에 도토리묵이 절반 정도 남은 것을 확인하고 다시 식사를 시작했지만, 잠시 후 윤서가 휴지를 가지러 교사 쪽으로 왔다. 윤서는 국물을 흘렸다면서 휴지 한 장을 뽑아가서는 무언가를 싸서 휴지통에 버렸고, 교사가 그것을 확인해 보니 도토리묵이었다.

(1) 주요 원인

- 신체적인 이유**씹는 맛이나 감촉, 냄새 등에 거부감을 느낌 등**로 인해 편식이 나타날 수 있다.
- 심리적 원인**먹을 것을 강요당하거나 구토, 복통 등의 불쾌한 경험, 동생이 태어났을 때, 부모의 관심 끌기**

등으로 편식행동이 나타날 수 있다. 특히, 아동이 편식하는 원인이 심리적인 것일 경우에는 부모의 충분한 관심과 애정이 필요하지만, 일반적으로 편식의 주된 원인은 부모의 양육태도로 인한 경우가 많다.

- 이유식 때 한두 가지 종류의 음식만 지속적으로 먹인 경우나, 부모가 싫어해서 음식을 먹이지 않아 맛에 대한 경험이 부족한 경우, 인스턴트 음식이나 자극적인 음식을 먹인 경우에 아동의 편식이 발생할 수 있다.
- 먹기 싫어하는 아동에게 먹이려고 하는 교사나 부모의 태도는 아동의 부정적인 식습관을 더욱 강화 또는 지속시키는 요인이 될 수 있다.
- 간식을 많이 먹는 경우, 편식의 요인이 될 수 있다.

(2) 바람직한 지도방안

- 식사시간과 장소를 정하는 방법이다. 교사나 부모는 편식하는 아동이 음식을 다 먹을 때까지 계속 기다려주기도 하는데, 이것은 아동에게 정해진 식사시간의 중요성과 식사예절을 습득하지 못하게 할 수 있다. 따라서 식사시간과 장소에 대해 아이와 사전에 대화로 규칙을 정하는 것인데, 유아기의 식사시간은 30분 정도면 적절하다. 이 시간 동안 한 장소에서 먹을 수 있도록 하고, 시간이 지나면 아이에게 선택권을 줄 수 있다. 예를 들면, "윤서야, 우리 식사시간 10분 남았어. 지금 먹지 않으면 저녁까지 기다려야 되는 거야"라고 이야기한다. 식사시간이 지나거나 아동이 식사를 거부할 때에는, 과감히 식사를 치워버리고 배가 고프다고 해도 다음 식사 때가 되기 전까지는 다른 음식을 주지 않도록 한다.
- 새로운 음식을 충분히 연습시키고 다양한 조리법을 통해 다양한 맛을 느낄 수 있도록 해준다. 그동안 아동이 경험해보지 못했던 재료나 음식에 대해서 충분

히 탐색하고 다양한 모양과 맛을 내는 조리법으로 자연스럽게 다양한 음식을 맛볼 수 있도록 해 준다. 또한 아동이 좋아하는 재료와 싫어하는 재료를 잘게 썰어서 함께 섞어 조리해주어서 싫어하는 음식을 자연스럽게 함께 섭취할 수 있도록 하는 것도 좋은 방법이다.

- 아동이 먹을 수 있는 적당한 양을 주고 점차 늘려가며, 싫어하는 음식을 먹었을 때에는 칭찬을 해주거나 보상을 해 준다. 편식하는 식습관의 개선은 단계적으로 훈련하는 것이 바람직하므로, 싫어하는 음식을 조금씩 먹도록 하게 한 후 점차 섭취하는 양을 늘려가면서 성취감을 느낄 수 있도록 해주는 것이 좋다. 또한 아동이 싫어하는 음식을 먹었을 때는 칭찬하고, 스티커 등을 활용하여 목표량을 달성하면 보상해주는 방법을 사용하는 것도 도움이 된다. 아동의 편식행동 개선은 단기간에 변화하기 힘든 문제이므로 부모가 포기하지 않고 끝까지 노력을 기울이는 것이 중요하다.
- 식사 전 간식을 피한다. 식사시간 직전에는 간식을 먹지 않도록 하는 것이 좋다. 아동이 달콤하거나 자극적인 맛의 간식에 길들여질 경우 아동의 편식이 더욱 심해질 수 있고, 다양한 맛에 대한 감각을 잃을 수 있기 때문이다. 만약 아동이 간식을 너무 먹고 싶어 한다면, 식사를 마친 후 소량 섭취할 수 있도록 미리 약속한 후에 줄 수 있다.
- 식사시간이 가족과 함께하는 즐거운 시간이 되도록 하고, 부모나 가족의 편식 습관을 고친다. 가족이 함께 즐거운 이야기를 나누면서 식사를 함으로써 아동에게 식사시간이 즐겁고 신나는 일이며, 가족과 함께 하는 중요한 시간이라는 것을 알게 해준다. 또한 식습관은 부모나 형제들의 행동이 모델이 되어 아동이 배울 수 있으므로, 가족 구성원이 편식습관을 가지고 있다면 가족들의 편식습관을 먼저 고쳐서 아동에게 바람직한 모델이 되는 것이 중요하다.

- 아동이 싫어하는 음식을 먹었을 때 올바른 칭찬을 해 준다. 아동이 싫어하는 음식을 조금이라도 먹었을 때 "와! 이제 도토리묵을 먹을 수 있구나"라고 아동의 노력에 아낌없는 칭찬을 통해, 성취감 및 자신감을 느낄 수 있도록 해 준다.
- 아동이 싫어하는 음식을 먹도록 잔소리하거나 강요하거나, 아동을 따라다니면서 먹이는 것은 피해야 한다. 아동이 싫어하는 음식을 먹도록 하기 위해서 잔소리를 하거나 강요를 하는 것은 아동에게 스트레스를 유발하고 오히려 편식하는 습관을 강화하는 원인이 될 수 있다. 따라서 아동이 식사시간을 부정적인 시간이 아닌 즐겁고 편한 시간으로 인식할 수 있도록 해주는 것이 바람직하다. 또한 아동을 따라다니면서 떠먹이는 행동은 싫어하는 음식을 더 혐오하게 할 수 있고, 잘못된 식습관을 더욱 강화시킬 수 있다. 아동이 먹을 수 있는 만큼의 식사만 제공하고 아동이 거부하거나 투정을 부릴 경우에는 식사를 과감하게 치우는 것이 바람직하다.

3) 욕구충족이 될 때까지 떼쓰는 경우

부모의 면담내용 : 28개월, 남아

자신이 원하는 욕구가 충족될 때까지 떼를 쓰며, 자기가 하고자 하는 일이 마음대로 되지 않으면 꼼짝도 하지 않아요. 특히, 할 수 없는 일을 무조건 하겠다고 고집부리고, 원하는 바가 뜻대로 되지 않으면 주변에 있는 물건을 던지거나 들어줄 때까지 고집을 부리는데, 울고 떼를 쓰며, 바닥에 드러누워 소리를 지르기도 합니다.

(1) 주요 원인

- 자신의 주장을 펼치는 행동의 일환인 고집부리기는 자율성이 나타나는 18~36개월경에 보일 수 있는 자연스러운 현상이다. 이 시기는 자율성이 생겨나는 시기로, 모든 것을 자기가 하겠다고 한다. 자신의 뜻대로 탐험하고 싶어하는 마음과 엄마의 보호 속에 있고자 하는 마음이 공존하여 아동의 반항과 고집은 이런 내면의 욕구로부터 시작된다.
- 아동의 특성이 까다롭고, 예민하고, 활동성이 많은 기질적 특성을 가지거나 자기조절력이 약한 경우, 감정기복이 심하고, 집중력이 떨어지며, 새로운 환경에 민감한 경우 더욱 그럴 수 있다.
- 부모의 권위주의적 · 허용적 · 방임적 · 거부적인 양육과 함께 부모의 비일관적인 양육은 아동의 떼쓰기에 매우 중요한 원인이 된다.

(2) 바람직한 지도방안

- 교사나 부모는 따뜻함과 단호함의 양육을 일관되게 지켜나가야 한다. 아동이 하는 행동 이면에 숨은 의도를 파악하여 마음을 읽어주되, 안 되는 행동에 대해서는 단호하고 일관되게 한계를 정해주어야 한다. 특히, 고집이 센 아동일수록 마음을 따뜻하게 수용하는 것이 필요하며, 약속한 규칙에 대해서는 단호하게 안 된다는 것을 알려주어야 한다. 무조건 화를 내거나 짜증 섞인 말투로 안 된다고만 하지 말고, 아동과 얼굴을 마주하고 눈을 바라보며, 단호한 표정으로 고집을 부려도 소용없다는 것을 알게 해 주어야 한다.
- 평소에 고집부리지 않는 행동을 할 때는 무시하기나 관심을 가져주지 않고, 긍정적인 행동을 할 때는 긍정적 강화를 사용한다. 아동이 바람직한 행동을

할 때마다 보상아동이 좋아하는 장난감, TV 보기, 안아주기, 칭찬 등을 주어 그 행동의 발생을 증가시키는 방법이다.

- 고집을 피울 때는 의도적으로 무시하는 것도 필요하다. 아동이 힘겨루기를 하듯이 울거나 조르는 행동을 할 때는 아동이 받던 부정적인 관심예 : 하지 마, 안 돼 등조차도 중단하는 무시하는 행동을 통해 고집을 부려도 소용이 없다는 것을 알게 하는 것이다. 이때 교사나 부모는 아동이 지금의 상황을 이해할 수 있도록 쉽게 설명해서 자신이 미움을 받는다는 생각을 하지 않도록 해야 한다. 아동은 교사나 부모의 무관심보다는 어떠한 형태의 관심이라도 받을 수 있기를 무의식적으로 바라게 되어 잘못된 행동양식이 버릇처럼 형성된다.
- 바람직하지 못한 행동에 대한 일관성 있는 제한과 함께 선택권을 줄 수 있도록 한다. 고집부리는 행동을 할 때, 단호함이 필요하다. 예를 들어, 아동이 마트에서 장난감을 사달라고 하는 경우, "네가 장난감을 갖고 싶은 것은 알지만, 오늘 마트에서는 장난감을 사지 않기로 했어"라고 아동의 마음을 이해해 주되, 안 되는 행동에 대한 일관성 있는 단호한 제한을 해야 한다. 경우에 따라서는 선택권을 줄 수 있는데, "네가 오늘 장난감을 사지 않으면, 이번 주에 사기로 한 장난감을 살 수 있지만, 네가 오늘 장난감을 산다면 이번 주말에 사기로 한 장난감을 사지 못하는거야"라고 전달한다. 선택한 것에 대한 책임감을 경험할 수 있어야 한다.
- 대화를 통한 협조의 방법을 사용한다. 예를 들어, 아동이 마트에서 다리가 아프다고 엄마에게 안아달라고 고집을 부린다면, 지시하듯 "~하지 마. 하지 말라고 말했지"가 아니라, "네가 힘들어서 엄마에게 안기고 싶은 마음은 알지만, 이제는 혼자 걸을 수 있어. 네가 혼자 걸어간다면 엄마도 기쁠 것 같구나"라고 아동에게 협조를 구하는 것이다. 그리고 아동이 혼자 걸어간다면, 그 행

동에 대해 잊지 않고 칭찬해 주는 것이 필요하다.

- 고집부리는 행동을 할 때, 그 문제를 해결하는 것보다 더 중요한 것은 평상시 긍정적인 행동에 관심을 가지고, 올바른 칭찬을 하는 것이다. 올바른 칭찬은 아동이 이미 행한 것을 자세히 기술하고, 과정과 노력에 대하여 칭찬하는 것으로, "우리 수연이가 바닥에 있던 자동차랑 블록을 선반 위에도 다 치워놓았구나. 방이 깨끗해졌네" 또는 "우리 수연이가 여러 가지 색깔을 사용해서 나무랑 집을 열심히 그렸구나"라고 칭찬해 주는 것이다. 주의할 점은 고집부릴 때, "우리 누구 너무 착하지…"라는 인성을 판단하는 말은 피하는 것이 좋다.
- 예방의 방법으로 외출 시에 아동에게 사전에 예고하는 방법이다. 고집부리지 않도록 사전에 약속을 정하고, 이와 관련해서는 일관성을 지켜나가는 것이 필요하다. 예를 들면, "우리 지금 마트를 갈 텐데, 엄마랑 즐겁게 장보고 오면 좋겠다. 그런데 혹 네가 장난감을 사달라고 고집을 부린다면, 우리 약속한 대로 집으로 돌아올 거야"라고 이야기하는 것이다. 또한 아동의 고집이 그치면 잊지 않고 칭찬을 해 준다.
- 꼭 안아주는 것도 하나의 방법이다. 고집을 부린다고 해서 무조건 엄한 태도로만 일관해서는 안 된다. 아동이 고집을 부릴 때 가슴에 꼭 안아서 달래면 오히려 고집을 꺾고 엄마 말에 귀를 기울일 수도 있다.
- 위험한 경우가 아니라면, 아동이 직접 체험해서 스스로의 선택이 좋지 않았음을 깨닫도록 한다. 예를 들어, 더운 날씨인데도 두꺼운 티셔츠를 입고 밖에 나가려고 하면 일단 입혀준다. 그러면 얼마 후 덥다는 것을 스스로 느끼고 다른 옷을 입겠다고 한다.

4) 수줍음이 많은 경우

: 부모의 면담내용 : 4세, 여아

어린이집에 등원할 때 엘리베이터에서 이웃 분들을 만나면 인사를 잘 하지 않아요. 그리고 이웃 분들이 이름이나 나이를 물어봐도 잘 이야기하지 않고 제 뒤에 숨기가 바빠요. 외동인데, 친구 만나는 것도 좋아하지 않아서 걱정이 되네요.

(1) 주요 원인

- 수줍음은 새로운 상황이나 낯선 사람 앞에서 보이는 위축된 행동으로, 기질적 특성이나 환경에 의해 영향을 받아 강화된다.
- 수줍음은 타고난 기질적 특성도 영향을 주지만, 부모의 양육이나 다른 사람들의 놀림 등에 의해 발생할 수 있다. 또한 자신감이 부족한 경우나 사회적 기술이 부족한 경우에도 발생할 수 있다.

(2) 바람직한 지도방안

- 아동이 수줍음이 많은 경우 부모는 기다려주지 못하고 대신해서 대답을 해 주는 경우가 많다. 그러나 이런 행동은 아동의 행동을 더욱 의존적이게 만들 수 있는 행동이다. 예를 들면, 옆집 할머니가 “어디 가는 길이야?”라고 물어보는 상황에서 자녀가 수줍어하고 있을 때, 부모들은 대부분 기다려주기보다는 “이야기해봐. 어디 가는 길이야?”라고 재촉을 하다가 결국 부모가 “할아버지 댁에 가는 길이에요”라고 대답해 주는 경우가 많다. 아주 조금씩이라도 아동이 스스로 이야기할 수 있도록 기다려 주는 것이 필요하다.
- 다른 사람에게 자녀가 수줍어한다고 소개하지 않는 것이 필요하다(도현심,

2012). 예를 들면, 이웃에 사시는 분이 "이름이 뭐야?"라고 물어보는데, 자녀가 수줍어하며 부모의 다리 뒤로 숨는 경우에 부모들은 대부분 당황하여 "우리 지윤이는 수줍음을 많이 타서요"라고 이야기하는 경우가 많다. 이런 경우, 아동은 스스로를 수줍어하는 아이로 낙인찍게 되며, 이후에 표현할 수 있는 동기가 더욱 감소할 수 있다.

- 평소에 아동이 아주 조금이라도 자신을 표현하려고 할 때, 그에 대한 구체적인 칭찬과 격려를 해 주는 것이다.
- 수줍음이 많아서 타인에게 이야기하는 것 자체를 어려워하는 경우에는 가정에서 인형극 등을 통해서 자신의 감정을 표현할 수 있는 기회를 주는 것도 좋은 방법이 된다. 그리고 자녀가 느끼는 감정에 대해 수용해 줄 필요가 있다.
- 아동이 자신감을 가지고 편안하게 이야기할 수 있도록 부모는 평상시에 관심과 격려를 전해주어야 한다. 아동의 긍정적인 점을 인정해 줌으로써, 스스로에 대해 긍정적으로 생각할 수 있도록 도와줄 필요가 있다.

국내문헌

고문숙, 김수향, 김춘경, 이경하, 이용주, 임영심(2013). 아동관찰 및 행동연구. 동문사.

김상희, 김지신, 박응임, 한세영(2014). 유아발달. 파워북.

김송이, 정지자, 최혜영, 민성혜(2014). 영유아 관찰 및 실습. 양서원.

김지은(2017). 영유아 행동관찰의 이해. 정민사.

김지은, 김진숙(2004). 아동행동관찰. 양서원.

김호인(2010). 2세 영아의 사회정서발달 평정척도 개발. 덕성여자대학교 대학원 박사학위논문.

김희진, 박은혜, 이지현(2011). 영유아교육기관에서의 관찰(개정판). 창지사.

도현심(2012). 첫 부모역할 책. 지식채널.

박성연(2006). 아동발달. 교문사.

박성희, 배상확(2008). 학습포트폴리오를 적용한 대학생의 학습역량에 대한 사례 연구. 학습자 중심 교과교육연구, 8, 159-179.

박영숙, 박기환, 오현숙, 하은혜, 최윤경, 이순묵, 김은주(2010). 최신 심리평가. 하나의학사.

배상률, 최현정(2014). 아동 · 청소년 대상 연구윤리 가이드라인 개발 연구. 한국청소년정책연구원.

성태제, 시기자(2006). 연구방법론. 학지사.

송연숙, 정혜영, 유수경(2019). 아동관찰 및 행동연구. 창지사.

송인섭, 김정원, 정미경, 김혜숙, 신은영, 박소연(2001). 아동연구방법. 학지사.

신혜원(1992). 보육시설의 질적 수준에 따른 아동의 놀이실 행동. 연세대학교 대학원 석사학위논문.

안선희, 문혁준, 김양은, 김영심, 안효진, 이경옥, 신혜원(2017). 아동관찰 및 행동연구. 창지사.

양명희, 임유경(2014). 유아 행동 관찰 및 평가. 학지사.

연구윤리정보센터(2019). http://www.cre.or.kr/board/?board=responsibilities_articles.

육아정책연구소(2013a). 3, 4세 누리과정 유아관찰척도 개발. 육아정책연구소 연구보고서, 2013-36.

육아정책연구소(2013b). '5세 누리과정 유아관찰척도' 활용을 통한 누리과정 효과 분석 연구. 육아정책연구소 연구보고서, 2013-34.

이미화 외(2013). 영유아 문제행동지도 프로그램 개발 : 영유아 문제행동지도를 위한 어린이집 보육교사 지침서. 육아정책연구소. 보건복지부 수탁보고서.

이사라, 이주연, 박선영, 송승민, 문영경, 김민정(2017). 보육교사론. 파워북.

이선희, 이승연(2011). 만 1세반 자유놀이시간에서의 영아–교사 상호작용과 교사 민감성 분석. 한국교원교육연구, 28(1), 163–189.

이순형, 이혜승, 권혜진, 이영미, 정윤주, 한유진, 성미영, 권기남, 김정민(2014). 아동 관찰 및 행동 연구. 학지사.

이정환, 박은혜(2015). 교사들을 위한 유아관찰 워크북. 사단법인 아이코리아.

전남련, 김인자, 백향기, 황연옥(2018). 아동관찰 및 행동연구. 양서원.

조윤경, 김경혜(2010). 잘 가르치기 위한 아동관찰 및 행동연구. 공동체.

조윤경, 장지윤, 유연주(2013). 유아교육과정 내의 장애영유아를 위한 개별화교육 프로그램. 공동체.

최진경(1984). 연속적 분석법을 통한 어머니와 유아의 상호작용 연구. 연세대학교 대학원 석사학위논문.

한국보육진흥원(2019). 2019 어린이집 평가 매뉴얼. 경성문화사.

홍순정, 최석란(2010). 아동관찰 및 행동연구. 교문사.

황해익, 송연숙, 정혜영(2004). 유아행동 관찰법. 양서원.

황해익, 송연숙, 정혜영, 권유선(2014). 아동관찰 및 행동연구. 공동체.

황해익, 송연숙, 정혜영, 유수경(2013). 영유아행동관찰법. 창지사.

황해익, 최혜진, 권유선(2019). 아동관찰 및 행동연구. 공동체.

국외문헌

Arrington, R. E.(1943). Time sampling in studies of social behavior: a critical review of techniques and results with research suggestions. *Psychological Bulletin, 40*(2), 81.

Beaty, J. J.(2014). *Observing development of the young child*(8th eds.). Pearson.

Bell, D. R., & Low, R. M.(1977). *Observing and recording children's behavior*. Performance Associates.

Birenbaum, M., & Dochy, F. (Eds.)(2012). *Alternatives in assessment of achievements, learning processes and prior knowledge* (Vol. 42). Springer Science & Business

Media.

Dawe, H. C.(1934). An analysis of two hundred quarrels of preschool children. *Child Development, 5*(2), 139–157.

Eckert, Helen M.(1987). *Motor Development*(3rd ed). Indianapolis, IN: Benchmark Press.

Favell, J. E.(1981). McGimsey, JF, Jones, ML, Cannon, PR Physical restraint as positive reinforcement. *American Journal of Menial Deficiency, 85*, 425–432.

Goyette, C. H., Conners, C. K., & Ulrich, R. F.(1978). Normative data on revised Conners parent and teacher rating scales. *Journal of Abnormal Child Psychology, 6*, 221–236.

Graham, A., Powell, M., Taylor, N., Anderson, D. & Fitzgerald, R.(2013). *Ethical Research Involving Children*. Florence: UNICEF Office of Research–Innocenti.

Gresham, F. M., & Elliott, S. N.(1990). *Social skills rating system manual*. AGS: Product Number 3401.

Gross, I. H., Crandall, E. W., & Knoll, M. M.(1980). *Management for modern families: Engle wood Cliffs*. NJ: Prentice–Hall.

Hobart, C. & Frankel, J.(2009). *A practical guide to child observation and assessment*(4th eds.). Nelson Thornes.

Howes, C.(1980). Peer play scale as an index of complexity of peer interaction. *Developmental Psychology, 16*(4), 371–372.

McAfee, O. and Leong, D.(1994). *Assessing and guiding young children's development and learning*. Boston: Allyn and Bacon.

Mehrabian, A.(1981). *Silent messages: Implicit communication of emotions and attitudes*(2nd ed.). Wadsworth, Belmont, California.

Meisels, S. J., Jablon, J. R., Marsden, D. B., Dictelmiller, M. L., & Dorfman, A. B.(1994). The Work Sampling System. Ann Arbor, MI: Rebus, Inc.

Nissen, H. & Hawkins, C. J.(2012). Promoting emotional competence in the preschool classroom. *Journal of Childhood Education, 86*(4), 255–259.

Oosterhof, A.(1994). *Classroom applications of educational measurement*(2nd ed). New York: Macmillan.

Parten, M. B.(1932). Social particitation among preschool children. *Journal of Abnormal and Social Psychology, 27*, 243–269.

Peabody Developmental Motor Scales, second edition. PRO–ED, Inc. 2000.

Piper, M. C. & Darrah, J.(1994). *Motor Assessment of the Developing Infant*. W.B. Saunders Co.

Rogers, B. & Arvedson, J.(2005). Assessment of infant oral sensorimotor and swallowing function. *Mental Retardation and Developmental Disabilities, 11*, 74–82.

Shackelford, R. L.(1996). Student Portfolios: A Process/Product Learning and Assessment Strategy. *Technology Teacher, 55*(8), 31–36.

Shanghnessy, Zechmeister, & Zechmeister(2014). *Research Mehods in Psychology*(사회과학에서의 연구방법론. 조영일(역). 시그마프레스).

Shelov, S. P. & Altmann, T. R.(2009). *Caring for your baby and young children*(5th eds.). American Academy of Pediatrics.

Shores, E. F., & Grace, C.(1998). *The portfolio book: A step–by–step guide for teachers*. Gryphon House, Inc..

Snow, C. E. & Van Hemel, S. B.(2008). *Early Childhood Assessment: Why, What, and How*. The National Academies Press.

SRCD Governing Council(2007). https://www.srcd.org/about–us/ethical–standards–research.

Valencia, S. W., & Place, N.(1994). Portfolios: A Process for Enhancing Teaching and Learning (National Reading Research Center). *Reading Teacher, 47*(8), 666–669.

Worthen, Blaine R.(1993). *Critical issues that will determine the future of alternative assessment*. Phi Delta Kappan.

저자 소개

박응임
이화여자대학교 대학원 아동학 박사
현재 안동대학교 생활복지학과 교수

박선영
이화여자대학교 대학원 아동학 박사
현재 충청대학교 아동보육과 교수

문영경
연세대학교 대학원 아동학 박사
현재 대전대학교 아동교육상담학과 교수

김민정
이화여자대학교 대학원 아동학 박사
현재 남서울대학교 아동복지학과 교수

김재희
이화여자대학교 대학원 아동학 박사
현재 연세대학교 아동가족학과 겸임교수

이형민
경희대학교 대학원 아동학 박사
현재 한경대학교 아동가족복지학과 교수

Observation and Research
of Children's Behavior

아동관찰 및 행동연구

2019년 9월 5일 초판 인쇄
2019년 9월 10일 초판 발행

지은이 | 박응임 박선영 문영경 김민정 김재희 이형민
발행인 | 유제구
발행처 | 도서출판 파워북
주 소 | 경기도 고양시 일산동구 호수로 358-25
동문타워2차 529호
전 화 | (02) 730-1412
F A X | (031) 908-1410
등 록 | 1997. 1. 31 제 2014-000067호
편 집 | 북스북스(hynho3196@nate.com)

정가 21,000원
ISBN 978-89-8160-407-3 (93370)